融媒体语境下的
新闻海报
及其生产机制

夏迪鑫 ◎ 著

四川大学出版社

图书在版编目（CIP）数据

融媒体语境下的新闻海报及其生产机制 / 夏迪鑫著. 一 成都：四川大学出版社，2023.6
ISBN 978-7-5690-6163-5

Ⅰ．①融… Ⅱ．①夏… Ⅲ．①新闻学－研究 Ⅳ．① G210

中国国家版本馆 CIP 数据核字（2023）第 104320 号

书　　名：	融媒体语境下的新闻海报及其生产机制
	Rongmeiti Yujing Xia de Xinwen Haibao ji Qi Shengchan Jizhi
著　　者：	夏迪鑫

选题策划：王　冰　罗永平
责任编辑：罗永平
责任校对：吴近宇
装帧设计：墨创文化
责任印制：王　炜

出版发行　四川大学出版社有限责任公司
　　　　　地址：成都市一环路南一段 24 号（610065）
　　　　　电话：（028）85408311（发行部）、85400276（总编室）
　　　　　电子邮箱：scupress@vip.163.com
　　　　　网址：https://press.scu.edu.cn
印前制作　四川胜翔数码印务设计有限公司
印刷装订　四川省平轩印务有限公司

成品尺寸：170mm×240mm
印　　张：17.5
字　　数：335 千字

版　　次：2023 年 7 月 第 1 版
印　　次：2023 年 7 月 第 1 次印刷
定　　价：68.00 元

扫码获取数字资源

四川大学出版社
微信公众号

本社图书如有印装质量问题，请联系发行部调换

版权所有 ◆ 侵权必究

目 录

绪 论 ·· 1
  一、新闻海报生产之缘起 ··· 1
  二、融媒体语境下的新闻海报研究基础 ································· 7
  三、理论视角与研究方法 ··· 35

第一章 从"海报"到"新闻海报":作为融合实践的新闻生产········ 41
  第一节 海报:一种融合媒介 ·· 41
    一、"海"量资讯融汇社会万象 ·· 42
    二、回归"报"业融贯大众传播 ·· 56
  第二节 新闻生产:"新闻"与"海报"的融合基础 ················· 59
    一、以"新闻"本位联动多元媒介 ···································· 59
    二、借意义"生产"成为文化中介 ···································· 64
  第三节 新闻海报:融媒体新闻生产的阶段性样态 ··················· 66
    一、一般内涵:新新闻图像 ··· 67
    二、融合内涵:新媒介产品 ··· 74

第二章 新闻海报生产要素的系统阐释:《人民日报》微博平台新闻海报生产框架 ·· 78
  第一节 融通新媒介时空的环境要素 ··································· 78
    一、媒介化的传播空间 ··· 79
    二、碎片化的互动语境 ··· 80
    三、裂变中的文化场域 ··· 81
  第二节 创建生产共同体的主体要素 ··································· 82
    一、跨领域的内容创作集群 ··· 83
    二、多元联动的产品策划系统 ·· 86

第三节　集成新视觉形态的产品要素 89
一、事实与观点并重的内容组合 89
二、图像与文字兼容的文本形式 93
第四节　超越传统新闻生产的关系调适 96
一、生产要素的边界突破 96
二、生产要素的系统整合 99

第三章　新闻海报生产理念的能动转换：《人民日报》微博平台新闻海报生产流程 101
第一节　整合传受需求的价值判定 102
一、新闻生产主体：更新传统，强调互动体验 103
二、新闻消费者：感性至上，需求逐步清晰 108
三、传受互动更新新闻价值观念 111
第二节　延伸系统优势的内容策划 117
一、社交媒体助推传播效能最大化 118
二、软硬搭配强化新闻生产人情味 121
三、平台联动提升媒介融合影响力 127
第三节　协调"真"与"美"的视觉传达 131
一、"视"说"新"语：海报与新闻的视觉融会 131
二、视觉说服：以海报之美传达新闻之真 133
三、美美与共：以海报之真成就新闻之美 136

第四章　新闻海报生产内容的符号融合：《人民日报》微博平台新闻海报文本表意 141
第一节　浓缩与扩容中的产品呈现样态 141
一、内容浓缩与主题扩容：从尝试到常态的产品流变 142
二、形构浓缩与数量扩容：从单一到多样的形态演绎 153
第二节　符号化的产品表意理路 166
一、以洞中肯綮的符号结构突出核心 167
二、以循序渐进的符号系统调度感知 171
三、以层次分明的符号意义聚合文化 175

第五章　融媒体语境下的新闻海报认知：对《人民日报》微博平台新闻海报的调研 179
第一节　接受主体的流变特征 182
一、从线下受众到线上用户的位移 182

二、从消费个体到兴趣群体的聚集 …………………………………… 185
　第二节　逐层深入的产品认知形式 …………………………………… 187
　　一、互动行为：兴致各异的转发、评论与点赞 ……………………… 187
　　二、感知方式：潜移默化的观看、联想与记忆 ……………………… 191
　　三、概念解读：受众认同的新闻、图片与形式 ……………………… 198
　第三节　从信息消费走向文化认同的认知预示 ……………………… 201
　　一、聚合注意力：新闻海报切中新闻信息速读需求 ………………… 202
　　二、强情感共鸣：新闻海报迅速激发主客体共情 …………………… 203
　　三、高效能科普：新闻海报搭建知识普及便捷通道 ………………… 205
　　四、应急性沟通：新闻海报助推社会动员广泛达成 ………………… 206

第六章　新闻海报生产机制及其走向融媒体化的审思 ……………… 209
　第一节　新闻海报的生成逻辑 ………………………………………… 209
　　一、内生逻辑：传媒产业的创新需求 ………………………………… 209
　　二、外源逻辑：技术革新的现实驱动 ………………………………… 213
　　三、融合逻辑：新闻生产中的主体意识与主动创新 ………………… 216
　第二节　接续传统新闻生产的新闻海报生产机制 …………………… 220
　　一、调整生产框架，唤起资源整合动态化的理念自觉 ……………… 221
　　二、精简生产流程，探索采编协作一体化的融媒取径 ……………… 222
　　三、创新生产内容，拓展新闻生产符号化的表意可能 ……………… 223
　　四、关注生产反馈，挖掘信息沟通可视化的多重潜能 ……………… 224
　第三节　走向融媒体化的新闻海报生产机制之审思 ………………… 225
　　一、海报之形与新闻之本：提防形式超越内容的身份翻转 ………… 225
　　二、海报之美与新闻之真：把握媒介艺术创作的虚构尺度 ………… 227
　　三、海报之益与新闻之利：平衡新闻生产效能的互动关系 ………… 230

结　语 ……………………………………………………………………… 234
参考文献 …………………………………………………………………… 238
附录1　《人民日报》微博平台工作人员采访提纲 ……………………… 249
附录2　《人民日报》微博平台新闻海报样本篇目一览表 ……………… 251
附录3　融媒体语境下新闻海报认知调查问卷 ………………………… 252
后　记 ……………………………………………………………………… 269

绪 论

一、新闻海报生产之缘起

（一）新闻海报生成背景

"社会加速造就了新的时空体验，新的社会互动模式，以及新的主体形式"①，在加速社会中生长起来的崭新信息时空，成为更新互动模式的主要平台，与之相伴生的新型信息产品则为个体间的媒介互动持续提供着新的消费动力。回望现实，中国信息通信研究院发布的《中国信息消费发展态势及展望报告（2019年）》显示，我国"信息消费需求强劲释放，是创新最活跃、增长最迅猛、辐射最广泛的新兴消费领域"②。支撑起我国信息消费需求的实在主体，正是不断增加的网民数量：根据第46次《中国互联网络发展状况统计报告》统计，截至2020年6月，互联网普及率达67.0%，我国网民规模为9.40亿，手机网民规模为9.32亿，网民中使用手机上网的比例为99.2%，尽管受到新冠疫情等不利因素的影响，我国网络基础设施建设、网民规模、互联网普及率等仍然再创新高③。由此证明，随着信息消费时代的到来，新媒介逐步占据新闻传播领域的核心地带，传统媒体与新兴媒体被推向信息消费的前端，在市场趋势、国家政策与受众需求的合力驱动下，二者共同步入传媒产业竞合发展的行业浪潮。从这一角度重新审视当前国内媒体机构的信息生

---

① ［德］哈特穆特·罗萨：《新异化的诞生》，郑作彧，译，上海：上海人民出版社，2018年，第64页。
② 中国信息通信研究院：《中国信息消费发展态势及展望报告（2019）》，2019年3月27日。
③ 中国互联网络信息中心：第46次《中国互联网络发展状况统计报告》，2020年，第18页。

产样态，不难发现，尽管强大的人力物力资源与丰富的报道经验为媒体机构保留了不可小觑的传播竞争力，面对强调多元主体互动的新媒介时代，传播主体仍然需要持续提供更多样的信息服务与产品。作为担负信息发布、舆论引导、文化传播等多项社会责任的信息传播主体，媒体机构在投身信息消费市场、优化注意力经济运行模式的同时，还承担着形塑媒介文化的历史性使命，如何通过创意内容生产实现信息传播的经济效益与社会效益，是融媒体时代新闻生产的重要命题。

自2014年习近平总书记提出以"先进技术为支撑、内容建设为根本"[①]推动传统媒体和新兴媒体深度融合以来，各媒体机构尤其是主流媒体持续通过调适新闻生产路径进行融合实践与创新。在此基础上，中共中央办公厅、国务院办公厅于2020年印发《关于加快推进媒体深度融合发展的意见》[②]，强调以互联网思维优化资源配置，运用先进技术引领驱动融合发展，建立以内容建设为根本、先进技术为支撑、创新管理为保障的全媒体传播体系。融媒体语境下的新闻海报生产与传播，正契合了媒体深度融合的发展要求，是新型信息产品的子类别与具体样态，与新闻生产变革息息相关。本书基于当前媒介技术迅速发展、信息产品形式多样化、媒介融合逐步深入的整体趋势，将新闻海报视为新闻生产创新产品的表现形式，结合文献阅读、个案研究、文本分析、访谈与社会调查展现新闻海报设计与传播的实践样态，深描新闻海报内容的组织、呈现以及新闻海报的传受互动方式，以新闻海报为媒介文化表征，挖掘个体、机构、群体、媒介与社会之间的互动关系，从而揭示新媒介环境下新闻生产及其文化取向的发展异动，展望新闻海报成为一种媒介——"普适性新闻表达形态"的内外潜力。在窥探这一问题域内部结构的过程中，研究将以媒介化社会为背景、媒介史为源流、新闻生产进路为机理，通过新闻传播学、符号学、心理学、经济学、社会学等多学科交叉融合的研究视野切入，并从以下三个主要角度观察研究对象与确立研究题域。

1. 融媒体语境下的"快新闻"生产取径

互联网与移动通信的深入普及，为当前社会带来了丰富的信息资源，尤

[①] 《习近平强调打造新型主流媒体 专家：以互联网为主体融合》，人民网：http://media.people.com.cn/n/2014/0819/c14677-25493504.html，引用于2020年9月30日，发表于2014年9月19日。
[②] 《中共中央办公厅 国务院办公厅印发〈关于加快推进媒体深度融合发展的意见〉》，新华社：https://article.xuexi.cn/articles/index.html?art_id=5769161058336261699&item_id=5769161058336261699&study_style_id=feeds_default&t=1610093146702&showmenu=false&ref_read_id=f59c234f-6aa7-42e5-a010-76116b5234d2_1615801511862&pid=&ptype=-1&source=share&share_to=wx_single，引用于2020年9月30日，发表于2020年9月26日。

其随着5G、虚拟现实、人工智能等新兴技术手段在媒介融合趋势下被广泛应用，传受双方正全方位沉浸于过载的信息洪流之中，追求传播效率的"快新闻"时代应运而生。对于身处其中的新闻生产主体，一旦将这一新闻传播取径与新闻生产相对接，便意味着新闻产品获取受众注意力的第一落点是"首发"红利，如何借助快速发布热点信息扩大影响力，成为不同媒介市场竞争参与者的共同话题。在此生态下，新闻采编速度精确到秒，特别是对突发事件的即时应对既考验着传媒从业者的专业素养，也随时检验着新闻生产团队的协作效率。值得注意的是，"快新闻"生产不仅改变了信息的生产与传播速率，也反向再构了信息的表现形态，生产者既在生产效率上相互追赶，也在内容的表达效率上进行适应性调整，由此产生了图表数据新闻、短视频新闻、新闻游戏等新兴新闻样态。尽管爆款新闻的出现存在一定的偶发性因素，但融媒体新闻产品的频发形变表明，采用理解门槛低、视觉特征明显、寓教于乐的素材进行新闻生产，有助于打通新闻传播进路，由此扩充新闻内容的解释空间，为新闻生产与意义建构营造更适切的媒介圈层，持续调动人、媒介与社会三者之间的互动关系。

与此同时，"快新闻"生产取径不仅催促着新闻从业者的你追我赶，也孵化了一批追求信息表达效率的融媒体受众，该群体对信息简化带来的高效传播展现出前所未有的适应性，并成为推动新闻生产提速的关键动力。然而，向效率靠拢、为消费服务的"快新闻"取径并未收获一致好评，也有不少学者对这一现象表示担忧，认为"求快、求火"的新闻生产偏好挑战了新闻真实的本质特征[①]，由此引发后真相泛滥、报道缺乏深度、信息产品讨好大众等问题，是对新闻专业主义与报道伦理的挑战。因此，与"快新闻"相对应，关于"慢新闻"[②]的思辨也不在少数。但是，"快新闻"的大量出现并不是引发报道失实的必要条件，散见于采写编评过程中的访谈不到位、判断不准确、核实不严谨均有可能影响新闻产品的质量[③]。实际上，新闻"快"与"慢"之争真正的核心在于，如何通过恰切的新闻生产取径对接当前的媒介文化需求。所谓"快新闻"是当前新闻生产不可逆的主流特征，而"慢新闻"则是一种对新闻本位的重申与具体生产操作。本书所关注的新闻海报正是"快新闻"视域下的信息产品，其借鉴"海报"洞中肯綮的信息传播形态

[①] 周亚琼，刘鹏飞：《新闻求"真"重于求"快"》，《青年记者》，2015年第13期，第15–16页。
[②] 计翀：《快新闻时代的慢新闻》，《青年记者》，2015年第13期，第16–17页。
[③] 钟金华：《新闻：快的时机与把握》，《青年记者》，2015年第13期，第18–19页。

对接融媒体时代，既能提升传播效率，也能够弥补文字表现力的局限性，尤其是系列海报之类的报道集群，正在借用故事的连贯性长久地"存储、集中着能量"①。由此可见，以新闻海报为代表的新闻生产结晶既是当下新闻生产流程的浓缩产品，也是现阶段媒介文化演进趋势的直观表征，蕴藏着丰富的阐释内涵与研讨空间。

2. 视觉时代"有图有真相"的信息传受偏好

个体与事件的心理距离、社会距离、空间距离及事件发生的概率将影响其对相关内容的解释水平，与文字相比，由于图片与所表现的真实事物之间具有更高的物理相似性，个体对图片的解释水平也相对更高②。这不仅是信息消费时代"读图"风潮得以兴盛的心理学动因，也是"有图有真相"这一信息传播偏好的生成逻辑。依循传媒发展脉络，新闻传播领域既有如新闻图画、新闻漫画、新闻照片、新闻图示的静态新闻图像，也有媒介演化过程中生成的新闻纪录电影、电视新闻、网络视频新闻、新闻 FLASH 等动态图像③，它们在不同媒介与平台上共同承载着传递新闻事实、输出媒体观点的表意任务。在这一传播环境下，传播主体借用海量的新闻图片构建了脱胎于现实社会的拟态环境，由此建立起新闻图像与新闻真实之间的看似绝对、必然的内部关联。与之相对应，信息消费主体在高频点击图像的过程中逐步接受了"有图有真相"的信息表现形态，随之孵化出对新闻图像愈发强烈的消费需求，最终，以传受互动为通路的海量新闻图片，继续助推读图风潮的持续发酵。

回到媒体发迹之初，满足用户对信息的需求，其本质是对人之欲望的解放，但马尔库塞（Herbert Marcuse）对工业社会的反思警示犹存："当一个社会按照它自己的组织方式，似乎越来越能满足个人的需要时，独立思考、意志自由和政治反对权的基本的批判功能就被剥夺。"④与由物质需求驱动的工业社会相似，读图时代的到来似乎已经预言了媒介发展的未来样态，触手可及的新闻图像为受众节约了信息消费成本，但对"有图有真相"的盲目推崇却暗示着一个新的单向度文化怪圈正在形成。因为，新闻图像本身仍然是传

---

① ［德］瓦尔特·本雅明：《写作与救赎：本雅明文选》，李茂增，苏仲乐，译，上海：东方出版中心，2009年，第86–92页。
② 杨颖，朱毅：《无图无真相？图片和文字网络评论对服务产品消费者态度的影响》，《心理学探新》，2014年第1期，第83–89页。
③ 王文利：《近现代新闻图像研究》，长沙：湖南教育出版社，2007年，第7页。
④ ［美］赫伯特·马尔库塞：《单向度的人——发达工业社会意识形态研究》，刘继，译，上海：上海译文出版社，2008年，第3–4页。

播主体对新闻事实进行拆解、编辑与重新整合的结果,以"读图"为代表的简明、迅捷的信息偏好,遮掩了潜藏在符号系统背后的社会文化底蕴,也削减了受众提出观点与主动反思的可能性。以在突发公共事件中大批量出现的新闻海报为例,摘取新闻重点内容的海报形式极大地提高了关键信息的传播效率,但海报碎片化、摘要式的传播形态很难帮助受众形成对事件的系统认知,缺少对新闻事实的整体把控。因此,传受双方需要更加理智地解读"有图有真相"这一信息生产与接受偏好:对于传播主体,在追求传播效能与经济利益的过程中,以新闻图像获取受众注意力是一种合理且普遍的新闻生产策略,但其始终只是呈现新闻事实的辅助手段而非新闻真实本身;对于广大受众,新闻图像的确能够提高信息传播效率与信息可读性,但后真相新闻事件的频频发生也证明,图片本身存在极高的不确定性,不能一味地将其等同于真相。唯有在传受互动过程中有所节制地考量新闻图像的阐释力,才能有效降低"有图有真相"这一武断论调对新闻事实传播效果的负面影响。鉴于此,作为当前媒介文化表征的新闻海报,既展现出信息传播的主流形式,也暴露了信息互动的诸多弊端,其自身的矛盾性则为研究展开提供了辩证的阐发视角。

3. 社会生产视域中推陈出新的新闻融创机制

在信息商品化的驱动下,作为社会生产具体分支的新闻生产陷入了自身与受众需要的基本矛盾之中,其以满足人们物质文化生活需要为目的,却在快速发展的媒介技术环境中始终面临着供需不匹配、质量不适配、时空不均衡等问题。尤其是在新媒介环境下,"'自由活动的空间'和'自由流动的资源'被大量释放,个人对国家和组织的依附程度减弱,组织框架之外的生存空间和路径日益增多"[1],"宏大的、理性至上的、单向传输的信息模式无法适应多元的社会需求,信息消费场域迫切需要样态轻灵、情感充沛、互动频繁的新兴表达"[2]。这些困境迫使新闻生产必须调整操作方略,不断开掘出适应社会发展态势的优质信息产品,以便实现大众传播经济效益与社会效益的持续输出。在融媒体语境下,特定媒介内部的渠道拓展不足以应对大环境中倾覆式的技术创新,软性的"内容创新"由此成为媒介创新这一独特领域

---

[1] 孙立平:《"自由流动资源"与"自由活动空间"——论改革过程中中国社会结构的变迁》,《探索》,1993年第1期,第64—68页。
[2] 姜红,印心悦:《"讲故事":一种政治传播的媒介化实践》,《现代传播(中国传媒大学学报)》,2019年第1期,第37—41页。

的本质和核心①。仰赖于丰富的报道资源、人才储备与融媒体环境，新闻生产具有优越的内容创新条件，即创新三螺旋中的组织要素与环境要素②，因此，在新闻生产内容创新中起决定性作用的是内隐于整个媒介流变中的基因要素——时新时变的内容生产范式。这一引发新闻融创的内容生产范式是新闻生产社会学持续演进的微观形态，要求新闻生产主体在整合优质渠道的同时"深挖核心资源的竞争潜力、重建内容开发的具体流程，由此引领新的新闻文化价值观"③，为新闻生产创新提供长效发展的理念引导和方法支持。

作为新闻融创阶段性产品的新闻海报是内容生产范式的具体表征，其通过对海报这种传统媒介的借力实现新产品的衍生，演绎了新闻生产过程中向内挖掘与向外探索的推陈出新策略。与之相似，不断优化的新闻机器人、新闻游戏等新型信息产品都代表着当前新闻生产的融合创新理路——在时间与空间上的跨界融合，即借助被现有媒介文化肯定的媒介形态进行创新生产，由此在保证传播效率的基础上持续实现内容与形式的双重突破。与此同时，新新闻产品成为联通生产机制与接受样态的桥梁，追源溯流是正在调整的动态新闻生产组织与流程，对外延伸是汇聚多元需求的复合社会文化，二者在产品样态的调试中始终贯通，并勾勒出具有时代特征的社会图景与文化传播空间。

（二）新闻海报研究之必要

前文对"快新闻"生产、视觉传受偏好与新闻融创的论述表明，新闻海报是表征当前新闻生产及其机制的新型信息产品，尽管其在现阶段的信息组织与呈现策略仅仅是相对稳定的文本样态，却仍然深刻记录着特定时空背景下的符号特征、行业规律与传媒生态。因此，从新闻海报的缘起、演进与走向观察新闻生产及其文化演进，既需要观照其作为媒介的历时性变革，也需要考察其在设计与传播方面的共时性特征，进而为新闻生产研究提供一种新的实践文本，在此过程中挖掘新闻生产热潮此消彼长的更迭规律，这也是本书试图回应的根本问题。

按照以上思路，本书将新闻海报作为一种新闻生产产品进行考察，并试

---

① 王辰瑶：《从技术创新到内容创新：报纸"数字化"转型路径考察》，《中国出版》，2017年第13期，第37—40页。
② 方卫华：《创新研究的三螺旋模型：概念、结构和公共政策含义》，《自然辩证法研究》，2003年第11期，第69—72页。
③ 王辰瑶：《从技术创新到内容创新：报纸"数字化"转型路径考察》，《中国出版》，2017年第13期，第37—40页。

图通过研究展开回答以下问题：

第一，新闻海报的起源：从"海报"到"新闻海报"，该媒介产品的媒介源流、内涵外延与发生机制是什么？

第二，新闻海报的现在：融媒体语境下新闻海报依循着什么样的生产机制？呈现出什么样的产品形态？发挥着什么样的传播效能？

第三，新闻海报的未来：新闻生产视域下新闻海报的未来走向如何？

二、融媒体语境下的新闻海报研究基础

（一）海报及新闻海报相关研究

1. "海报"概念溯源

现代汉语将"海报"定义为"戏剧、电影等演出或球赛等活动的招贴"[①]，其英文"poster"源于词根"post"，取"木桩、（赛马等的）起点柱、终点柱与公布"[②]本意，具体解释包括"招贴、海报、布告、标语，印成的大照片与张贴告示（或广告）的人"[③]等。"招贴是人类智慧和文化的象征"[④]，以上词源追溯中，"招贴"一词多用来指代"海报"的文本本质，强调海报"可招引观众注意并能够复制张贴"[⑤]的特点，实际上二者在概念上指代同一种媒介形态。"海报"一词的本土化则基于我国特有的民俗文化，一种说法是，"海报"源于清末民初的上海租界，是海上运货的洋贩子们四处张贴的售货告示；另一种说法是，因为上海将戏园舞台称作"海子"、演员登台唤作"下海"，报告戏名的红纸便由此命名"海报"[⑥]。

以媒介演化为考察视角，海报这一信息呈现形态从刻在墙壁上的竞选宣言开始担负资讯传播功能，成为在户外用来宣传展示的一种招贴样态[⑦]。在海报研究中，我国普遍以北宋时期"济南刘家功夫针铺"雕版印刷广告为海报的初始形态，西方则将一张公元前146年古埃及的寻奴悬赏告示认作最早的海

[①] 中国社会科学院语言研究所词典编辑室：《现代汉语词典》，北京：商务印书馆，1996年，第490页。
[②] 张柏然：《新时代英汉大词典》，北京：商务印书馆，2006年，第1778页。
[③] 张柏然：《新时代英汉大词典》，北京：商务印书馆，2006年，第1778页。
[④] 林家阳：《招贴设计》，北京：高等教育出版社，2008年，第11页。
[⑤] 朱琪颖：《海报设计》，北京：中国建筑工业出版社，2009年，第1页。
[⑥] 李金茹：《1949—1976年中国政治宣传海报研究》，武汉理工大学硕士学位论文，2010年。
[⑦] 杨佳兴：《海报设计中创新性表现形式的应用研究》，西南交通大学硕士学位论文，2013年。

报①，并在15世纪的英国诞生了第一件用以宣传教会内容的纸质印刷海报②，此后随着商业发展，海报在十七八世纪的欧洲被用于推广杂技、戏剧演出与商品宣传③。但是在此阶段，于农业社会进行商业试点的海报招贴并未得到重视，直至工业革命浪潮带来新的政治环境与印刷技术，大资本家竞相借助海报推广商品，才使得海报成为商业社会必不可少的营销手段。与此同时，以"现代海报之父"朱利斯·谢列特（Jules Cheret）为代表的海报设计艺术家们，通过对海报设计元素的简化与夸张，增强了海报文本的视觉表现力，使之具备了商业功能之外的审美价值。如今，印刷媒体的式微似乎让传统意义上的海报淡出了大众视野，然而恰如日本平面设计家田中一光所说，"海报仿佛一只不死鸟，在每个濒临死亡的瞬间欢颜重生"④，新兴媒介为方寸之间的视觉传达提供了更加便利的传播渠道，当下的海报媒介不仅具有传统意义上的广告属性，还以平面设计的形式演化为具有特定视觉传播效能的重要媒介形态，开启了海报文化传播的新纪元。

2. 国内外海报研究综述

随着新兴媒介技术手段不断提高信息传播效率，海报也加速进入大众传播领域，其超出活动宣传物的媒介本质逐渐被研究者认同，不少学者都试图在约定俗成的文本称谓之下，为"海报"提供一种学理性定义：在广告研究视域，"海报通常指单张纸形式、可张贴的广告印刷品"⑤；在政治宣传视域，"海报又称招贴画、宣传画，是一种以宣传鼓动、制造社会舆论和气氛为目的的绘画，一般带有醒目的、号召性的、激情的文字标题"⑥；在媒体研究视域，海报是"一种具有可复制性和可传播性，以图形文字等平面设计表现手段，传递商业的文化和其他方面信息的传播媒体"⑦。不同概念对海报唤起性、直观性与迅捷性的概括表明，这张跳出传统媒介形态的"纸"正在多个传播空间内发挥着信息传播、经济促销、政治宣传与文化推广的传播效能，涉及丰富题域的海报也因此存在不同的分类标准。按照海报兴盛的商业功能来看，当前大众传播中流通的海报可以初步划分为商业海报与非商业海报两

---

① 陈澜：《海报的世界》，上海：上海锦绣文章出版社，2010年，第2页。
② 陈澜：《海报的世界》，上海：上海锦绣文章出版社，2010年，第2页。
③ 齐博悦：《动态海报的设计与展示研究》，北京邮电大学硕士学位论文，2017年。
④ ［日］田中一光：《设计的觉醒》，朱鄂，译，桂林：广西师范大学出版社，2009年。
⑤ 刘行：《海报招贴设计中信息传达方式的研究》，长春工业大学硕士学位论文，2013年。
⑥ 向雪：《现代招贴设计教程》，重庆：西南师范大学出版社，2007年，第3页。
⑦ 林静霞：《极简主义招贴设计研究——以苏州城市形象招贴设计为例》，东南大学硕士学位论文，2018年。

个集群，前者以产品销售和商业推广为传播目的，后者以资讯的广泛传播为核心诉求，即以是否盈利为最简单、直接的区隔方式。但是，随着大众传播中的信息消费风潮日趋显著，通过信息产品获取受众注意力的生产模式已经改变了海报传播的媒介环境，海报的文本主题、表现形式、目标功能、设计版式、语言类别和使用场景等均可以作为其分类标准，由此形成了体系庞杂、边界交错的海报表意集群。

面对形态各异的海报设计与传播实践，我国当前海报研究成果数量丰富，在中国知网以"海报"为关键词进行检索，有逾4万篇中英文文献。结合海报分类标准与以上成果的研究主题，得出我国海报研究图景如下。

第一，主题海报生成研究聚类，商业海报研究以电影海报为重点，非商业海报研究以公益海报为重点。以海报的大众传播属性来看，任何以传播消费信息为目的的海报设计均可算作商业海报，如唐钰沣、闫岩对秩序感在商业海报中的应用探究[1]，王哲对中国移动G3海报视觉形象设计特征的系统梳理[2]，崔浩、彭伟哲以月份牌广告画为例探讨我国早期商业海报的符号性及其价值[3]等，均结合具体案例对商业海报的表意潜力进行了系统阐释。但是，在商业海报研究大类中，电影海报研究数量始终高于其他商业主题，如王婷从"十七年"电影海报看国家形象建构[4]，王敏对跨文化语境下电影海报"中国图式"的设计探究[5]，曾英借用符号学视角阐释黄海电影海报的设计特色[6]，崔久成、胡一伟对我国电影海报设计类型化及其雷同现象的探析[7]等，在海报主题、设计理念、文本阐释与文化生产方面为电影海报设计与传播提供了丰富的借鉴样本。在此基础上，大量的学位论文也以电影海报为研究对象，探讨电影海报表意上的文字图像再造[8]、电影海报设计中的视觉符号传达[9]、电

---

[1] 唐钰沣，闫岩：《秩序感在商业海报中的应用探究》，《大众文艺》，2020年第10期，第115–116页。
[2] 王哲：《"中国移动"G3海报视觉形象设计特征研究》，河北大学硕士学位论文，2012年。
[3] 崔浩，彭伟哲：《我国早期商业海报的符号性及其价值——以月份牌广告画为例》，《美术大观》，2011年第12期，第129页。
[4] 王婷：《视觉的修辞：从"十七年"电影海报看国家形象的建构》，《电影评介》，2020年第1期，第49–53页。
[5] 王敏：《跨文化语境下电影海报中的"中国图式"设计探究》，《当代电影》，2019年第1期，第153–155页。
[6] 曾英：《符号视角下的黄海电影海报设计解析》，《艺术评论》，2018年第1期，第174–177页。
[7] 崔久成，胡一伟：《类型、创新与山寨——我国电影海报设计类型化及其雷同现象探析》，《装饰》，2017年第2期，第78–79页。
[8] 朱熠奇：《电影海报设计中的文字再造研究》，武汉纺织大学硕士学位论文，2017年。
[9] 张引良：《电影海报设计的视觉符号研究》，西安工程大学硕士学位论文，2012年。

影海报引发的审美[1]与风格[2]变异等，进一步扩充了系统性电影海报研究的数量。与之相对应，囊括政治海报、艺术海报与公益海报的非商业海报研究也出现了比例失衡的现象。其中，政治海报以战时应对、政治竞选、日常宣传为主题，如李颖对"二战"反法西斯阵营海报宣传的历史考察与分析[3]，李硕对特朗普竞选海报的多模态语篇分析[4]，李金茹对1949–1976年中国政治宣传海报的系统研究[5]等，数量有限，但在一定程度上形成了相对固定的聚焦模式；艺术海报大多出现在美术史、艺术学研究领域，如张苏、张飘月对穆夏巴黎时期海报作品色彩语言特征的分析[6]，以及孙嵬通过海报对艺术与文化内质表里关系的阐释[7]；占据数量优势的公益海报则打开了更为广阔的研究面向，作为"一种公共说服与公众教育手段"[8]，在关注公益海报图形表达与视觉创意[9]的一般性阐释之外，更多研究强调公益海报进入公共领域后的社会建构功能，如向海涛、孔少琼在公共危机视野下讨论科普类公益海报的精准传达效能[10]，景军、李敏敏借由公益海报窥探老年群体的刻板印象与社会歧视[11]，王思露以全球变暖公益海报为例挖掘多模态话语意义构建[12]等，这些研究视角意味着海报作为大众传播媒介不仅具有商业功能和审美功能，其本身所承载的文化符码正投射至社会生活的方方面面，对大众文化演进产生重要影响。

第二，历史悠久的海报研究已经形成了相对完善的阐释体系，对海报这一媒介文本的持续阐发，正在深化传播学、符号学、叙事学与艺术设计题域

---

[1] 李娜：《电影海报设计与审美探究》，河北工业大学硕士学位论文，2015年。
[2] 李虹：《基于不同文化背景下的电影海报风格研究》，燕山大学硕士学位论文，2010年。
[3] 李颖：《"二战"反法西斯阵营海报宣传的历史考察与分析》，《传媒》，2020年第5期，第79–84页。
[4] 李硕：《视觉语法视角下特朗普竞选海报的多模态语篇分析》，桂林理工大学硕士学位论文，2018年。
[5] 李金茹：《1949—1976年中国政治宣传海报研究》，武汉理工大学硕士学位论文，2010年。
[6] 张苏，张飘月：《浅析穆夏巴黎时期海报作品的色彩语言特征》，《西部皮革》，2020年第2期，第138–139页。
[7] 孙嵬：《海报—文化的载体——论海报艺术与文化内质的表里关系》，厦门大学硕士学位论文，2008年。
[8] 丁洁：《公益海报的公众性特征与个性化创意研究》，西北大学硕士学位论文，2012年。
[9] 刘思禹：《公益海报中图形表达的象征主义风格探究》，山东大学硕士学位论文，2018年。
[10] 向海涛，孔少琼：《公共危机下科普类公益海报的精准传达》，《工业工程设计》，2020年第2期，第54–58页。
[11] 景军，李敏敏：《刻板印象与老年歧视：一项有关公益海报设计的研究》，《思想战线》，2017年第3期，第71–77页。
[12] 王思露：《全球变暖公益海报中多模态话语的意义构建研究》，哈尔滨工程大学硕士学位论文，2014年。

的学理交流。尽管不同主题促成了海报研究的不同聚类，但学界对商业海报与非商业海报的研究更多地使用了共通的阐释工具，并统一析出为海报设计思维与传播效果的研究取径。首先，海报本质上是由文字、图像与色彩三种视觉传达要素（或符号）按照不同版式组成的图像合集，这也是国内海报研究的常规起点，如吴芳菲、徐赛华对海报留白设计中点元素视错觉图形使用的探讨[①]，丁博怡、郑伟桐对海报设计中黑白色应用的研究[②]，金彩月等对海报设计中图与底创意表现的归纳[③]等，以上研究对海报构成元素进行了细致入微的拆分，也为综合利用叙事理论[④]、符号隐喻[⑤]、多模态话语分析[⑥]解读海报文本提供了阐释基础，在此层面上完成了对海报符号功能的延伸讨论。其次，由于海报设计与传播实践是对不同文化元素的编码解码过程，其背后也搭载着大众媒介文化的创意生成逻辑，如徐哲对海报设计中创新性表现形式的应用研究[⑦]、严戒愚等对海报于多维度空间创意表现的探析[⑧]、袁芳对海报设计中综合材料创意表现的研究[⑨]等，在详解海报创意生产思维的同时，此类研究也在推进海报文化功能的达成，表征着海报的文化建构功能。最后，因为海报以艺术设计为实现手段，海报研究则始终关注其作为视觉传达媒介的审美功能，或借助艺术理论瞭望经典作品，如徐晓婷以德国海报设计为例探讨超现实主义对海报设计的影响[⑩]，或从美学理念切入解读海报设计与传播背后的审美路径生成方式，如于田对海报传神论的系统阐释[⑪]、王璐阳从接受美学角度对文化海报设计的解读、王鹏宇在海报设计中探讨东西方审美的个性

[①] 吴芳菲，徐赛华：《点元素视错觉图形在海报留白设计中的应用》，《现代电子技术》，2020年第8期，第132–134页。

[②] 丁博怡，郑伟桐：《海报设计中黑白色的应用与研究》，《教育教学论坛》，2020年第16期，第103–104页。

[③] 金彩月，曹智聪，苗昊天，吴爽，齐飞：《浅析海报设计中图与底的创意表现》，《科教文汇（上旬刊）》，2020年第2期，第86–88页。

[④] 苏力健：《记忆理论视角下当代海报设计的叙事空间和方法》，《四川戏剧》，2020年第4期，第50–53页。

[⑤] 陈梦垚：《海报创意中的视觉隐喻研究与设计实践》，上海师范大学硕士学位论文，2017年。

[⑥] 孙玮：《电影海报的多模态话语研究》，黑龙江大学硕士学位论文，2016年。

[⑦] 徐哲：《海报设计中创新性表现形式的应用研究》，《传媒论坛》，2020年第4期，第139页。

[⑧] 严戒愚，欧阳雪芬，孙茂华：《海报的多维度空间与创意表现探析》，《美与时代（上）》，2019年第8期，第64–66页。

[⑨] 袁芳：《海报设计的综合材料创意表现研究》，沈阳航空航天大学硕士学位论文，2015年。

[⑩] 许晓婷：《超现实主义对海报设计的影响——以德国海报设计为例》，华中师范大学硕士学位论文，2013年。

[⑪] 于田：《海报传神——传神论之于海报设计的启示》，中国美术学院硕士学位论文，2014年。

差异①等，此类研究从海报的符号功能、文化功能过渡到审美理趣，实现了对海报这一研究对象的多维考察。

第三，媒介转型推动海报形态更新，交互海报与动态海报成为洞见媒介生产样态的新兴研究对象。互联网浪潮的崛起使交互性成为大众传播的重要特征，传统海报作为信息传递者的初始站位遇到挑战，交互海报应运而生。所谓"交互海报是一种可以与人产生互动的海报，不再局限于单一的视觉信息传递，还加入了听觉、触觉甚至嗅觉作为补充，并在海报媒介与人互动时完成信息的传递过程"②，如公共交通枢纽的触动LED海报、商场产品性能的动态展示海报等，其核心诉求在于调动受众参与信息传播，实现特定资讯的情境化表达，是动态海报研究重要的子类目之一。针对动态海报这一议题，有学者从视觉感知、受众心理与信息传播方式上进行溯源，并给出定义："动态海报是指利用多媒体技术，利用图形、动态视效、声音等效果，再以产品、活动、企业等形式传播主题内容的广告。"③结合动态海报的媒介源流与呈现形式不难发现，其本质是新媒介环境下对文字、图形与色彩等视觉传达要素的新型编码方式，动态海报以更加便捷易得、简明生动的姿态助推大信息量的广泛传播，是一种极具生命力的媒介尝试。然而，动态海报相关学术研究仍旧在关注其设计特征④、表达形式⑤与传播效能⑥，尽管在研究对象上实现了与新媒介发展趋势的灵活对接，却存在新研究对象与旧研究方法不匹配的问题。与之相似，海报研究领域本身始终面临着现象总结与学术研究的比例失衡问题，以当前文化市场普遍流通的海报书籍为例，风格各异、文本丰富的海报设计与传播实践为该领域研究提供了充足的样本，诸如《近代电影海报探幽》⑦、《20世纪日本海报》⑧之类的海报典藏、名家作品集成为海报作品的主要集纳形式，并有如梳理海报前世今生的《海报百年》⑨、《海报

---

① 王鹏宇：《海报设计中的东西方审美个性研究》，青岛大学硕士学位论文，2013年。
② 丰子钰，曹向晖：《交互海报的信息传达方式探究》，《大众文艺》，2019年第18期，第126–127页。
③ 王炜丽：《动态海报设计研究》，《美术教育研究》，2018年第13期，第58–59页。
④ 任蹦蹦：《新媒体背景下的动态海报特征分析与创新设计研究》，江南大学硕士学位论文，2019年。
⑤ 单成婕：《数字技术下海报设计形式研究》，《大众文艺》，2020年第7期，第133–134页。
⑥ 郁建军：《新媒体时代动态海报信息传递的有效性研究》，《新媒体研究》，2020年第6期，第55–56页。
⑦ 刘钢：《近代电影海报探幽》，上海：上海大学出版社，2019年。
⑧ 朱锷：《20世纪日本海报》，南宁：广西美术出版社，2001年。
⑨ 邹加勉：《海报百年》，长沙：湖南美术出版社，2003年。

的世界》①之类讲述海报演化历史的著作陆续面世，但结合海报这一媒介进行文化阐释的系统研究数量相当有限，仅有《光影巴黎：广告海报中的城市故事》②、《海报上的中国抗战》③与《墙头政治：现代外国宣传海报解读》④等在借由海报解读社会变迁上进行了初步尝试。这一成果结构表明，我国海报研究正在逐步对接海报设计与传播实践的纵向发展，但对海报这一常见新闻生产载体的系统化阐释空间尚待进一步建构。

作为国内海报研究结构的参照系，国外海报研究也以商业海报和非商业海报为分野进行了大量研究，如以电影海报为视觉分析文本进行的LGBTQ文化探讨⑤，以及以竞选海报为研究对象探讨候选人长相的政治吸引力等⑥，基本与前文提及的海报研究在主题、对象和方法上形成了呼应。作为内容支撑，国外关于海报设计与传播的相关著作也十分丰富，如Anchee Min、Stefan Landsberger、Duo Duo对中国政治招贴与宣传艺术品展开的深入观察⑦；Tony Nourmand、Graham Marsh、Poster Gallery Staff Reel于2005年撰写的 *Film Posters of The 60s*⑧以及整个电影海报年代秀系列丛书；John Foster于2006年出版的 *New Masters of Poster Design*⑨；Charlotte Rivers结合CD、海报、杂志设计撰写的系列书籍⑩；Heather David和Koen de Ceuster于2008年集纳的 *North Korean Posters*⑪；Steven Heller围绕奥巴马政治竞选收集的艺术家招贴图书 *Design for Obama-Posters for Change*⑫；Ellen Lupton、Caitlin Condell与Gail Davidson用

---

① 陈澜：《海报的世界》，上海：上海锦绣文章出版社，2010年。
② 李政亮：《光影巴黎：广告海报中的城市故事》，南京：南京大学出版社，2011年。
③ 王晓华：《海报上的中国抗战》，北京：团结出版社，2015年。
④ 陈仲丹：《墙头政治：现代外国宣传海报解读》，福州：福建人民出版社，2005年。
⑤ "Poster Queers: A Visual Analysis of an LGBTQ+ Film Festival", in *Visual Arts Research*, 2020（1）：30.
⑥ "Science – Political Science; Reports from University of Konstanz Add New Data to Findings in Political Science（Do Campaign Posters Trigger Voting Based On Looks? Probing an Explanation for Why Good-looking Candidates Win More Votes）", in *Politics & Government Business*, 2020.
⑦ Min Anchee, Landsberger Stefan, Duo Duo. *Chinese Propaganda Posters: From the Collection of Michael Wolf*. Taschen, 2003.
⑧ Nourmand Tony, Marsh Graham, Reel Poster Gallery Staff. *Film Posters of The 60s: The Essential Movies of the Decade*. Evergreen Publisers, 2005.
⑨ Foster John. *New Masters of Poster Design: Poster Design for the Next Century*. Beverly: Rockport Publishers, 2006.
⑩ Rivers Charlotte. *Poster-Art: Innovation in Poster Design*. RotoVision, 2007.
⑪ Heather David, Koen de Ceuster. *North Korean Posters: The David Heather Collection*. Prestel USA, 2008.
⑫ Steven Heller. *Design for Obama-Posters for Change: A Grassroots Anthology*. TASCHEN America Llc, 2009.

来揭示海报传播机制的*How Posters Work*[1]；Ian Haydn Smith针对电影海报艺术进行学术探讨的*Selling the Movie:The Art of the Film Poster*[2]等，多以海报图册、设计手册与文化分析实例等形式对世界各地的海报进行了深入、细致的展示与观察。值得注意的是，在国外最新的海报研究成果中，对海报本体的讨论并不多见，取而代之的是用实验法对海报媒介产生的传播效果进行测量，如研究专业海报上的二维码如何提升受众的信息参与度和理解[3]，将海报作为信息收集工具评估公众对自然行为纳入管理系统的意见[4]等。这种研究路径，既将海报当作实验过程中的刺激材料，也将其视作驱动个体意识产生变化的传播媒介，被广泛应用到交通安全知识规训[5]、情感反应预测[6]等社会学与心理学交织的传播实践中，尤其以健康传播实验为重点，如Madeline Green等以正负面信息海报为对照组讨论器官捐赠海报对捐赠者登记意愿的影响[7]，Callie L. Brown等用检查室海报设计随机对照实验探讨健康信息促成体重交流的机制[8]，以及Smith M. Kumi等利用众包技术制作HIV检测海报测试中国男性性行为者的视觉内容分析和认知反应[9]等，以上实验成果在解释个体认知行为逻辑的同时，也拓展了海报研究的适用范围，为我国海报研究提供了具有探索意义的借鉴样本。

综合以上对国内外现有海报研究的文本分类，以SWOT模型做如下描述（见表0-1）：

---

[1] Ellen Lupton, Caitlin Condell, Gail Davidson. *How Posters Work*. Cooper Hewitt, Smithsonian Design Museum, 2013.

[2] Ian Haydn Smith. *Selling the Movie: The Art of the Film Poster*. University of Texas Press, 2018.

[3] King Tara Spalla, "Using QR Codes on Professional Posters to Increase Engagement and Understanding", in *Nurse Educator*, 2020.

[4] King Mike, Webster James, Cameron Catherine, Zobel Gosia, "Interactive Data-Gathering Posters as a Research Tool: A Case Study Assessing Public Opinion on Incorporation of Natural Behavior into Management Systems", in *Animals: an open access journal from MDPI*, 2020（6）.

[5] Shiwakoti Nirajan, Tay Richard, Stasinopoulos Peter, "The Effect of Positive and Negative Poster Messages on Organ Donor Registration", in *Cognition, Technology & Work*, 2020（3）.

[6] Kim Juhee, Suk Hyeon-Jeong, "Prediction of the Emotion Responses to Poster Designs based on Graphical Features: A Machine learning-driven Approach", in *Archives of Design Research*, 2020（2）.

[7] Madeline Green, Matthew H.V. Byrne, Chloe Legard, Eileen Chen, Anna Critchley, Benjamin Stainer, Harpreet Chaggar, Matthew Symington, Lisi Hu, Charlotte Brathwaite-Shirley, Jonathan Mayes, A.W. Mogg Jasper, Juliette Murphy, Kourosh Saeb-Parsy, "The Effect of Positive and Negative Poster Messages on Organ Donor Registration", in *Transplantation Proceedings*, 2020.

[8] Callie L. Brown, Janna B. Howard, Eliana M. Perrin, "A Randomized Controlled Trial Examining an Exam Room Poster to Prompt Communication about Weight", in *Pediatric Obesity*, 2020（7）.

[9] Smith M. Kumi, Bolin Cao, Rong Fu, Yang Zhao, Chuncheng Liu, Allison J. Lazard, Joseph D. Tucker, "Leveraging Crowdsourcing for HIV Testing Posters: A Visual Content Analysis and Cognitive Responses Among Chinese Men who Have Sex with Men", in *Sexually transmitted diseases*, 2020.

表0-1 对当前国内外海报研究的SWOT分析

	Strengths 1.现实样本增加,案例丰富 2.多学科方法工具储备完善	Weaknesses 1.建构理念缺位,建设路径趋同 2.多为案例展示与历史回顾,学理性低
Opportunities 新媒介环境调动交互海报、动态海报成为研究热点	合理跟随热点,在案例与方法适配的前提下进行国内海报的前瞻性研究	强调海报研究的学理建构,在案例展示与历史回顾的基础上进行深入探讨
Threats 海报设计与传播实践和学界分析工具不适配	充分调动跨学科方法的说服力,强化海报议题的现实影响力	从海报设计与传播的现实困境入手,突出媒介演进下海报传播的微观价值与宏观意义

由此可见,海报设计与传播议题具有相对较长时间段的研究积淀,但随着媒介现实环境的持续变化,其研究热度有所回落且存在研究对象与方法不适配的问题。但是,作为读图时代具有高效表达潜力的媒介样本,海报始终保持着与时代需求紧密对接的传播效能,是传播主体获取受众注意力不可或缺的信息生产样态,对社会现实进行碎片化描摹的海报正在成为探讨新闻生产演进的独特切口。

3. 新闻海报相关研究

与至今仍采用"海报"这一约定俗成的称呼进行身份识别的海报媒介一样,"新闻海报"在新闻传播领域也不存在相对明确的定义,其更多的是对处于非商业海报领域中以新闻内容为主题的海报的统一命名,仅有少量学者在进行相关研究时结合新闻海报传播特征进行了探索性定义。如王漫在《新闻海报:传递"战疫"正能量》中提出:"新闻海报作为一种新闻产品形态,通过将新闻事实与海报设计相结合,具有制作便捷、直观醒目、社交属性强,适于在移动端传播等优势。"[①]同类研究中,"新闻海报"更多地以研究对象身份出现,并伴随着丰富的主流媒体案例解读,如贾丽敏以《人民日报》相关报道为例着重讨论了以海报为表现形式的主流媒体视觉化传播创新举措[②],张尉心以战"疫"新闻报道中的微信海报为例阐发新闻海报作为资讯"轻骑

---

① 王漫:《新闻海报:传递"战疫"正能量》,《传媒评论》,2020年第2期,第53—56页。
② 贾丽敏:《疫情期间主流媒体的视觉化传播创新——以人民日报相关报道为例》,《传媒》,2020年第9期,第35—37页。

兵"的传播效能①，陈荷以《人民日报》新冠疫情报道为例研究新媒体语境下突发公共卫生事件报道②等。以上成果皆以新冠疫情暴发后主流媒体的视觉传播实践为起点，从《人民日报》微博发布拒绝野味的倡议海报开始，持续追踪"热干面"系列海报、"每一个平凡的中国人"系列海报、"抗疫前线的00后"主题海报等具有广泛影响力的新闻产品，深入挖掘新闻海报疏导防控工作、解读权威信息、破除虚假谣言与科普防疫知识的传播效能，围绕突发公共卫生事件形成了相对密集的研究集群，在学术研究领域营造了一种"共同关注"的研讨气候，使得新闻海报成为显著的业界生产样态与学界研究样本。

事实上，在新冠疫情期间对新闻海报的大量关注，只是一次对当下信息生产样态的集中探讨，新闻海报这一信息传播媒介早已进入新闻传播研究视域，如江飞、钱奕羽对南京两会期间紫金山新闻批量制作的视频海报进行的系统分析③。该研究表明，利用海报简明便捷、视觉吸引力高的特点进行信息传播，是新闻海报文本数量不断增加的重要原因。与此同时，新闻海报在常规报道与突发报道中的传播实践也证明，新闻海报本质上始终是"利用视觉符号来传递各种信息的设计"④，这种通过编辑视觉传达要素进行新闻生产的选择，已经成为当前媒介生产回应传受互动需求的优化路径。更重要的是，新闻海报的产生、发展与井喷式出现并非偶然，其背后承载着视觉新闻从新闻漫画、新闻图画到新闻图式等一系列生产样态的历史流变，在记述媒介演化进程的同时，新闻海报的设计与传播实践还担负着沟通社会文化、形塑意识形态的互动使命，正在新传播环境下推进新一轮视觉新闻生产与传播文化的兴盛。

鉴于此，面对新闻海报样本基数大、学理阐释少的研究困境，本书期望通过对融媒体语境下新闻海报及其背后新闻生产样态的深入观察，挖掘新闻海报的"前世今生"、内涵外延与传播机制，为视觉新闻生产创意的持续迸发提供结构化、系统化的案例支持与学理补充。

---

① 张蔚心：《微信海报：战"疫"新闻报道中的资讯"轻骑兵"》，《新闻研究导刊》，2020年第11期，第217–218页。
② 陈荷：《新媒体语境下突发公共卫生事件报道研究——以〈人民日报〉新冠肺炎疫情报道为例》，《新闻潮》，2020年第3期，第52–55页。
③ 江飞、钱奕羽：《海报视频：主旋律新闻的"轻骑兵"》，《新闻战线》，2019年第7期，第95–97页。
④ 任悦：《视觉传播概论》，北京：中国人民大学出版社，2008年，第10页。

（二）融媒体新闻生产相关研究

1. 西方"新闻生产"理论溯源

19世纪四五十年代，以《人民的选择》为代表的传播学研究，将新闻作为一种与选举过程相联系的政治现象纳入社会学研究范式①。这一研究范式开启了社会学对新闻生产活动的持续关注，并于七八十年代进入繁盛期，出现了盖伊·塔奇曼（Gaye Tuchman）、赫伯特·甘斯（Herbert Gans）、马克·费斯曼（Mark Fishman）、迈克尔·舒德森（Michael Schudson）、托德·吉特林（Todd Gitlin）、詹姆斯·凯瑞（James W.Carey）等一大批优秀学者②，诸如《做新闻》《什么在决定新闻》《制造新闻》《发掘新闻——美国报业的社会史》《新闻的力量》《新闻社会学》《全世界在观看》《新左派运动的媒介镜像》《作为文化的传播》等著作则不断充实着新闻生产研究的方方面面，形成了新闻生产研究的"第一波浪潮"（First Wave）。在此期间，学科建设者们对新闻生产的探讨始终以媒介社会学（media sociology）为基底，由此奠定了新闻生产社会学始终将新闻生产实践置入社会系统之中的研究理路。借鉴于赖利夫妇对媒介社会学研究范式的初期探讨，对新闻生产社会学的理解也可以从两个层面进行：从广义上来看，属于媒介社会学分支的新闻生产社会学把新闻生产"置于一个包罗一切的社会系统的框架之中，传播参与者与他们周围的群体以及更大的结构都处于其中"③；从狭义上理解，新闻生产社会学则是一种运用社会学研究路径窥探新闻生产的理论构念，重在挖掘新闻生产内部的组织关系及其生产规律。

将新闻生产视作"生产"在媒介、社会与文化领域内的具体表现，迈克尔·舒德森认为，对"新闻生产"的解读存在三种探讨取径。其一是政治经济学取径，"研究者侧重将媒介组织新闻生产的过程与国家政治、经济结构联系起来，分析文化产品的生产及其与流通及国家的政治、经济与文化体系的关系"④；其二是社会学取径，既将新闻生产视为对社会现实的映射，也将新

---

① 陈沛芹：《美国的新闻社会学及其对新闻生产的研究》，《新闻界》，2008年第4期，第60-61页。
② 陈沛芹：《美国的新闻社会学及其对新闻生产的研究》，《新闻界》，2008年第4期，第60-61页。
③ ［英］丹尼斯·麦奎尔，斯文·温德尔：《大众传播模式论》，祝建华等，译，上海：上海译文出版社，1997年，第47-49页。
④ 刘兆明：《"融合架构"下的新闻业转型研究——基于新闻生产社会学的视角》，复旦大学博士学位论文，2013年。

闻生产视作组织协同运作的产物，着重探讨新闻生产过程中在信息传播参与者与新闻机构组织内部的权力实践过程[①]；其三是文化研究取径，将新闻生产的过程与结果视作一种参与社会文化交流的符号体系，"强调更广阔的文化传统和象征表达系统对于新闻从业者的牵制和影响，侧重考察文化传统和象征表达系统在专业规范与新闻价值观中的渗透，注重新闻作为叙述形式所包含的价值观念"[②]。依循以上三种取径，新闻生产的组织动力关系成为"第一波浪潮"中的研究重心，相关研究普遍强调组织建制对新闻生产的控制，却也一定程度上限制了新闻生产主体的主观能动性，成为新闻生产社会学的不可忽视的理论缺漏。

随着媒介技术的影响力不断凸显，舒德森又在后续研究中提出了技术对新闻生产的影响作用，互联网时代层出不穷的新技术与新产品，也印证了技术视角考察新闻生产的必要性。21世纪以来，接续"第一波浪潮"的研究惯性，塔奇曼提出将新闻生产社会学的三种探讨取径结合起来，并用新闻职业与新媒介技术扩充原有的理论圈层，试图以更加全面动态的理论架构对新闻生产中"可见"与"不可见"的运转机制进行持续挖掘。由此可见，面对新闻生产这一具有社会性的文化产品，新闻社会学的研究理路必须以社会环境为背景进行系统考察，并在其中深入挖掘新闻生产与政治、经济、组织、文化和科技的互动关系。这种复杂的系统关系也证明，媒介社会学视野中的新闻生产研究不存在单一的研究取径，必须将新闻生产置入体系化、结构化的媒介实践，才能探讨其作为中观题域的可能与可为。

西方新闻生产理论研究也得到了业界的回应，如路透社对"新闻生产流程管理"的界定：把新闻看作经过若干道工序生产出来的产品，将各道工序的质量要求量化为可控制指标，按照该指标对生产流程进行组织、计划和控制，以便保证产品的质量，提高生产工作效率。[③]这一从新闻事件到新闻产品的转化流程，不仅详细再现了新闻生产的具体步骤，也指明了新闻生产的内在建构维度，并在媒体机构的"新闻生产活动中逐步制度化、组织化，

---

① 陆晔：《新闻生产过程中的权力实践形态研究》，《信息化进程中的传媒教育与传媒研究——第二届中国传播学论坛论文汇编（上册）》，2002年，第159—167页。
② 张志安：《编辑部场域中的新闻生产——〈南方都市报〉个案研究（1995—2005）》，复旦大学博士学位论文，2006年。
③ 申森、黄梦阮、詹正茂：《路透社新闻生产流程管理体制研究》，《今传媒》，2008年第2期，第71—73页。

成为组织的一种内在结构和行为"①。值得注意的是，于社会情境下演进的新闻生产活动始终是向内、向外的两种建构面向，与传播参与者对内容的建构相对应的，是影响该建构过程的诸多社会因素。从这一向外的研究理路出发，新媒介语境中的新闻生产社会学必须面对"意识形态、传媒机构组织外部、传媒机构组织层面、媒介常规、作为新闻生产者的传媒结构成员"②等多个影响因素，并在与新兴研究对象的对接中不断扩充理论的适用范围和阐释范式。

鉴于新闻生产社会学现有的研究路径与内外面向，本书所关注的"新闻海报生产"同样存在一"静"一"动"两种身份属性：作为新闻生产产品的新闻海报文本，其在新闻生产流程中属于实践结果，但该静态文本背后却蕴藏着动态的新闻生产过程，并且该过程始终以组织形态与社会系统中的经济、政治、文化、科技产生关联，由此达成静态界面与动态结构的联动。与此同时，面对与新闻海报相似的新闻生产产品家族，融媒体语境下的大多数新型信息产品正处于实践的探索阶段，用新闻生产社会学考量其创新扩散的动态过程，更有助于挖掘文本及其生产过程的发展潜力，从而将新闻生产作为社会信息传播的子系统之一，窥探当前社会情境下个体、组织及群体对媒介的使用方式与认同模式。

2. 国内外融媒体新闻生产研究综述

20世纪90年代，肇始于1993年陈力丹、宋小卫的《从新闻消费看新闻生产》③一文，国内研究开始关注"新闻生产"这一概念，该文以市场经济风口为背景，探讨传播环境变化为新闻生产带来的理念更迭，及时准确地预言了当时我国新闻生产的发展趋势。在此之前，国内研究中对"新闻"与"生产"二字关系的解读数量有限，诸如流行于20世纪80年代具有极强政治导向的"生产新闻"写作研究，以及90年代"制造新闻"作为公共关系营销手段的广泛流行等。随着新闻生产被置入新闻消费领域进行系统考察，接续对以上两种研究思路的反思④，我国新闻生产研究正式进入议题广泛、理论扩容、案例丰富的新阶段，并展现出此类专题研究的中国特色。

以"新闻生产"为关键词在中国知网进行搜索，共获得3700余篇中文文

---

① 申淼，黄梦阮，詹正茂：《路透社新闻生产流程管理体制研究》，《今传媒》，2008年第2期，第71—73页。
② 贾军：《媒体智能化背景下的新闻生产研究》，武汉大学博士学位论文，2017年。
③ 陈力丹，宋小卫：《从新闻消费看新闻生产》，《新闻记者》，1993年第8期，第9—10页。
④ 吴万里：《新闻焉能"制造"》，《中国记者》，2000年第9期，第80页。

献，时间跨度为1984年至今，由此证明该题域在国内已经累积了相对丰富的研究基础。由于全文本与CSSCI成果分布态势基本趋同，本书主要以CSSCI成果为考察对象，解析新闻生产研究的发展脉络。（见图0-1、图0-2）

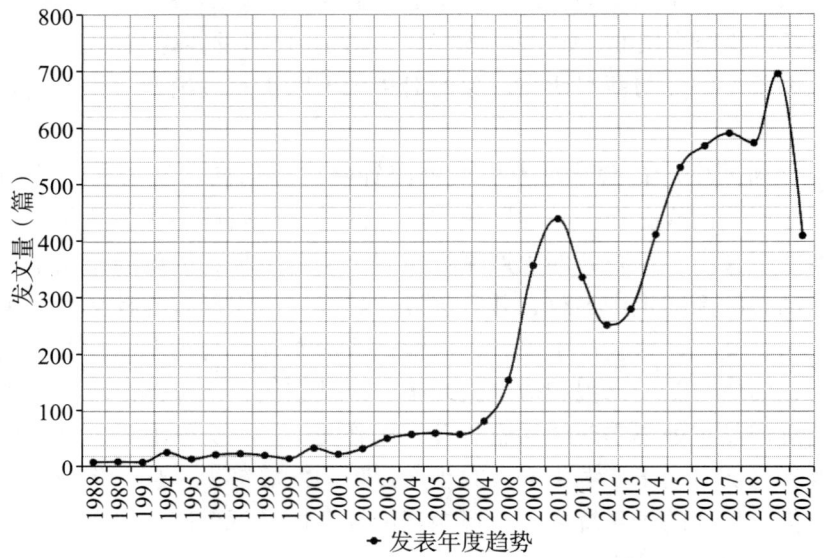

图0-1　中国知网"News Production"中英文文献发表年度趋势图

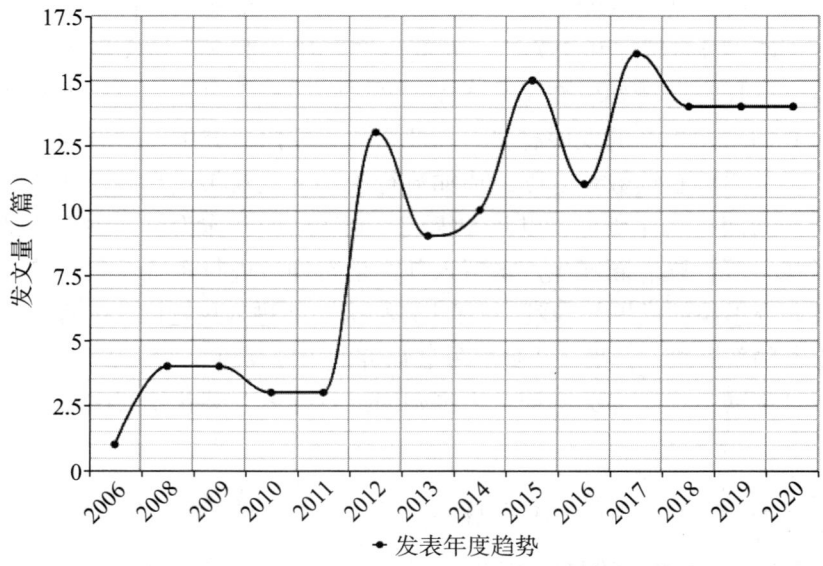

图0-2　中国知网"新闻生产"CSSCI文献发表年度趋势图

面对我国丰富的新闻生产实践，我国新闻生产研究在对接这一中观理论的过程中衍生出多元的研究视角，并以媒介融合趋势为分野，在时间线上展现出显著的研究特征。

将"媒介融合"这个概念拆开来分析，"媒介"是名词，而"融合"是动词。"媒介融合"实际上是一种不断运动变化的过程状态，如果要把媒介融合整体当作一个名词来解释的话，那么应该是指经过融合之后的媒介[①]。根据《牛津高阶英汉双解词典》，"convergence"（融合）最早源于科学领域，如1713年英国科学家威廉·德汉（William Derham）谈到光线的汇聚或发散，随后，该词被逐渐运用于气象学、数学、进化生物学、政治学和经济学等学科。[②]从字面上看，"convergence"有两个意思：第一，线条、运动物体会于一点，向一点会合、聚集；第二，两种事物相似或者相同（用于比喻义）。由此可见，"媒介融合"也应该具有两层意思，第一层意思是"会聚""结合"，第二层意思才是融合，两层意思是有区别的。"会聚"或"结合"虽然有一些"融合"的意思，却是低层次的"融合"，是物理意义上的，是在做"加法"，将同种的媒介或者不同种类的媒介结合为一个共同体，如中国很多的报业集团、广电集团等；而"融合"则是将不同的媒介功能和传播手段"融化"为一种。[③]

与国内从词义考据入手的研究思维不同，国外研究对"融合"的阐释具有一定的历时性。1979年，为了募资创建麻省理工学院（MIT）的媒体实验室，尼古拉·尼葛洛庞蒂（Nicholas Negroponte）展开了一系列演讲推广普及"融合"的概念，他用三个交叠的圆圈分别代表了广播和动画业、电脑业、印刷和出版业，并认为这三种行业正在走向融合，而三个圆圈的交叉处将成为成长最快、创新最多的领域[④]。自此，这种将不同媒介融合创造出新传播形式的观点，开始引导人们对大众媒介生产样态的思考。四年后，美国马萨诸塞州理工大学教授伊契尔·索勒·普尔（Ithiel de Sola Pool）提出"媒介融合"这一概念，为新闻传播学研究送来了点击率居高不下却迟迟难以达成共识的重要议题。在这种充斥着不确定性的语境下，多位学者开始尝试对媒介融合的内涵进行界定：美国南加州大学安利伯格传播学院教授拉里·普赖

[①] 高钢，陈绚：《关于媒体融合的几点思索》，《国际新闻界》，2006年第9期，第51–56页。
[②] 宋昭勋：《新闻传播学中Convergence一词溯源及内涵》，《现代传播（中国传媒大学学报）》，2006年第1期，第51–53页。
[③] 陈浩文：《再论媒介融合（Media Convergence）》，发表于2007年4月6日，引用于2019年9月1日，http://media.people.com.cn/GB/40628/5575331.html。
[④] 陶喜红：《论媒介融合在中国的发展趋势》，《中国广告》，2007年第6期，第160–162页。

尔（Larry Pryor）认为，"融合新闻发生在新闻编辑部中，新闻从业人员一起工作，为多种媒体的平台生产多样化的新闻产品，并以互动性的内容服务大众，通常是以一周七日、每日24小时的周期运行"①；麻省爱默生学院的珍妮·克洛茨基（Janet Kolodzy）在著作《融合新闻：跨新媒体写作与报道》中认为，新闻业中的融合是"一种关于新闻、生产新闻和发布新闻的新思维方式，它充分发挥所有媒体的潜力以抵达一个多样化的、注意力越来越不集中的大众"②；黄建友认为，"媒介融合的内涵是以数字技术为基础的，是各种不同介质、不同媒介形式的聚合，所有权合并、组织结构上的融合以及媒介之间的战略合作都只是媒介融合的表象"③。基于前人视角多样的研究成果，蔡雯教授给出定义："媒介融合是在以数字技术、网络技术和电子通讯技术为核心的科学技术推动下，组成大媒体业的各产业组织在经济利益和社会需求驱动下通过合作、并购和整合等手段，实现不同媒介形态的内容融合、传播渠道融合和媒介终端融合的过程。"④

在此背景下，媒介融合推动了融媒体语境的深度发展，也为新闻生产提供了一种向文化生活渗透的对话空间，因此，本书结合CSSCI成果，对融媒体语境下我国新闻生产研究框架进行如下概述：

第一，我国早期研究聚焦西方理论体系与案例资源，强调对新闻生产研究的系统引介与横向借鉴。在前期研究中，陈沛芹⑤、张斌⑥、弓慧敏、涂光晋⑦、王敏⑧等对美国新闻社会学及其对新闻生产相关研究进行了理论溯源与体系引介，为我国新闻生产理论归纳与创新提供了本土化的学术支撑。与此同时，对国外新闻生产案例的介绍与深挖，也是同时期新闻生产研究的

---

① 蔡雯：《从"超级记者"到"超级团队"——西方媒体"融合新闻"的实践和理论》，《中国记者》，2007年第1期，第80–82页。

② Kolodzy Janet. *Convergence Journalism: Writing and Reporting across the New Media*. Toronto：Roman & Littlefield Publishers，2006：4.

③ 黄建友：《论媒介融合的内涵及其演进路径》，《当代传播》，2009年第5期，第50–52页。

④ 蔡雯，王学文：《角度·视野·轨迹——试析有关"媒介融合"的研究》，《国际新闻界》，2009年第11期，第87–91页。

⑤ 陈沛芹：《美国的新闻社会学及其对新闻生产的研究》，《新闻界》，2008年第4期，第60–61页。

⑥ 张斌：《新闻生产与社会建构——论美国媒介社会学研究中的建构论取向》，《现代传播（中国传媒大学学报）》，2011年第1期，第23–27页。

⑦ 弓慧敏，涂光晋：《媒介社会学视域中的新闻生产研究——对塔奇曼〈做新闻〉的再诠释》，《山西大学学报（哲学社会科学版）》，2017年第5期，第49–55页。

⑧ 王敏：《"场域–惯习"框架下的新闻生产：一个研究范式的学术史考察》，《新闻界》，2018年第3期，第32–39页。

重要类目，如申淼等对路透社新闻生产流程管理的介绍①、贾乐蓉对俄罗斯社会化媒体与新闻生产关系的研判②、王敏对澳大利亚互联网报纸"Brisbane Times"新闻生产惯习的考察③、王嘉对CNN新闻生产引入UGC平台运作策略的分析④、顾杨丽等对美国新闻生产和教育视角的观照⑤以及陈晓军等对《纽约时报》"交互设计"理念的探究等⑥，以上研究不仅在时序上记录了新闻生产实践的蝶变，也在空间上提供了新闻生产研究的横向参照，助推中国新闻生产研究不断优化。

第二，关注不同媒介形态下的中国新闻生产惯习，以媒介类型扩充理论适用范围。针对报纸媒介，田秋生总结了市场背景下制约党报新闻生产的三重逻辑⑦、操慧以《北京晚报》2012年调版为例从新闻生产的空间定位看媒介社区的转型⑧、许加彪等基于《中国日报》个案探索对外传播视域下国际会议的新闻生产实践⑨；针对广播媒介，邹举以江苏新闻广播为例挖掘竞合时代广播新闻生产创新的三个层次⑩；针对电视媒介，徐帆从机制与角色之间的关联解析凤凰卫视的新闻生产⑪、张吉陵以湖南经视为例分析新闻生产公信力的建

---

① 申淼，黄梦阮，詹正茂：《路透社新闻生产的流程管理》，《新闻战线》，2008年第2期，第86–88页。
② 贾乐蓉：《俄罗斯社会化媒体的发展及其对新闻生产的影响》，《国际新闻界》，2014年第11期，第93–105页。
③ 王敏：《数字化驱动下新闻生产惯习的改造、嵌入与重构——基于澳大利亚互联网报纸"Brisbane Times"的考察》，《新闻记者》，2016年第12期，第19–25页。
④ 王嘉：《CNN新闻生产引入UGC的平台运作策略分析》，《中国广播电视学刊》，2016年第12期，第72–73页。
⑤ 顾杨丽，洪长晖：《融媒时代新闻教育：话题重启与观念变革——从美国新闻生产和教育的视角观照》，《口国出版》，2015年第22期，第8–12页。
⑥ 陈晓军，王鹭：《"交互设计"理念下新闻生产的蝶变与启示——以〈纽约时报〉为例》，《传媒》，2020年第9期，第94–96页。
⑦ 田秋生：《市场背景下制约党报新闻生产的三重逻辑》，《国际新闻界》，2009年第2期，第69–74页。
⑧ 操慧：《从新闻生产的空间定位看媒介社区的转型——以〈北京晚报〉2012年调版为例》，《西南民族大学学报（人文社会科学版）》，2012年第4期，第157–162页。
⑨ 许加彪，刘艺璇：《对外传播视域下国际会议的新闻生产实践——基于〈中国日报〉的个案研究》，《当代传播》，2016年第4期，第104–106页。
⑩ 邹举：《竞合时代广播新闻生产创新的三个层次——以江苏新闻广播为例》，《新闻界》，2011年第9期，第14–17页。
⑪ 徐帆：《凤凰卫视的新闻生产：机制与角色的关联审视》，《新闻大学》，2012年第4期，第77–84页。

构形式①、苟凯东以史为鉴挖掘电视新闻体制改革②与电视新闻生产的历史脉络③；针对通讯社，邹欣等深描中国国家通讯社的重大时政新闻生产实践④；针对新媒体，新闻网站⑤、网络新闻⑥、新闻客户端⑦、Vlog⑧、短视频⑨等都成为新闻生产的研究对象，随着新媒介环境的逐步成长扩充着新闻生产产品的的品类与样态。除了跻身于不同媒介类别之中的个案，以热门新闻事件、常规新闻策划为索引的各类新闻也是国内新闻生产研究的重要案例资源，如刘晓燕等以"杭州飙车案"为个案分析新闻生产主体在不同的话语空间承担不同的角色⑩，又如全燕将台湾"美牛风波"置入风险传播视域探讨新闻生产对社会风险的媒介呈现与内涵重构功能⑪，再如王学锋对"新春走基层"新闻建构意义的探讨⑫。在此基础上，针对不同类别新闻生产规律的研究也日趋丰富起来，如王积龙对绿色和平新闻生产机制的研究⑬、周呈思对政经报道新闻生产在微博时代的拓新探讨⑭、岳璐对矿难报道新闻生产框架的研究⑮、李东

---

① 张吉陵：《试析湖南经视新闻生产公信力建构》，《电视研究》，2017年第8期，第25–26页。

② 苟凯东：《电视新闻体制改革的萌芽——以上世纪80年代的电视新闻生产为例》，《新闻界》，2014年第16期，第45–48页。

③ 苟凯东：《早期电视新闻生产研究——意识形态下的影像记录（1958—1976年）》，《新闻界》，2015年第12期，第32–36页。

④ 邹欣，牛向洁，李育儒，韩珅：《中国国家通讯社重大时政新闻生产的实践与思考》，《中国编辑》，2019年第8期，第32–36页。

⑤ 白红义：《实践视阈下的新闻创新——基于上海A网站新闻生产的个案研究》，《现代传播（中国传媒大学学报）》，2018年第8期，第57–66页。

⑥ 邓莉华：《从热点传播看网络媒体的新闻生产》，《出版广角》，2017年第23期，第71–73页。

⑦ 王侠：《液态社会中新闻生产的变革与延续——基于对新闻客户端M的分层访谈》，《国际新闻界》，2019年第5期，第60–79页。

⑧ 张霄：《媒体融合背景下Vlog新闻生产模式的应用与思考——以〈大国外交最前线〉为例》，《电视研究》，2020年第5期，第56–58页。

⑨ 武楠，梁君健：《短视频时代主流媒体的新闻生产变革与视听形态特征——以新冠肺炎疫情期间"央视新闻"快手短视频为例》，《当代传播》，2020年第3期，第58–62页。

⑩ 刘晓燕，丁未，张晓：《新媒介生态下的新闻生产研究——以"杭州飙车案"为个案》，《深圳大学学报（人文社会科学版）》，2010年第4期，第135–141页。

⑪ 全燕：《风险传播中的新闻生产——以台湾"美牛风波"为例》，《中国地质大学学报（社会科学版）》，2013年第2期，第44–48页。

⑫ 王学锋：《新闻生产方式的突破与回归——探讨"新春走基层"的新闻建构意义》，《新闻与写作》，2017年第3期，第37–40页。

⑬ 王积龙：《全球生态危机背景下第三部门如何传播环保信息——绿色和平的新闻生产机制研究》，《江淮论坛》，2012年第4期，第141–147页。

⑭ 周呈思：《微博时代政经报道的新闻生产拓新》，《当代传播》，2012年第3期，第109–110页。

⑮ 岳璐：《新闻生产视阈下的矿难报道框架研究》，《新闻记者》，2012年第11期，第24–28页。

晓对中国贪腐新闻生产互联网介入模式的研究①、苟凯东对电视民生新闻商品化发展趋势的解读②等。在新媒介技术的持续加持下，数据新闻③、疫情新闻④、县级融媒体新闻⑤、虚假新闻⑥等热点议题也逐步进入新闻生产研究视域，逐层递进地对接着中国新闻生产的当下实践与未来需要。在此期间，还有学者在新闻生产视域下对不同案例进行比较研究，如谢静等比较了上海与新加坡报纸的组织传播模式及其与新闻生产的关系⑦、薛文婷等比较了《中国体育报》和《体坛周报》的新闻生产机制⑧、喻国明比较了标杆性网媒的新闻生产运作与机制⑨、薛可等比较了官方与民间社交媒体的新闻生产过程⑩。对案例内涵、案例间关系的持续探索表明，新闻生产在一定程度上决定了新闻场域内的传受惯习，但新案例、新现象的持续出现也成为推动新闻生产实践与研究走向崭新发展阶段的外在动力，催促着新闻生产从个案到集群、从偶然到必然的行业升级。

第三，以媒介融合为牵引探索媒介演进趋势，向内挖掘新闻生产与媒介社会的互动样态。在媒介融合视域下，周亭以"广播"到"宽带"的媒介流变为牵引，探究媒介融合时代新闻生产的流程再造⑪；操慧借由吉登斯（Anthony Giddens）的"脱域"概念指出互联网技术使新闻生产的链条和构成发生了重大变化，其以主体多元化、客体多元化、范式互动化呈现出脱域

---

① 李东晓：《互联网对中国贪腐新闻生产的影响及介入模式研究》，《郑州大学学报（哲学社会科学版）》，2012年第2期，第151-156页。

② 苟凯东：《新闻生产的商品化——市场化视角解读电视民生新闻》，《传媒》，2015年第2期，第60-61页。

③ 胡杨涓，余树彬：《数据新闻对新闻生产实践与观念的重塑》，《编辑之友》，2019年第7期，第59-62页。

④ 任媛媛：《强信心·聚民心·暖人心·筑同心：疫情报道中的建设性新闻生产实践》，《中国出版》，2020年第13期，第34-38页。

⑤ 陈森：《县级融媒体中心新闻生产与传播的困境与路径》，《传媒》，2020年第13期，第71-74页。

⑥ 吴辉，向启芬：《虚假新闻生产新变化及其治理研究——基于〈新闻记者〉2001-2019"年度虚假新闻案例"的考察》，《西南民族大学学报（人文社科版）》，2020年第8期，第155-160页。

⑦ 谢静，徐小鸽：《媒介的组织传播模式及其与新闻生产的关系——上海与新加坡报纸的比较研究》，《新闻大学》，2008年第4期，第48-57页。

⑧ 薛文婷，毕剑琥：《〈中国体育报〉和〈体坛周报〉新闻生产机制之比较》，《体育与科学》，2013年第3期，第77-82页。

⑨ 喻国明：《标杆性网媒新闻生产运作与机制比较研究》，《新闻与写作》，2013年第8期，第87-89页。

⑩ 薛可，孟筱筱，宋锋森：《差异与互补：官方与民间社交媒体的新闻生产对比研究》，《新闻记者》，2019年第5期，第67-74页。

⑪ 周亭：《从"广播"到"宽带"——媒介融合时代电视新闻生产的流程再造》，《现代传播（中国传媒大学学报）》，2012年第1期，第98-101页。

性①；陈荣美等以自媒体崛起为背景，基于传统媒体应对微博挑战的视角窥探传统新闻生产的转型策略②等。这些探索性解读开启了我国新闻生产研究的整体性视野，大批量学者由此关注媒介融合、融合文化背景下新闻生产模式的嬗变③与重构④，对新闻生产的理念变革⑤、流程再造⑥、消费趋势⑦、产品创新⑧、优化路径⑨等维度进行了贯通现在与未来的深入解读。这一研究取径也意味着，媒介融合已进入纵深阶段，新闻生产的题材高度、内容厚度与产品态度正在调整新媒介环境中"变"与"不变"的边界，其已经成为形塑媒体公信力、引导公共舆论的重要通路⑩。与此同时，从编辑部到"中央厨房"的生产机构演化，也展现出当代新闻业发展的行业文化与从业心态⑪，指明以"关系"为驱动的新闻生产必须强化自身与用户、市场的普遍连接，以便更好地适应社会化媒体时代社会组织尤其是媒介机构的生存发展需求⑫。

第四，我国新闻生产研究持续联动技术革新，生动记录媒介技术的流行趋势与辐射路径。随着新媒介环境逐步成为新闻生产的核心场域，自媒体理念、移动终端的定位服务与大数据风潮率先进入新闻生产研究，如金春平基于新闻生产市场学视角探讨自媒体时代的微博新闻编辑模式⑬，又如周莉等

---

① 操慧：《脱域：互联网时代的新闻生产》，《四川大学学报（哲学社会科学版）》，2012年第3期，第59-66页。
② 陈荣美，黄和节：《自媒体崛起背景下传统新闻生产的转型及行动者策略——基于传统媒体应对微博挑战视角》，《编辑之友》，2012年第8期，第57-59页。
③ 郭赫男，闫允丽：《媒介融合时代下新闻生产模式的嬗变》，《编辑之友》，2014年第4期，第57-59页。
④ 毛毅：《论融合文化视角下新闻生产模式的重构》，《传媒》，2014年第19期，第79-80页。
⑤ 刘义昆，赵振宇：《新媒体时代的新闻生产：理念变革、产品创新与流程再造》，《南京社会科学》，2015年第2期，第103-110页。
⑥ 何萍：《理念变革、产品创新、流程再造——新媒体环境下的新闻生产分析》，《传媒》，2016年第10期，第95-96页。
⑦ 陈昌凤，王宇琦：《新闻聚合语境下新闻生产、分发渠道与内容消费的变革》，《中国出版》，2017年第12期，第3-7页。
⑧ 石莹：《融媒时代新闻生产的创新实践》，《传媒》，2018年第7期，第94-96页。
⑨ 吴献举：《聚合媒体的新闻生产：方式变革、社会影响与优化路径》，《编辑之友》，2018年第6期，第63-67页。
⑩ 刘海贵，庹继光：《融媒时代新闻生产的"三度"》，《新闻记者》，2019年第9期，第40-45页。
⑪ 何瑛，胡翼青：《从"编辑部生产"到"中央厨房"：当代新闻生产的再思考》，《新闻记者》，2017年第8期，第28-35页。
⑫ 赵立兵：《"关系"的力量：社会化媒体对新闻生产的影响》，《传媒》，2017年第13期，第84-87页。
⑬ 金春平：《自媒体时代微博新闻编辑模式分析——基于新闻生产市场学视角》，《编辑之友》，2015年第1期，第64-67页。

复盘基于定位服务的新闻生产及其模式创新①，再如许向东、杨娟、夏雨禾等从不同视角阐释大数据技术为新闻生产带来的新模式②、新变革③与流程重塑④。这些变化落地在"新闻理念、新闻来源、新闻主体、新闻呈现、新闻分发"⑤等方方面面，既推动"新闻消费呈现出移动化和社交化的特点"⑥，也为如虚拟现实、人工智能、算法推荐等技术的加盟提供了示范样本。值得注意的是，学界对新技术的考察始终都在强调其作为新闻生产手段的贯通性与多面性，如常江、杨奇光反思虚拟现实对传统新闻生产的影响⑦，司雯雯则肯定虚拟现实作为新闻生产新途径的未来潜力⑧；如黄雅兰认为人工智能技术已经带动媒体从大众化走向个性化⑨，仇筠茜、陈昌凤、贺岭、南一飞等学者则大胆预测了人工智能技术即将引发的新闻生产格局⑩、生产方式⑪、生产流程⑫与文化建构的嬗变⑬；如王昀探讨了计算新闻在阐释制度行为互动性、参与社会治理与决策评估中发挥的优势⑭，王晓培、常江则在反思算法伦理分析地图后强调价值导向对新媒介技术的规训作用⑮；如郭恩强、梁杰兵以"透明

---

① 周莉，黄娟：《基于定位服务的新闻生产及其模式创新》，《编辑之友》，2015年第7期，第71-74页。
② 许向东：《大数据时代新闻生产新模式：传感器新闻的理念、实践与思考》，《国际新闻界》，2015年第10期，第107-116页。
③ 杨娟：《大数据技术驱动下的中国新闻生产方式变革》，《当代传播》，2015年第5期，第103-105页。
④ 夏雨禾：《传播手段创新视域中大数据时代新闻生产流程重构》，《中国出版》，2018年第6期，第12-15页。
⑤ 弓慧敏：《基于新技术的新闻生产与消费变革》，《编辑之友》，2017年第4期，第49-53页。
⑥ 弓慧敏：《基于新技术的新闻生产与消费变革》，《编辑之友》，2017年第4期，第49-53页。
⑦ 常江，杨奇光：《重构叙事？虚拟现实技术对传统新闻生产的影响》，《新闻记者》，2016年第9期，第29-38页。
⑧ 司雯雯：《虚拟现实：新闻生产的新途径》，《传媒》，2018年第9期，第94-96页。
⑨ 黄雅兰：《从大众媒体到个性化媒体：人工智能技术对新闻生产的影响》，《中国出版》，2017年第24期，第9-12页。
⑩ 仇筠茜，陈昌凤：《黑箱：人工智能技术与新闻生产格局嬗变》，《新闻界》，2018年第1期，第28-34页。
⑪ 贺岭，南一飞：《人工智能时代新闻生产方式的变革研究》，《出版广角》，2018年第7期，第66-68页。
⑫ 张亮：《人工智能时代新闻生产的流程再造》，《出版广角》，2019年第3期，第40-42页。
⑬ 杜洁，张璠，杨柏松：《浅析人工智能新闻生产的功能重组与文化建构》，《传媒》，2018年第19期，第94-96页。
⑭ 王昀：《"可计算"的迷思：计算导向的新闻生产及其公共性效应》，《湖南师范大学社会科学学报》，2019年第1期，第23-31页。
⑮ 王晓培，常江：《新闻生产自动化伦理挑战——算法伦理分析的框架地图》，《中国出版》，2019年第4期，第20-25页。

性"为中心阐释区块链对新闻生产的重构①，王军峰则在全媒体背景下挖掘区块链革新新闻生产要素的路径与价值②。关于新技术与新闻生产关系的大量研究表明，新闻生产实践正在以更包容的姿态吸纳新生事物，由此以自身的转型升级成为媒介社会的独特景观。

第五，强调新闻职业与新闻受众在新闻生产系统中的作用，通过突出个体主观能动性扩充理论架构。在媒介融合与技术革新的汇流下，处于传受互动发端的新闻生产往往从传者站位出发，新闻记者是其中最基础的生产单位，也是新闻生产研究中不可忽视的重要研究对象。如以1987"深度报道年"为个案探讨新闻生产过程中生成的职业意识③、关注时差与节奏影响下驻华外国记者的新闻生产常规④、以"毒奶粉"事件窥探新闻生产过程中的自我审查⑤等。这些研究成为"把关人"理论的现代发酵，推动新闻传播主体在媒介更迭里尝试创造和把握新闻专业主义与新媒介环境变革之间的平衡⑥。与此同时，新技术的迅速发展促使新闻传播主体的身份范围不断扩容，"机器人记者"的出现正改变着新闻生产的演进方向，这套"运用算法对数据展开收集、加工、生成的新闻报道程序，实现了新闻生产主体的机器化、自动化和智能化"⑦，极大地提高了新闻生产效率，但"人—机"关系的高度交互性，也不可避免地滋生技术伦理争议⑧，由此引发了关于新闻生态观的持续探讨。事实上，在新闻生产的生态圈中，受众也是不可忽视的一个生产环节，尤其是在UGC理念根深蒂固的当下，"新闻实践中受众参与新闻生产的各种表现、受众参与的变化及特点、受众参与的心理因素、受众参与的影响及作用等内

---

① 郭恩强，梁杰兵：《区块链对新闻生产的重构——以"透明性"为中心的研究》，《新闻大学》，2019年第2期，第33-42页。
② 王军峰：《全媒体时代区块链革新新闻生产要素的路径与价值》，《中国编辑》，2020年第4期，第28-33页。
③ 张志安，阴良：《新闻生产：职业意识与社会环境的影响——以1987"深度报道年"为个案》，《新闻大学》，2009年第1期，第10-18页。
④ 钱进：《时差、节奏与驻华外国记者的新闻生产常规》，《新闻记者》，2013年第5期，第27-32页。
⑤ 张志安：《新闻生产过程中的自我审查研究——以"毒奶粉"事件的报道为个案》，《新闻与传播研究》，2013年第5期，第24-43页。
⑥ 陈宁，杨春：《记者在社会化媒体中的新闻专业主义角色——以记者微博的新闻生产为例》，《现代传播（中国传媒大学学报）》，2016年第1期，第133-138页。
⑦ 管琼：《"机器人记者"新闻生产的现状与趋势》，《传媒》，2017年第3期，第53-55页。
⑧ 许加彪，韦文娟，高艳阳：《技术哲学视角下机器人新闻生产的伦理审视》，《当代传播》，2019年第1期，第89-91页。

容"①，也是传播主体不可忽视的重要内容，诸如钟剑茜、王斌、李岸东等人在新闻生产视域下对受众的研究也表明，在开放式新闻生产条件下，媒体的"深后台"有可能强化受众的被动性，对受众的观照有利于更理智地认识新闻业生产变革的全貌②。

第六，聚焦新闻生产机制背后的社会情境，不断挖掘中国语境下的媒介文化阐释空间。与国外扎根于新闻生产社会学的分析理路相似，我国新闻生产研究也采取了政治、经济、社会组织与文化解析四个主要视角。在政治视野，杨击用穷人、富人和传媒正义的关系解读新闻生产中的平民主义策略③，王勇从标签策略看新闻生产的意识形态性④、周海燕在大生产运动典型报道中解析"新闻生产-政治动员"的互动关系⑤、喻恂将"明天下午生产"解读为一种程序自治⑥等，展现出新闻生产与政治生活的多元互动形态；在经济学视野，芮必峰探讨了资本在新闻生产关系变革中的作用⑦、杨雨丹解析了新闻惯习的产生与生产过程⑧、邓为等从新闻网站上市实例出发探讨经济环境对新闻生产的影响及效果⑨，这些成果表明学者不仅将新闻生产视作一种结构化机制，还将其置入动态的市场环境中加以考察，探索其在经济场域中的互动关系；在社会组织视域，邓建国预言了"专业化分布式"⑩新闻生产时代的到来，新闻生产则作为一种整体的组织形态对网络时代的日常新闻生产产生

---

① 钟剑茜：《媒介融合时代新闻生产中的受众参与》，《当代传播》，2012年第1期，第95-97页。
② 王斌，李岸东：《隐蔽的"深后台"：开放新闻生产中的传受关系——以〈中国青年〉对卓伟的报道为个案》，《国际新闻界》，2018年第4期，第144-161页。
③ 杨击：《穷人、富人和传媒正义——解读新闻生产中的平民主义策略》，《国际新闻界》，2006年第2期，第8-13页。
④ 王勇：《从标签策略看新闻生产的意识形态性》，《国际新闻界》，2010年第8期，第62-66页。
⑤ 周海燕：《话语即权力大生产运动典型报道中的"新闻生产-政治动员"》，《当代传播》，2012年第3期，第29-31页。
⑥ 喻恂：《程序自治：媒体新闻生产的一种理性选择》，《华中科技大学学报（社会科学版）》，2015年第4期，第66-71页。
⑦ 芮必峰：《试论资本在新闻生产关系变革中的作用》，《国际新闻界》，2009年第7期，第49-53页。
⑧ 杨雨丹：《新闻惯习的产生与生产——惯习视角下的新闻生产》，《国际新闻界》，2009年第11期，第51-54页。
⑨ 邓为，陈雨：《新闻网站上市对新闻生产的影响及效果》，《湖北社会科学》，2016年第2期，第63-69页。
⑩ 邓建国：《"专业化分布式"新闻生产时代的到来？——自媒体的挑战与机遇》，《新闻记者》，2013年第3期，第22-29页。

结构性制约①，并在众筹新闻、草根新闻等新兴品类的广泛传播中变革新闻生产的权力结构②、引发全面参与的公民生产③、联动社会公共生活④的方方面面；在媒介文化视域，观照社会现实的新闻生产既能够被解读为一种重构社会记忆的典型文本⑤，也是一种承载媒介记忆的生产实践⑥，其通过"传播信息、引导舆论实现对社会的控制作用"⑦，按照从蒙太奇、可视化到虚拟现实的视觉逻辑变迁⑧，促成全体社会行为主体都成为新闻生产者，使传统媒体时代的"我—他"传播转变为"我—你"传播和"我—我"传播，从而形成了巨大的新闻生产主体网络⑨，达成新媒体语境下新闻生产的空间实践⑩。

除了学术论文，我国还拥有多部系统展现不同阶段新闻生产样态的著作：如聚焦报纸媒介的《市场化生存的党报新闻生产》⑪、《数字化浪潮中的报纸新闻生产》⑫、《媒变：中国报纸全媒体新闻生产"零距离"观察》⑬与《国家形象与新闻生产研究——〈华尔街日报〉的涉华报道研究》⑭等，此类著作以实地调查和深度访谈获取第一手资料，结合报道文本和相关文献展开研究，洞见报纸媒介的新闻生产流程与纵向演进；又如关注电视新闻生产

---

① 王辰瑶：《结构性制约：对网络时代日常新闻生产的考察》，《国际新闻界》，2010年第7期，第66–71页。
② 曾庆香，王超慧：《众筹新闻：变革新闻生产的权力结构》，《国际新闻界》，2014年第11期，第81–92页。
③ 李洋：《草根媒体的新闻生产与公民生产——一种现象学社会学的探讨》，《西北大学学报（哲学社会科学版）》，2013年第2期，第163–167页。
④ 田秋生，黄贺铂：《"新闻众筹"及其对新闻生产和社会公共生活的影响》，《广州大学学报（社会科学版）》，2015年第1期，第65–68页。
⑤ 周海燕：《"赵占魁运动"：新闻生产中工人模范的社会记忆重构》，《新闻记者》，2012年第1期，第78–84页。
⑥ 李红涛，黄顺铭：《新闻生产即记忆实践——媒体记忆领域的边界与批判性议题》，《新闻记者》，2015年第7期，第36–45页。
⑦ 喻恂：《程序视野下的新闻生产》，《武汉理工大学学报（社会科学版）》，2014年第6期，第995–999页。
⑧ 常江：《蒙太奇、可视化与虚拟现实：新闻生产的视觉逻辑变迁》，《新闻大学》，2017年第1期，第55–61页。
⑨ 曾庆香，陆佳怡：《新媒体语境下的新闻生产：主体网络与主体间性》，《新闻记者》，2018年第4期，第75–85页。
⑩ 赵红勋：《新媒体语境下新闻生产的空间实践》，《新闻界》，2018年第7期，第38–44页。
⑪ 田秋生：《市场化生存的党报新闻生产》，北京：中国广播电视出版社，2010年。
⑫ 田秋生，肖桂来：《数字化浪潮中的报纸新闻生产》，广州：暨南大学出版社，2016年。
⑬ 窦丰昌：《媒变：中国报纸全媒体新闻生产"零距离"观察》，广州：中山大学出版社，2016年。
⑭ 雷晓艳：《国家形象与新闻生产研究——〈华尔街日报〉的涉华报道研究》，武汉：华中科技大学出版社，2020年。

的《理念与实践——电视法制新闻生产的多维考察》[①]、《中央电视台新闻生产机制变革研究》[②]、《新媒体时代的电视新闻生产——平台思维与流程再造》[③]、《电视新闻生产：理论与实践》[④]等，以上研究大多着眼于新媒体环境下电视新闻生产流程中存在的问题与成因，并试图在理论与实践的基础上提出应对对策；随着新媒介技术开启数字时代，《"媒介事件"研究——兼论传统新闻生产与传播模式的转变》[⑤]、《全媒体新闻生产：案例与方法》[⑥]、《新闻业的救赎——数字时代新闻生产的16个关键问题》[⑦]、《大数据与中国经济新闻生产：以财新网为例》[⑧]、《释放数据的力量——数据新闻生产与伦理研究》[⑨]等专著成为新兴新闻生产领域的系统研究成果，以新闻生产社会学对接我国特殊的媒介环境，集中展现我国新闻生产的突出特点与优化路径，并以不同新闻产品的生产样态探讨传统新闻生产与传播模式的转变，具有重要的理论价值和现实意义。

作为国内新闻生产研究的参照系，国外新闻生产研究以1973年关于佛罗里达州立法者对某些电视新闻制作技巧伦理认知[⑩]的研究为引入，在相隔20年的两个时空里，与国内新闻生产研究在政治、经济、社会、文化与技术等领域达成了一种特殊的互文。

以国外新闻生产研究理路为缘起，早期国外新闻生产研究关注不同组织机构在新闻生产中的作用，如有学者探讨报纸图书馆在新闻生产中的作用[⑪]，

[①] 吴玉玲：《理念与实践——电视法制新闻生产的多维考察》，北京：中国传媒大学出版社，2012年。

[②] 王冲：《中央电视台新闻生产机制变革研究——基于媒介社会学的视角》，北京：经济管理出版社，2014年。

[③] 张柱：《新媒体时代的电视新闻生产——平台思维与流程再造》，北京：中国人民大学出版社，2016年。

[④] 张斌，王玉玮：《电视新闻生产：理论与实践》，上海：上海交通大学出版社，2017年。

[⑤] 陈奕：《"媒介事件"研究——兼论传统新闻生产与传播模式的转变》，武汉：华中科技大学出版社，2013年。

[⑥] 窦锋昌：《全媒体新闻生产：案例与方法》，上海：复旦大学出版社，2018年。

[⑦] 彭增军：《新闻业的救赎——数字时代新闻生产的16个关键问题》，北京：中国人民大学出版社，2018年。

[⑧] 袁满：《大数据与中国经济新闻生产：以财新网为例》，北京：社会科学文献出版社，2020年。

[⑨] 张超：《释放数据的力量——数据新闻生产与伦理研究》，北京：中国人民大学出版社，2020年。

[⑩] David J. Leroy, Smith F. Leslie, "Perceived Ethicality of Some TV News Production Techniques by a Sample of Florida Legislators", in *Speech Monographs*, 1973, 40（4）: 326-329.

[⑪] Kathleen A. Hansen, Jean Ward, Douglas M. McLeod, "Role of the Newspaper Library in the Production of News", in *University of Leeds*, 1987, 64（4）: 714-720.

借此探索新闻生产纵向触发的可能性。在随后的研究中,国外学者的探讨基本延续了新闻生产社会学的政治、经济、组织、文化与技术面向,在政治领域,脱胎于拉扎斯菲尔德(Paul Lazarsfeld)等人在《人民的选择》中提出的二级传播理论[1],有学者以2014年美国中期选举期间的框架构建和来源使用探索新闻制作网络的运行机制[2];在经济领域,承接于将新闻生产视作经济运行体系的研究取径,有学者早在1995年便直接采用市场机制分析当时的新闻生产模式[3];以社会学为视角,国外新闻生产研究将编辑室与新闻生产者视作组织及组成组织的个体,有韩国学者由此展开韩国经济危机前后报纸组织行为与报纸内容质量的比较分析[4],也有其他学者关注新闻生产者的自我报道[5],或将其置入新媒介环境下的传受互动[6]中,探讨面对新读者群体的新闻生产转型[7];在技术转型背景下,大到网络新闻生产的演进趋势[8]、数字化时代的新闻生产融合[9],小到算法与自动化设计取向[10],均有相关研究在实践与学理层面进行探讨。作为回应,还有许多外文专著对新闻生产进行了系统研究与实践指导,如David Machin与Sarah Niblock[11]对"News Production"这一主题概念进行的深入分析,Chris Paterson与David Domingo对接时代特征总结在线新闻

---

[1] [美]保罗·拉扎斯菲尔德,[美]佐纳德·贝雷尔森,[美]黑兹尔·高德特:《人民的选择》,唐茜,译,北京:中国人民大学出版社,2012年。

[2] Conway-Silva Bethany Anne, "Exploring the Networks of News Production: Frame Building and Source Use During the 2014 U.S. Midterm Elections", in *Journalism & Mass Communication Quarterly*, 2019, 96(2).

[3] McManus John, "A Market-Based Model of News Production", in *Communication Theory*, 1995, 5(4): 301–338.

[4] 유세경, 금희조, "The Change of Financial Commitment to News Production and the Newspaper Content Quality—Comparative Analysis of the Conduct of Newspaper Organization and the Newspaper Content Quality before and after the Economic Crisis of Korea", in 한국언론학보, 1999, 43(4).

[5] Ryfe David M, "The Role of Self-reports in the Study of News Production", in *Journalism*, 2020, 21(3).

[6] Chua Emily Hui Ching, "The Journalist's New Job: Digital Technologies and the Reader-less Quality of Contemporary News Production", in *Ethnography*, 2019, 20(2).

[7] Brinkman Inge, "Social Diary and News Production: Authorship and Readership in Social Media during Kenya's 2007 Elections", in *Journal of Eastern African Studies*, 2019, 13(1).

[8] Raymond L. Carroll, "Changes in the News: Trends in Network News Production", in *Jouralism Quarterly*, 1988, 65(4): 940–945.

[9] Klinenberg Eric, "Convergence: News Production in a Digital Age", in *The Annals of the American Academy of Political and Social Science*, 2005, 597(1).

[10] Diakopoulos Nicholas, "Towards a Design Orientation on Algorithms and Automation in News Production", in *Digital Journalism*, 2019, 7(8).

[11] David Machin, Sarah Niblock. *News Production*. London: Routledge, 2006.

生产流程①，Nikki Usher对《纽约时报》新闻生产流程的全线考察②等。在此基础上，国外研究者也以反思姿态保持着与研究对象的距离，辩证地分析新闻生产方式变革带来的新闻理念变革③与文化转向④，从批判现实主义出发叙事新闻生产实践与内在价值观的互动关系⑤，为新闻生产研究提供了值得深入挖掘的哲学根基。

从案例解析、媒介融合、技术革新、传受互动到文化汇流，国内外新闻生产研究始终以一种发展的视野观测实践与理论的互动，这种探寻以信息消费力为驱动，在"趋于完善的互联网基础设施、走向理性成熟的互联网网民与逐步多样化的互联网内容产品"⑥的合力推动下，向"无权威、无中心、无边界、无预知后果"⑦的方向迅速前进，展现出不确定时代"内生产、衍生生产和转引式生产"⑧的新闻生产逻辑，推动智能媒介环境中新闻生产内部结构的转型与重构⑨，由此开启了新闻生产的"众智"⑩与"众享"⑪时代。在此期间，始终与新闻生产广阔研究前景如影随形的，还有学者们从微观到宏观的持续反思：如黄月琴对社交媒体时代传统媒体机构新闻生产实践的纠偏⑫、陈佑荣以"郭美美事件"与"杨武事件"报道为例对转型时期新闻生产与媒

---

① Paterson Chris, Domingo David. *Making Online News: The Ethnography of New Media Production*. Nwe York: Peter Lang Publishing, 2008.
② Nikki Usher. *Making News at The New York Times*. Ann Arbor: University of Michigan Press, 2014.
③ 김사승, "A Theoretical Analysis of the Change in Methods of News Production: Liquid Journalism and Coordination Mechanism", in 커뮤니케이션 이론, 2019, 15（3）.
④ 이오현, 이석호, "A Critical Study of News Production Cultures of Korean Newspapers: Focusing on the Organizational Cultures and the Problems of News Production of Korean Major National Daily Newspapers", in 한국언론정보학보, 2019, 97.
⑤ Raymond W.K. Lau, "Critical Realism and News Production", in *Media, Culture & Society*, 2004, 26（5）.
⑥ 詹新惠，王乐：《信息消费驱动下的新闻生产趋向探想》，《新闻与写作》，2013年第11期，第16–19页。
⑦ 邵鹏：《论新媒体时代融合新闻生产的"四无"态势》，《新闻大学》，2014年第2期，第121–124页。
⑧ 王辰瑶，汪子钰，苑明：《内爆：不确定时代新闻生产的逻辑——从马航客机失联报道谈起》，《新闻记者》，2014年第5期，第52–57页。
⑨ 姜博：《智能时代我国新闻生产的重构》，《电视研究》，2020年第6期，第75–77页。
⑩ 任媛媛：《创新与共享：新闻生产的"众智"转向》，《中国出版》，2017年第3期，第6–10页。
⑪ 杨先情：《从众筹到众享：新闻生产与消费的新变革》，《新闻与写作》，2016年第2期，第108–110页。
⑫ 黄月琴：《社交媒体时代新闻生产实践的失范与纠偏》，《湖北大学学报（哲学社会科学版）》，2014年第2期，第87–91页。

体的纠偏①等，具体而微地指出了新闻生产中的失范与不足；再如张志安对新闻生产社会学视角下田野观察和案例研究的反思②，以及张伟伟对新闻生产田野观察的方法学反思③，二者从方法层面回溯了新闻生产与社会学研究方法相桥接的适应性调整，为后续研究提供了方法论的修正与支撑；又如王维佳对数字化时代的新闻生产变革冠以"专业主义的挽歌"④、周勇等对大数据新闻生产的实践与反思⑤、南瑞琴认为人工智能时代新闻生产模式正在发生从"独家新闻"到"标准生产"的"价值位移"⑥、努荣古丽·托合提把存在技术风险的智能化新闻生产阐释为新闻黑箱⑦等，视角丰富、论域广阔的新闻生产反思研究，一边辩证地看待新闻生产因时而动的演进特征，一边预测其可能发生的媒介转向，是推动新闻生产创新扩散过程中始终涌动的理智声音。

综合以上对国内外现有融媒体新闻生产研究的文本分类，以SWOT模型做如下描述（见表0-2）：

表0-2　对当前国内外融媒体新闻生产研究的SWOT分析

	Strengths 1.文化切面丰富，阐释视角多样 2.多学科方法工具储备完善	Weaknesses 1.理论框架庞杂 2.宏观、中观阐述较多，对微观产品的关注度较低
Opportunities 新媒介现象频发，新闻生产研究活力充沛	聚焦新兴媒介现象，使用恰切理论工具对接新闻生产不同面向	理清新闻生产研究脉络，挖掘新闻生产产品的时新性与独特性
Threats 易沦为宏观描述，新闻生产研究泛而不精	善用跨学科视野挖掘新闻生产微观落点的阐释潜力	以小见大，突出新闻生产研究的微观价值与宏观意义

---

① 陈佑荣：《失序新闻与失范媒体：论转型时期的新闻生产与媒体纠偏——以"郭美美事件"与"杨武事件"报道为例》，《新闻界》，2014年第16期，第39-44页。

② 张志安：《新闻生产社会学视角下的田野观察和案例研究——从博士论文〈编辑部场域中的新闻生产〉谈起》，《新闻记者》，2017年第5期，第17-25页。

③ 张伟伟：《田野调查的身份转变与调适——新闻生产田野观察的方法学反思》，《新闻记者》，2017年第5期，第26-33页。

④ 王维佳：《专业主义的挽歌：理解数字化时代的新闻生产变革》，《新闻记者》，2016年第10期，第34-40页。

⑤ 周勇，赵璇：《大数据新闻生产的实践与反思》，《新闻与写作》，2016年第6期，第44-48页。

⑥ 南瑞琴：《从"独家新闻"到"标准生产"——人工智能时代新闻生产模式的"价值位移"》，《郑州大学学报（哲学社会科学版）》，2019年第2期，第109-112页。

⑦ 努荣古丽·托合提：《新闻黑箱：智能化新闻生产与技术风险》，《传媒》，2020年第5期，第94-96页。

由此可见，经过长期的学界探讨与业界实践，新闻生产议题既是不断发展的传播实践集合体，又是持续演化的学术研究领域。随着政治、经济、组织、文化、技术因素对新闻生产的不断形塑，时新的新闻生产在大众传播机理之上展现出具有时代痕迹的新特征与新样态，因此，在媒介化社会的宏观发展趋势下，通过新兴新闻生产产品窥探媒体文化、行业文化与社会文化，是一种符合媒介演化潮流的研究取径，有助于在以小见大的阐释过程中突出新闻生产研究的微观价值与宏观意义。

三、理论视角与研究方法

（一）作为理论视角的新闻生产

"在文化转型的社会背景下，由媒介及其象征系统所构成的媒介文化是当代社会重要的文化景观之一，以媒介及其表征系统为内涵的媒介文化已经成为人们生活的重要组成部分。"[①]这一研判不仅表明了大众媒介通过符号生产、文化叙事参与日常生活的身份特征，也凸显了媒介文化改变生活方式、更新意识形态、重构精神与物质世界关联的现实指向，新闻生产恰恰就是信息传播主体参与媒介文化建构的重要路径。按照迈克尔·舒德森对"新闻生产"的四种探讨取径，本书对"新闻海报"的探讨也存在多个面向：

首先是政治经济学取径，该视角强调将媒介组织与社会经济结构、国家政治体制的相互关联。在此语境下，新闻海报成为一种展现媒介经济流通规律的信息产品，其生产与传播以注意力经济为驱动，遵循新闻消费市场的供需规律，并始终处于特定的信息监管规则之下；与此同时，新闻海报也是一种参与社会公共表达的对话界面，适度承载着信息提要、舆论引导、纾解情绪的传播效能。随着政治与经济的力量互动，作为市场化产品的新闻海报也在动态的经济情势与政治需求之下不断变换，成为记录社会演进的重要平台。

其次是新闻生产社会学取径，该视角衍生于媒介社会学，将新闻生产视作由个体和组织机构联合完成的中观社会进程，"主要试图理解新闻从业者的工作努力如何受到行业和职业要求的牵制，以及新闻生产过程中的各种规

---

① 鲍海波：《审美现代性视阈中的媒介文化及其审美属性》，《新闻大学》，2009年第3期，第30-37页。

范和社会关系的制约,并在这个基础上展开对新闻产品的意识形态意义的考察"①。这种研究取径中的新闻海报是组织运转流程的最终传达,在静态层面展现组织合作的阶段性成果,在动态层面印刻着不同阶段的新闻生产偏好与样态,是本书从传者站位出发的重要理论支点。

再次是文化研究取径,强调媒体文化、行业文化、社会文化与新闻生产之间的互动互构关系。以该取径研究新闻海报生产,有助于发掘新型新闻产品背后的社会动因,理解是何种社会语境孕育了新闻海报图文并茂的叙事方式、阶段性发展的新闻海报生产如何实现新闻表达的社会互动,为本书对新闻海报文化内涵的深入解读提供探研切口。

最后是技术驱动取径,从传统的海报、张贴到当前新媒介环境下的虚拟新闻海报、动态海报与创意海报,媒介技术发展为新闻创意表达提供了最基础的平台支持,对新闻海报的追溯与展望,恰恰就是以之为线索展现媒介演化的历时性过程。

值得注意的是,以上四种研究取径皆属于"媒介社会学"的研究范畴,新闻海报则将在涉及政治经济、社会组织、文化演进与技术变革的阐释过程中成为一种更广泛意义上的媒介,参与更多层次的信息传播与文化互动。而且,由于新闻生产社会学的中观站位能够更好地对接微观文本与宏观社会,采用其作为研究展开的理论支撑也有助于从文本出发,触及媒体机构的新闻生产流程,并在与其他社会要素的互动过程中展现出文化建构与传播的发展脉络。

（二）作为个案集群的《人民日报》微博平台新闻海报

本文采用个案分析法针对《人民日报》微博平台新闻海报及其生产机制进行考察,选择该案例的主要原因如下:

1. 媒体定位的特定性

《人民日报》是中国共产党中央委员会机关报,其"既是国内外文化交流的重要窗口,也是展现蓬勃发展社会主义新中国的舞台"②。在此基础上,搭载新浪微博进行内容生产与传播的《人民日报》微博平台则是融媒体语境

---

① 李金铨,黄煜:《中国传媒研究、学术风格及其它》,《媒介研究》,2004年第3期,第31—45页。
② 《人民日报》官方简介,人民日报社:https: //baike.baidu.com/reference/706569/40b82-nScP_iRY6VwYovVTC4QE_i5loaUy3NtOJCvGEW9ar6vlwL00CUk23oHGMXya9r91GilzftNFTreIlQCR3nGuW698bSX8aLkKFt1WM,引用于2020年8月15日,更新于2019年4月19日。

下的产物,其既是新媒介环境中的党媒形态,也印刻着主流媒体的普遍特征。尤其是在传统媒体选择与时俱进、主动转型的媒介发展浪潮下,《人民日报》微博平台在内容生产与传播实践中的探索具有一定的示范价值,其不仅报道着中国社会的变化,也记录着中国媒体的价值取向与生产尝试。

2. 文本内容的丰富性与多样性

得益于人民日报社丰富的报道资源与专业人才,《人民日报》微博平台不仅能够及时洞察各个维度的社会资讯,还可以与全国各级媒体实时联动,在全媒体矩阵加持下,《人民日报》系列新媒体正逐步成为我国报道议题最广泛的信息交互平台。其中,创办于2012年7月23日的《人民日报》微博是报纸资源与新媒体平台对接的早期案例,在每日更新多条微博的新闻生产实践过程中,其孵化了诸如《你好,明天》、一图解说等多样化的优质微博栏目,并借此展现社会生活的方方面面,为研究展开提供了丰富的内容文本与多样化的产品形态。

3. 产品形态的确定性

由于"新闻"与"海报"在信息传播功能上的内在一致性,面对浩如烟海的新闻海报集群,其具体的产生与发展的具体时间线难以追溯,但以《人民日报》博平台新闻海报为例,却可以在具体的新闻生产实践中挖掘出新闻海报作为信息产品的基本形态。尤其是在《人民日报》微博平台新闻海报生产样态逐步趋于稳定的过程中,"新闻"与"海报"的联结特征逐步凸显,不仅展现了其作为信息产品的动态演变,也记录了新闻海报成长为一种信息载体的历史脉络。

(三)核心概念

作为本书的要素与内容关涉,需要对研究缘起、研究问题与文献综述中提及的几个关键概念进行界定和辨析。

1. 融媒体语境

"融媒体语境"是媒介融合发展趋势促成的一种大众传播空间,往往指向一种约定俗成的传播空间,即传者、内容与受众共处的信息流通时空。结合"新闻生产"所处的社会学视角,本书所关注的"融媒体语境"还是一种信息传播组织机构的内容生产空间,其中涉及新闻生产主体对社会政治经济情态的综合性考量,对媒体组织内部协作方式的观察,对当前社会文化与意识形态的洞见,以及对大众传播技术的吸纳等,是一种通过媒介联动不同要素的文化语境。

2. 新闻海报

前期文献阅读结果显示，由于新闻海报本身的创作方式与传播路径仍然处于实践探索的动态发展阶段，学界尚未形成一个完整且具有共识的定义。因此，本书第一章以海报的媒介源流为起点，从商业海报、政治招贴与文化海报等不同品类出发，并结合目前少量新闻海报研究成果对新闻海报加以界定，并将本书所关注的对象限定在以下范围：

"新闻海报"是融媒体语境下，以图文并茂的海报形式，围绕新近发生的事实，简明清晰、独立完整地传递信息、扩散观点与引导舆论的新闻图像。

3. 生产机制

"机制"一词最早起源于希腊文，用来指称机器的构造和工作原理，随后被延伸至各个领域，用以描述有机体的构造、功能及其相互关系。本书所指的"新闻海报生产机制"是从新闻生产主体出发的、围绕生产要素进行的关系调配，其中包括依靠调整生产框架唤起资源整合动态化的理念自觉，借由精简生产流程探索采编协作一体化的融媒取径，通过创新生产内容检验新闻生产符号化的表意效度以及在关注生产反馈的过程中挖掘信息沟通可视化的多重效能，它最终指向一种融媒体新闻生产的基本样式，并在动态调整过程中不断完善，由此实现人、媒体、信息内容之间的生态平衡与审美和谐。

（四）研究方法

为了对新闻海报的媒介演进、传播效果与文化生成进行深入阐释，本书采用多学科交叉融合的思维方式，其中涉及新闻传播学、叙事学、符号学、心理学等多个学科的理论思想和研究方法，具体方法包括：

1. 文本分析

文本是新闻学研究的基础，鲜活的新闻海报文本是新闻生产实践最直观的载体，本书以我国形态丰富的新闻海报为样本，对其符号形构进行扫描，继而归纳出当前新闻海报设计的基本模式，更加直观地认识传播内容本身的特征。研究正式开始前，笔者按照新闻"5W"要素从《人民日报》微博平台2012年7月至2020年7月发布的海报型新闻图像中析出4104组新闻海报，作为新闻海报及其生产机制的样本数据库，由此在观照新闻生产成果的基础上探究中观层面的生产运作模式，有利于发现政治、经济、组织、文化与技术关系网络下的新闻生产微观操作特征。

2. 个案分析

在广泛阅读前人研究的基础之上，选取新闻海报中的独特设计进行个案分析，借此分析新闻海报表征新闻文化、参与文化叙事的具体形式，进一步阐释新媒介环境下新闻生产的变与不变，通过深入的个案分析关注时代变革，更加清晰地了解研究对象在融媒体视域下的多样变体。对于新闻海报及其生产机制这个研究对象而言，《人民日报》微博平台的新闻海报生产与传播实践是一个整体案例，而本书涉及的新闻海报个案则出自这个整体，并在具体案例解读中以新闻海报文本为媒介联结新闻生产主体与新闻海报消费者的传受互动，以便更加真实、具体地复现新闻海报生产与传播实例，由此理解融媒体语境下的新闻生产特征。

3. 访谈法

借鉴心理学对个体思维方式的研究，访谈法适用于对心理过程和认知行为的具体化。本书采用半结构化访谈，有助于进一步理解新闻海报生产者的转码路径与新闻海报消费者的解码思路，在动态过程中解读海报生产与传播的具体运行方式，从传者视角理解新闻生产的实际过程与传播预期，并以受众感知的传播效能作为补充，实现对整个传播闭环的深入观察。在具体研究过程中，在新闻海报生产主体方面，本书对《人民日报》微博平台参与新闻海报制作的视觉编辑与内容策划编辑进行业界访谈，由此了解特定媒体机构内部的新闻海报策划理念、制作流程与生产原则。

4. 问卷调查法

"作为一种完整的社会学调查方法，问卷调查必须包括抽样、问卷和统计分析三个部分。抽样是为了选择调查对象，问卷是用来进行变量测量和资料收集的工具，统计分析则是对所得的数据进行分析和处理。"[①] 与新闻生产主体相对应，在新闻海报受众方面，本书通过随机抽样进行融媒体语境下的新闻海报认知情况调查，借此展现新闻海报这一文体本身的认知价值与传播潜力。具体来看，《融媒体语境下新闻海报认知调查》问卷共分为三个部分。第一个部分为1至7题，主要内容为人口统计学特征录入，包括调查对象的性别、年龄、职业、受教育程度、媒介使用习惯等；第二个部分为8至16题，该部分从海报类型出发，以《人民日报》微博平台系列新闻海报案例调动调查对象关于新闻海报文本、接触媒介、选题类型、呈现形式与疫情期间新闻海报发布数量的经验记忆；第三个部分为17至22题，以矩阵单选了

---

① 风笑天：《方法论背景中的问卷调查法》，《社会学研究》，1994年第3期，第13—14页。

解别调查对象对新闻海报视觉体验、内容联想、具体感受、互动行为与文体形态的综合认知。结合调查回收的662份问卷，在对以上数据进行描述性统计的基础上，本书以箱形图呈现不同情况下《人民日报》微博平台新闻海报的转发、评论与点赞数量分布，通过数据位置和分散情况，观察新闻性质、主题、数量、视觉元素及传播目的对受众互动行为的影响。与此同时，本书以调查对象的海报与新闻海报接触类型为基底，描摹出融媒体语境下新闻海报的视觉传达效果、文本认知特征与价值判断样态等，并围绕新闻海报说服力、新闻海报视觉吸引力、新闻海报联想力与新闻海报文体吸引力推演出新闻海报认知价值模型。最终，结合调查对象对新闻海报的主观定义，判定新闻海报的新闻属性与社会认知程度，为后续新闻产品创新与传播提供借鉴范本。

第一章 从"海报"到"新闻海报":作为融合实践的新闻生产

作为"新闻海报"的历史源头,"海报"与"招贴"同为英文"poster"的中文释义,二者在长期信息生产与传播实践中共同指向一种具有可复制性和可传播性,以图形、文字等平面设计为表现手段,传递商业的文化和其他方面信息的视觉传播媒介①。究其本质,"海报"始终承担着传递信息的基础功能,并在面向不同信息内容、传播目的与受众群体的过程中,呈现出进行商业宣传、政治说教与文化展示等多种形式,随着大众传播需求的多样化,新闻生产的介入则推动其从"海报"转化为"新闻海报",由此记录着信息生产体系中不断调整产品样态与跨界融创。本章将从"海报"的文化内涵与历史形构出发,解析新闻海报的生成基础,并结合现有研究和现实案例得出新闻海报的一般内涵。

第一节 海报:一种融合媒介

由"海报"这一翻译的多样化缘起可知,作为社会文化现象的海报存在多种阐释可能,因此,将其置入大众传播视域同样可以阐发具有学科针对性的文本内涵。以"海报"的词义构成来看,丰富的海报内容为社会提供了"海"量资讯,其以信息传播为本位的功能属性则代表着大众媒介对"报"业功能的再次回归,至此,海报在内容与功能层面为新闻海报提供了一种基

---

① 朱国勤:《现代招贴艺术史》,上海:上海书店出版社,2000年,导言,第1页。

本的形构样态,也奠定了自身与新闻生产相结合的融创基础。

一、"海"量资讯融汇社会万象

面对纷繁复杂的社会现实,贯穿中外媒介演进史的海报界面展示过多种多样的文本内容,并在自身与社会联动的过程中形成了主题集中、类目清晰、形态各异的海报群,其中包括传递产品资讯的商业海报、进行政治宣传的政治招贴与展示文化诉求的文化海报,由此连缀起以内容为核心、形构为样态的海报演变史,为媒介文化阐释提供了丰富的图文内容。

(一)产品资讯:"声名鹊起"的商业海报

商业海报是"商家、企业为了产品的销售以及商业推广而设计的海报"[①],也是海报设计与传播的主要形态,其以经济发展水平为核心驱动力,于东西方文明交流中展现出蓬勃的文化生命力。

在我国,商业海报演进发展的历史源流可以追溯到商业活动发达的宋朝。其中,北宋"济南刘家功夫针铺"广告被认为是我国古代最早的印刷招贴,其由手拿钢针的白兔与"认门前白,兔儿为记"等文字介绍组成,沿用东方经典的方正构图理念,以图文并茂的形式成为我国商业海报的历史蓝本(见图1-1左)。到了南宋时期,画面更为精致的《卖眼药图》出现于杂剧《眼药酸》的宣传册页之中,其既作为宣传杂剧的广告画而具有不可替代的媒介价值,也因为描摹当时经济生态、讽刺社会弊端,展现出独特的历史研究意义(见图1-1右)。

图1-1 (左)北宋"济南刘家功夫针铺"广告、(右)南宋《卖眼药图》

---

① 李金茹:《1949—1976年中国政治宣传海报研究》,武汉理工大学硕士学位论文,2010年。

第一章 从"海报"到"新闻海报":作为融合实践的新闻生产

然而,古代商业海报在中国的命运仅仅是"昙花一现"。现代商业海报的大批量生产与传播,仍旧需要印刷技术、经济环境与文化理念的深度支撑,因此,优先掌握廉价印刷技术的西方世界成为商业海报蓬勃发展的沃土。1797年,德国"石版画之父"阿罗斯·塞尼菲尔德(Alois Senefelder)通过石板印刷术降低了海报的印刷成本,并在此基础上发明了彩色套版技法,最早将海报变成了"街道上的艺术"。随着欧洲工业革命兴起,日趋繁盛的经济环境及应运而生的消费文化,推动着商业海报的进一步发展,包罗万象的西方商业海报于19世纪末进入第一个黄金时代。在此期间,由于政府对出版印刷制度,尤其是海报张贴规定的大规模修改,法国成为欧洲商业海报设计与传播的中心地区,改良石板印刷、创作千余幅各类型作品的"现代海报之父"朱利斯·谢列特与亨利·德·图卢斯-罗特雷克(Henri de Toulouse-Cautrecs)借由对生活场景的描绘,开创了叙述性招贴的先河[①]。随后,阿尔丰斯·马里亚·慕夏(Alfons Maria Mucha)、尤金·格拉塞(Eugène Grasset)等海报艺术家在商业海报设计与传播进程中掀起了新艺术主义浪潮,欧洲新艺术传统由此深刻改变着海报中图形与文字的表意关系。

此时正值中国清代末期,两次鸦片战争的失败迫使闭关锁国政策逐步瓦解,中国不得不向西方帝国主义侵略者开埠通商,为大量商品倾销打开了国门。"为了推销香烟等各种商品,西方商人采用印制有各种西方美女、风景等图像的招牌纸、香烟牌子和各种告白,作为促进香烟等商品销售的广告。"[②] 大众媒介也对此社会情态有所回应,如《申报》于1872年4月30日发布的第一号"本馆条例"有言,"如有招贴告白,货物船只,经济行情等款,愿刊入本馆新报者,以五十字为式,买一天者取刊资二百五十文"[③]。以之为契机,中国商业海报于20世纪二三十年代进入第一个黄金时代,商业海报在最早开放的国际化城市上海迅速发展。随着社会政治、经济文化的变迁,中国商业海报在沿袭"特制招牌纸""整齐之绿招牌纸"[④]等传统海报样式的基础上,创造了"月份牌"这一典型的商业海报代表。月份牌采用传统的年画形式,因其上印有中西方日历而得名,最早产生于19世纪70年代,繁盛于20世纪二三十年代,以"华英月份牌""奉送月份牌""沪景开彩月份牌""五月描金

---

① 林家阳:《招贴设计》,北京:高等教育出版社,2008年,第24页。
② 郑立君:《场景与图像——20世纪的中国招贴艺术》,重庆:重庆大学出版社,2007年,第4页。
③ 《申报》,1872年4月30日(清朝同治壬申三月二十三日)。
④ 郑立君:《场景与图像——20世纪的中国招贴艺术》,重庆:重庆大学出版社,2007年,第4页。

月份牌"①等为代表,借由商品与图像的拼贴组合,逐步成为促销彩票、报纸和香烟的流行商业手段,发挥着海报传递商业信息的媒介功能。

在西方商品与东方审美的汇流之下,以"月份牌"为形式源流的广告画应运而生,将各式商品与具有中国特色的人物、神话、历史故事相结合,成为洋品牌与民族品牌同样深谙的宣传策略。其中,"极具代表性的一张商业海报是影后阮玲玉手拿可口可乐的广告画,其不仅出现在报纸上,还以日历形式被大批量送给大众,助推可口可乐成功打进中国市场"②,展现出商业海报极大的经济价值与传播效能。(见图1-2)

图1-2 20世纪二三十年代的月份牌与广告画

与此同时,迅速发展的商业环境,还调动了另一种商业海报形式——电影海报的兴盛。以我国现存最早的文告式电影海报《空前绝后之上海战争活动影戏》为开端,借助绘画、文字、色彩、摄影等视觉元素和艺术手段构成画面,展现电影主题、名称、创作人员的商业海报③成为海报文化的重要组成部分。电影海报不仅创新了海报设计艺术的表达形式,也展现出大众媒介对接受众审美与视觉接收样态的渐进式探索,成为提升经济效益、社会效益与展现文化演进的媒介表征。(见图1-3)

---

① 郑立君:《场景与图像——20世纪的中国招贴艺术》,重庆:重庆大学出版社,2007年,第23页。
② 《用4个案例了解民国时期的广告形象》,网易新闻:https://www.163.com/dy/article/ESEGHUMN0541AIX0.html,引用于2020年11月15日,发表于2019年10月26日。
③ 郑立君:《场景与图像——20世纪的中国招贴艺术》,重庆:重庆大学出版社,2007年,第41页。

第一章 从"海报"到"新闻海报":作为融合实践的新闻生产

图1-3　20世纪二三十年代的中国电影海报

经过两次世界大战的洗礼,伴随第二次世界大战后的经济复苏进程,此前于战争期间衰败的商业海报,重新在全球范围内进入前所未有的繁盛时期。20世纪60年代,光效应艺术、波普艺术盛行,商业海报设计理念再次更新,海报设计师们在电脑数码技术驱动下实践艺术设计革命,以光色原理组合的各种变化、几何图形和商品图片创造出强烈的色彩效果和立体感[1]。随后,不断丰富的商业需求、日趋完善的设计理念与迅猛发展的印刷技术,催生了专业海报设计团队的兴起。以商业海报为代表的平面设计实践逐步在材料、图形、色彩等方面进行着丰富多样的颠覆性创新,日本设计师龟仓雄策推崇的简约主义正是此类风格的代表,其以西方技法融合东方审美,推动着商业海报设计的艺术化与后现代化。

此时,经历改革开放的中国进入经济大发展的黄金阶段,其政治与经济环境,推动对接世界发展趋势与国内经济需求的商业海报进入多元化时代,如1979年1月4日《天津日报》刊登的天津牙膏产品广告,"不仅成为改革开放新时期最早的报纸商业广告的案例,而且也开启了新时期我国广告业的恢复与发展的先河"[2]。在现代社会高度商业化和信息化的背景中,中国商业海报展现出更广阔的视野与更个性化的创作思维,实现了商业海报与现代社会的生活方式、媒介环境与文化土壤的深入联动,既改变了受众的审美偏好,也

---

[1] 刘学春,张星:《商业海报的历史形态探究》,《艺术与设计(理论)》,2010年第6期,第93-95页。

[2] 郑立君:《场景与图像——20世纪的中国招贴艺术》,重庆:重庆大学出版社,2007年,第280页。

成为记录社会演进的生动文本。

随后，在新兴设计理念与媒介技术的不断影响下，商业海报"声名鹊起"，尤其是现代主义设计在创作观念、形式、风格及媒介材料等方面的积极探索①，极大地丰富了商业海报的视觉传达样态，进而提升了海报媒介的传播效能。尽管"海报"这一媒介形态也经历了数字化浪潮来临后的兴衰更迭，但其始终以图文并茂的大众传播形式持续存在，远远超过了本初围绕商业目的设置的"广告"内涵，成为简化表意、吸引受众、传递资讯的特定艺术形态与媒介产品。

（二）政治观念："上传下达"的政治招贴

在记录西方文明的庞贝古城墙壁上，留存着关于政治竞选的涂鸦广告，借海报实现政治对话的传统也以此为起点，通过招贴形态持续进行着政治信息的上传下达。作为一种独立的视觉语言，招贴这种"无声的世界语"用图形化表达提供了"最直接、最生动、最快速、最富有记忆性"②的高效信息传递媒介，得益于此，政治招贴于1914年成为第一次世界大战期间的重要媒介，以丰富多样的艺术表现形态参与历史进程。其中，"对轴心国的大众主要通过对中世纪的热情和勇敢好战精神传递思想政策"③，基本"以维也纳分离派风格和德国的伯恩哈特风格为主，标语字体简单扼要，与具有非常简练特征的图形结合在一起，形成强烈的视觉感染力"④；"对同盟国大众则通过解说性图文进行宣传"⑤，"以写实的诉求代替象征性的诉求，用插图效果强调绘画表达的具体内容"⑥。更加凸显政治招贴社会影响力的传播实例，是第一次世界大战期间美国的征兵启示、战备海报等，在短短两年内，美国人被超过2500种设计与2000万份政治招贴成功说服，从世界大战的旁观者转变为参与者，直接影响了后来的国际阵营力量分布。（见图1-4）

---

① 沈爱凤，董波，陈建军：《中外设计史》，北京：中国纺织出版社，2014年，第361页。
② 林家阳：《招贴设计》，北京：高等教育出版社，2008年，第2页。
③ 李金茹：《1949—1976年中国政治宣传海报研究》，武汉理工大学硕士学位论文，2010年。
④ 黄志华：《第一次世界大战时期海报设计风格研究》，《赣南师范学院学报》，2005年第5期，第107-108页。
⑤ 李金茹：《1949—1976年中国政治宣传海报研究》，武汉理工大学硕士学位论文，2010年。
⑥ 黄志华：《第一次世界大战时期海报设计风格研究》，《赣南师范学院学报》，2005年第5期，第107-108页。

第一章 从"海报"到"新闻海报":作为融合实践的新闻生产

图1-4 第一次世界大战期间政治招贴

政治招贴在战争时期的强大传播影响力,使其继续在第二次世界大战中成为各个国家进行意识形态宣传的重要图文展板。此时,海报成为"一门特殊的艺术,是携带着宣传信息的艺术品"①。面对这场历史上最宏大的战争,以德、英、美等国政治招贴为表征的宣传战,已经成为涉及传播学、心理学、艺术学与社会学的文化对垒。该阶段的政治招贴主要承担两个功能,"一是从维护世界和平的高度出发,表现鲜明坚定的反法西斯立场,通过海报促使公众站在政府的立场上,另一个则是宣传本国争取到国际社会的支持"②。与之相对应,站在反法西斯阵营的英美国家也将海报作为舆论主战场,如英国在战争期间发布的《英国妇女们到工厂来吧》动员海报,又如1943年美国情报局制作的《美国人永远为自由而战》海报③等,其多以图文并茂的创作形式贴近战时民众的日常生活,并借助海报的媒介感染力持续输出主流价值观,进而达到引导社会情绪、稳固政权、最终获取战争胜利的宣传效果。(见图1-5)

---

① 林家阳:《招贴设计》,北京:高等教育出版社,2008年。
② 李金茹:《1949—1976年中国政治宣传海报研究》,武汉理工大学硕士学位论文,2010年。
③ 李颖:《"二战"反法西斯阵营海报宣传的历史考察与分析》,《传媒》,2020年第5期,第79-84页。

图1-5　第二次世界大战期间政治招贴

在此阶段，海报设计师莫霍利·纳吉（Laszlo Moholy Nagy）与赫伯特·拜尔（Herbert Barer）制作了丰富的政治海报作品。尤其是任教于包豪斯设计学院的拜尔，其在平面设计、摄影、展览设计、建筑设计等领域倡导的功能主义与结构主义[①]，直接影响了第二次世界大战反纳粹主题海报的设计风格，以现代主义风格推动着政治招贴媒介效能与艺术水平的稳步提高。

第二次世界大战的政治招贴基本延续了第一次世界大战期间盛行的设计风格，两次世界大战政治招贴共同的创作取径是——以写实形象为主要造型，大量使用平涂，加入漫画手法，并在现代艺术影响下着重强调海报的视觉表现力[②]。这一政治招贴设计思维催生了战争海报塑造英雄偶像、开展国民对话与讽刺社会现实的图文风格，并继续影响着战后不同社会阵营的政治宣传策略，成为东西方社会主义与资本主义意识形态的对话平台。

世界范围内的政治风云，同样影响着政治招贴在我国媒介史上的地位沉浮，并在我国具象化为具有本土特色的"宣传画"，即"一种以宣传鼓动为目的，结合简短的号召文字的绘画"[③]，其主题内容通常与政治生活息息相关，是探寻国家历史的重要文本。我国最早的宣传画可追溯至辛亥革命前后，该时期的政治宣传大多采用漫画、木刻版画等揭露、批判帝国主义列强对中国的侵略。随后，这一艺术形式被"上海一八艺社"等民间组织深入挖掘，转化为宣传无产阶级革命的重要图式，鲁迅认为其"以清醒的意识

---

① 王受之：《世界现代平面设计史》，北京：新世纪出版社，1998年，第101页。
② 詹文瑶、李敏敏：《现代平面设计简史》，重庆：重庆大学出版社，2006年，第137–141页。
③ 郑立君：《场景与图像——20世纪的中国招贴艺术》，重庆：重庆大学出版社，2007年，第119页。

和坚强的努力，在榛莽中露出了日见生长的健壮的新芽"①。在此思潮影响下，以新兴木刻版画为代表的政治招贴成为抗日战争时期极为重要的政治宣传工具，其内容或为"直接揭露日本反法西斯暴行，号召全民族起来共同抗日"，或为"表现八路军等人民军队英勇抗战"，或为"坚持团结抗战，反对分裂投降"，或为"歌颂延安等抗日民主根据地军民，团结抗日和发展生产"，又或为"全世界人民共同反对法西斯侵略战争"等②。这些主题一致、形态多样的政治招贴，不仅是特殊社会语境下的政治宣传产品，也记录了当时当地的社会风貌与群众生活，积极助力全国人民走向最后的战争胜利。（见图1-6）

图1-6　抗日战争时期我国政治宣传画

解放战争结束后，中华人民共和国进入巩固政权、发展生产的重要战略时期，围绕军事、政治、工农生产与社会文化建设的宣传画数量激增，由此迎来了中国海报发展的第二个黄金阶段。延续毛泽东《在延安文艺座谈会上的讲话》核心思想，该阶段的宣传画以"文艺为政治服务"为使命，将苏联美术作为设计模式，成为对内进行政治宣传的重要大众传播手段。该阶段海报题域广泛，并产生了许多具有标志性意义的政治宣传画，如张仃、吴冠中等于1951年创作的《朝鲜人民军　中国人民志愿军胜利万岁》③，以军人形象回应军事主题；如1954年翁逸之创作的《锻炼身体　建设祖国　保卫祖国》④，以

---

① 张望：《鲁迅论美术》，北京：人民美术出版社，1956年，第33页。
② 郑立君：《场景与图像——20世纪的中国招贴艺术》，重庆：重庆大学出版社，2007年，第127-130页。
③ 郑立君：《场景与图像——20世纪的中国招贴艺术》，重庆：重庆大学出版社，2007年，第136页。
④ 郑立君：《场景与图像——20世纪的中国招贴艺术》，重庆：重庆大学出版社，2007年，第138页。

健康的民众形象对接社会发展；如1956年蔡振华创作的《共同劳动，共享成果》[①]，以社会发展联动民族大团结等，这些宣传画在中国传统年画基础上去粗取精，塑造了积极向上的社会生活氛围，为全国人民迎接新事物、创造新生活进行舆论引导。（见图1-7）

图1-7　新中国成立初期我国政治宣传画

经历过20世纪50年代中国政治招贴最繁盛的发展阶段后，1966年开始的"文化大革命"改写了以宣传画为代表的政治招贴发展方向，描摹社会现状的宣传画开始走向"公式化""样板化"的错误道路[②]。这一时期，诸如油画、国画、水彩等艺术形式均成为政治宣传画的设计工具。在此期间，与"革命样板戏"相呼应，宣传画也转型为"样板画"，借在红太阳、向日葵或红旗之中描绘伟岸高大正面人物形象的创作公式，时刻表达着对工、农、

---

① 郑立君：《场景与图像——20世纪的中国招贴艺术》，重庆：重庆大学出版社，2007年，第138页。
② 郑立君：《场景与图像——20世纪的中国招贴艺术》，重庆：重庆大学出版社，2007年，第214页。

兵群体的歌颂与赞扬，也由此催生了中国政治招贴的"符号化"倾向①（见图1-8）。随着大批量出现的同质化创作成为特定政治方针的强势宣传工具，政治宣传画凭借大众媒介的说服教育功能不断形塑社会意识形态，却由此阻断了政治招贴设计的多元化发展。

图1-8 我国"文化大革命"时期的政治宣传画

结合对国内外政治招贴演变历史的考察，不难发现，以战争需求、政治说服、国家宣传为传播目的的政治海报，多以纸质印刷媒介为传播载体，通过大规模复制配合政治参与主体进行意识形态引导。相较于商业海报，政治招贴的传播对象统一、创作技法固定，但往往因为传播目的明确收获了预期之中的传播效果，是极为便捷的"上传下达"渠道，由此展现出海报传输效率高、沟通社会共情的媒介特质，为其日后多元化发展提供了鲜活的文化样本。

（三）文化诉求："洞中肯綮"的多元海报

世界经济与现代文明的飞速发展，推动全球范围内的文化艺术愈发繁荣，海报设计与传播于此时真正进入大发展阶段。在电子制版技术的支持下，文化性海报成为商业海报、政治招贴之外的社会展板，参与新媒介环境的文化建构与传播。在此阶段，"现代主义设计仍然采用同一方式、同一设计形式去对待不同的问题，以简单的方式来应付复杂的设计要求，忽视自我个性化"②的设计理念令社会大众不满，强调个性表达与标榜态度意向的后现代主义应运而生。于是，以公益海报、艺术海报、电影海报为代表的文化性海报数量增加，尤其是在工业化进程不断暴露出新的人类生存危机之后，海报逐渐成为一种表达观点、情感和注重象征意蕴的艺术形式与大众媒介。其

---

① 詹文瑶，李敏敏：《现代平面设计简史》，重庆：重庆大学出版社，2006年，第181页。
② 詹文瑶，李敏敏：《现代平面设计简史》，重庆：重庆大学出版社，2006年，第155页。

中，奥运海报是始终联动海报艺术发展的特殊品类，在世界各国海报设计者围绕奥运会这一文化主题进行创作的过程中，奥运海报记录并见证着海报设计与现代视觉传达理念的逐步对接：如1992年巴塞罗那奥运会以感觉形式体现奥林匹克"更高、更快、更强"的精神内核[①]，2000年悉尼奥运会结合标志性建筑向全世界发出动感召唤，2008年北京奥运会以中国传统印章浓缩民族文化与运动精神。此类设计摒弃了繁复冗杂的文化信息，以敏锐的观察视角对接最关键的文化内核，开启了简化海报设计、突出视觉传达重心的设计进路。（见图1-9）

图1-9 奥运会海报

除了作为全人类盛会的奥运会，文化性海报还涉及维护世界和平、反对核战争、环境污染等更广泛的议题（见图1-10）。AGI（国际视觉设计师联盟）、JAGDA（日本视觉设计师协会）、ICOGRADA（国际视觉设计理事会）[②]等专业海报设计组织的出现，也为文化性海报提供了更加自由的文化氛围与层出不穷的设计人才，进而推动海报设计始终与现代社会的发展变化同呼吸、共命运，传递着海报创作者的态度与观点。以上文化性海报的广泛传播证明，20世纪末以来的海报设计与传播蕴藏着对传统文化、传统艺术与社会现实的反思，海报这一媒介形式正在创造新的艺术理念与表意方式，助推新媒介文化的生成与传播。

[①] 林家阳：《招贴设计》，北京：高等教育出版社，2008年，第52页。
[②] 林家阳：《招贴设计》，北京：高等教育出版社，2008年，第3页。

第一章 从"海报"到"新闻海报":作为融合实践的新闻生产

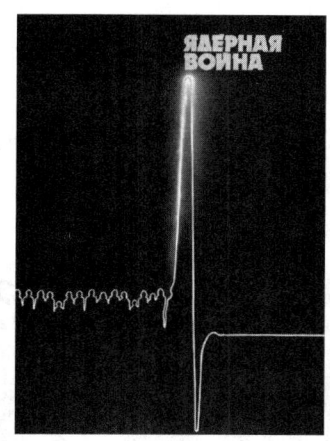

图1-10 反对核战争海报与环境保护海报

21世纪前后,美国"新浪潮"设计家阿普里尔·格莱曼(April Greiman)、《E形象》创始人鲁迪·凡德兰斯(Rudy VanderLans)、数码设计先锋大卫·卡森(David Carson)等人推动了计算机在平面设计领域的深入应用。现代传媒技术与媒介文化走向飞速发展的多元时代,传统海报设计与传播理念进一步被解构,新媒介特征也深刻影响着海报的信息传达与文化建构。

首先,计算机在海报设计中的广泛应用突破了印刷媒介旧有的标准和规范,CAD(Computer Aided Design,计算机辅助设计)被应用于多个领域,快捷多样的计算机设计将部分传统手法取而代之,尤其是虚拟现实技术促使平面设计多维化,为海报设计提供了更加优质的资讯传播空间与艺术展示平台。其次,以互联网为代表的新媒介技术大大加快了海报的传播速率,与1942年印数50万张便令人叹为观止的《美国的回答——生产》政治招贴[①]相比,互联网指数级增加的曝光率前所未有地提升着海报作品的传播能力,也为受众二次解读海报内容节省了信息获取的时间成本。另外,与传统媒介的单向传播方式相比,互联网极强的交互性赋予受众自主选择的权利,由此在原有的商业海报与非商业海报基本类别之下形成了更多的海报类型,实现了新媒介环境中的海报分众传播。最后,在计算机技术、互联网速度与受众个性化需求的联合推动下,海报媒介进入多元信息联动的传播网络,以新媒介、新主题、新形式砥砺着自身的发展演变。

在此期间,印刻时代文化的海报设计也从二维走向多维,从静态转为

---

① 詹文瑶,李敏敏:《现代平面设计简史》,重庆:重庆大学出版社,2006年,第193页。

动态，从现实走向虚拟，不断创新着媒介语言组合机制与图文表意模式，如打破平面空间的立体海报、与环境联动的户外海报、能够与人互动的交互海报，以及将文字、声音、图片、影像相结合的动态海报（见图1-11）。以上新兴海报形式借助"空间关系、时间关系、虚实对比、动静协调创造了丰富的视觉效果呈现方式"①，在充分调动受众视觉、听觉、触觉的过程中延长信息的留存时间，进而强化海报信息在受众脑海中的印象。

图1-11　立体海报与户外海报

所谓"动态海报"，是"指利用多媒体技术，利用图形、动态视效、声音等效果，再以产品、活动、企业等为主题内容的广告"②。作为当前海报设计实践与学术研究的热点产品，以GIF、H5、二维码等为技术展现形式的动态海报在时间与空间上对传统海报进行了扩展，其通过对海报文字、图形、色彩的动态化处理对接愈发高效的受众视觉适应速率，在精准把握设计元素运动节奏、动态触发时间的操作下突出海报本身的艺术表现力。相较于只有一个固定展示界面的静态海报，动态海报以多帧、长时间线的文本特质扩充了信息容量，并在动态元素时变中丰富着自身的叙事性与视觉效果，进而激活受众的情感体验，为其带来耳目一新的交互体验。

以上新兴海报形式的出现表明，融媒体时代的海报设计与传播，正在将原本停留在印刷平面的、固定的、闭合的海报③置入更加开放的数字空间，历经多年变革却始终保持信息敏感的海报媒介也由此成为新媒介环境下的一种视觉传达范式，持续与传者、媒体和受众进行更加深入的文化互动。尤其

---

①　丰子钰，曹向晖：《交互海报的信息传达方式探究》，《大众文艺》，2019年第18期，第126-127页。
②　王炜丽：《动态海报设计研究》，《美术教育研究》，2018年第13期，第58-59页。
③　詹文瑶，李敏敏：《现代平面设计简史》，重庆：重庆大学出版社，2006年，第192页。

是在视觉文化逐步趋向于"把本来并不是视觉性的东西视觉化"[①]之后，社会对图像的高接受度与图像传达信息的高效特征，联合推动当下的大众媒体采用视觉传达方式来发布和传播信息，"诸多主体都在日益实现对视觉的强化和满足，在传播者与受众的互动过程中，视觉的维系所占据的比例正日益上升"[②]。这一视觉化趋势在传媒经济发展、大众媒介通俗化的社会环境中不断发酵，回归海报传递信息本位功能的"新闻海报"应运而生，成为媒体传递信息的重要视觉传达形式。从新闻客户端的日常开启界面到政治要闻的提要报道，再到突发事件的信息公开与舆情引导，新媒介环境下以新闻内容为核心的海报，正洞中肯綮地高效传递信息，也借此改变着媒体的信息生产方式与受众的资讯获取习惯。（见图1-12）

图1-12 新媒介环境下我国的新闻海报生产样式

以影响世界范围内海报设计与传播的奥运海报为起点，到如今逐步内化为大众媒介信息传播形式的新闻海报，海报媒介成为一种历时性的文化展板，既形塑着不同媒介技术条件下的信息生产体例，也表征着特定社会情境下的媒体文化、媒介文化与社会文化。尽管融媒体时代的数字海报设计与传播面临着缺乏实感、数据冗杂、内容易流失的介质缺陷，其仍旧以势不可挡的姿态拉开了视觉传达的图文新篇章。

---

① ［美］尼古拉斯·米尔佐夫：《视觉文化导论》，倪伟，译，南京：江苏人民出版社，2006年，第5页。

② 王洪亮，吴颖，戴璐：《视觉传达与媒体应用》，北京：中国传媒大学出版社，2009年，第20页。

二、回归"报"业融贯大众传播

纵观海报媒介历经的样态更迭,如表1-1所示,不断升级的印刷技术带动商业海报持续繁盛,国家进行政治宣传的强大动机孵化政治招贴形变,社会与媒介变革逐步强化海报的文化功能,作为最容易受意识形态影响的视觉设计[①]之一,海报的"发展兴衰可以被看作一部社会发展史的缩影"[②],在多样化的设计形态中展现出自身参与历史发展进程的步伐。

表1-1 海报演变进程概览表

海报类型	国外海报	中国海报
商业海报	依托先进的印刷技术,强调文本叙述性,以德国、法国为中心向世界范围扩散,促进商业发展,引领艺术审美新思潮	追溯至宋朝,兴盛于民国时期,以月份牌、广告画为代表,与国家经济环境同频互动,展现丰富多样的社会生活
政治招贴	政治传播与舆论引导的重要媒介,在两次世界大战中影响深远	助推中华民族取得抗日战争胜利,并在国家建设、文化发展过程中发挥舆论宣传功用
文化性海报	打破文化壁垒的世界性文本,围绕文化盛事、世界和平、保护环境等主题进行创作,并跟随传媒技术发展不断创造新的信息传播与艺术表现形式	

在商业领域,海报媒介成为跨越文化区隔的先驱,通过通俗易懂的图文内容树立商品形象,促进信息交流,由此在激烈的商业竞争下孵化出具有现代意义的消费文化[③];在政治传播领域,海报媒介依托自身沟通传受双方的桥梁作用成为引导舆论、操纵思想的重要界面,在不同国家或同一国家的不同发展时期进行着丰富多变的政治话语实践;在文化传播领域,海报媒介突破了不同语言、文字、习俗之间的差异和障碍,创造了新的社会审美与艺术理念,以通俗化、人性化的视觉信息在世界范围内创造人、媒介和社会之间的关联。由此可见,在海报媒介的演化进程中,其以技术为支撑、以政治为干预、以文化为核心与社会、国家、世界联动,期间传受双方对海报内容、设计样式与传播媒介的甄选和解读,始终是一种以经济、政治、文化和艺术全

---

① 王受之:《世界平面设计史》,北京:中国青年出版社,2002年,第11页。
② 王受之:《世界平面设计史》,北京:中国青年出版社,2002年,第11页。
③ 王洪亮,吴颖,戴璐:《视觉传达与媒体应用》,北京:中国传媒大学出版社,2009年,第23-26页。

面结合为动力的媒介文化生成机制,并以产业化的扩展模式被迅速推进与广泛普及[①]。

与社会元素相互照应的"海"量资讯,构成了海报媒介的内容框架,而多元内容的共同功能指向始终围绕着"传递信息"的本位,其中既包括海报设计的最新理念,也包括海报创作所关注的最新社会动态,这使海报的功能本质与传达新闻的大众媒体不谋而合,回应着传媒行业的立身之本——"报"。然而,在海报与不同内容的结合过程中,其与"新闻报道"同宗同源的初始媒介功能却常常被商业、政治与文化目的内隐于内容与形式之下。作为海报媒介在当前大众传播实践中的特殊文本,从"海报"发展而来的"新闻海报"则是对"传递信息"功能的报业回归。其隶属于新闻生产的产品家族,始终承载着海报媒介的本质功能与新闻样态的基本属性,是海报媒介史在传媒产业中的现代依托,在主动应对环境变化的过程中贯通海报设计与传播的过去、现在和未来,并在文本层面、组织层面与社会层面促成了海报的媒介转身。

首先,"新闻海报"承载海报作为资讯载体的文本内核,是"海报"传播观念与新闻生产理念的现代融合。作为同样注重传播效率的大众媒介与文本形式,海报与新闻的内在一致性来源于二者的信息传播功能。这一关联可从"新闻"本身的定义流转中略见一二:国内早期研究将新闻定义为"多数阅读者所注意之最近之事实"[②]、"最近时间内所发生认识一切关系于社会人生的兴味、实益之事物、现象"[③],随后又以陆定一"新近发生的事实的报道"[④]为统领打开了新闻定义的唯物主义视野,并在新媒介环境下开始重视不同技术手段、研究视角与学科领域中的新闻变体。尽管以上定义的文化面向在不断扩大,但"新闻"内涵的变革始终围绕着信息内容、表现形式与技术手段三个维度,这三者恰好也是海报设计与传播中涉及的海报主题、艺术样态与技术支撑,均是实现信息有效传播的必要条件。当具有相似信息传播功能的海报与新闻结合为同一具象化信息产品时,不仅意味着大众媒介的内容跨界,也预示着传播效能的迅速叠加,进而推动新闻海报设计与传播样态的持续更新。

其次,在生产主体与组织视角,从"海报"到"新闻海报"的类别衍生

---

① 沈爱凤,董波,陈建军:《中外设计史》,北京:中国纺织出版社,2014年,第374页。
② 徐宝璜:《新闻学》,北京:中国传媒大学出版社,2016年,第8页。
③ 邵飘萍:《新闻学总论》,北京:民国京报馆出版部刊本,1924年,第80页。
④ 陆定一:《我们对于新闻学的基本观点》,《解放日报》,1943年9月1日。

是一种信息生产的媒介适应。从庞贝古城墙壁上的政治涂鸦到当前虚拟空间中的动态海报，"海报"媒介的表现形式始终与媒介环境提供的技术条件和文化氛围息息相关，其在内容主题上做出的调整正是不同生产主体与组织对社会情态的主动适应。其中，资本主义萌芽推动商品经济迅速发展，商品生产者需要更为简明直接的媒介手段传递商业资讯、推广产品销售，海报便以品牌、产品为主要内容进行创作；战争导致世界经济停摆，不同阵营的政权与国家需要快速引导舆论、俘获大众思想的媒介手段补充战时物资和调动战斗情绪，海报便成为政治话语的展演平台，不断输出适应社会情境的图文内容；待到世界进入新的文化互动与交流阶段，依托商业海报与政治招贴的设计风格，各个阶层的社会群体亟须通过特定形式进行自我表达，文化性海报成为适应新社会生态的视觉展板，其所追求的个性化、通俗化与人性化诉求正是对社会风貌核心气质的内在投射。海报媒介与社会文化亦步亦趋的主题呼应表明，从"海报"到"新闻海报"的文本细分是海报实现自身媒介适应的必然选择，也是符合不同生产主体传播需求的合理进化。

与此同时，以媒介技术为支撑的传播渠道演变，正记录着"海报"到"新闻海报"的平台迁移。从毕昇发明木版活字印刷术、古登堡（J. Guntenberg）发明铅活字印刷术、阿罗斯·塞尼菲尔德改良石板印刷术到工业革命后喷绘、数字激光打印技术不断成熟[①]，以传统告示为表现形态的海报进入了以印刷媒介为表现形态的实体传播阶段，并不断演化出立体海报、户外海报等超越二维平面的创新形式。随着计算机技术被广泛投入海报设计与传播过程中，海报媒介被平移至数字空间，逐步以动态的、更多维的、虚拟的形式进入受众视野，大量出现于新闻客户端、门户网站、社交媒体中的新闻海报正是这一平台迁移过程的见证者。值得注意的是，尽管海报媒介的设计与传播往往需要仰赖于当时当地的媒介技术手段，但其与技术的关系并非单向被动的。由于海报媒介的设计主题与传播诉求不断增加，其对视觉传达效果的精益求精同样助推新媒介技术的产生、发展与成熟。

最后，商业、政治与文化主题在海报选题中的地位更迭表明，海报是一种参与社会文化建构的媒介角色，其在新闻领域的应用与创新，预示着视觉传达形态的不断调整。第一层是在内容层面的调整，与单纯的商业海报、政治招贴和文化性海报不同，新闻海报具有明确的内容指向性——新闻事实与观点。这一内容表达诉求重点强调海报的简明形式，进而影响到对第二层

---

① 林家阳：《招贴设计》，北京：高等教育出版社，2008年，第2页。

面即形式层的呈现,恰如新闻常用的金字塔结构,新闻海报也逐步转型为一种强调输出重点信息的视觉传达文本。在内容与形式的互动调整过程中,生产方式也发生了组织性与过程性调整,由此推动着海报媒介与新闻身份的调和,使得二者从互动转为互构,由此引发固有内涵的扩容与转向。在此基础上,新闻海报以跨界融合产品的身份投入媒介文化建设的渐进式过程里,持续表征着个体、媒介与社会的多元互动。

第二节 新闻生产:"新闻"与"海报"的融合基础

随着媒介融合终结了传统的单向传播时代,互动成为人与人、媒体与媒体、媒介与媒介、文化与文化之间的信息交流常态,身处其中的新闻生产也逐步走向多媒介、多功能、多样化的集成样态,不断调整自身的生产组织与过程。但是,在以新闻为本位、以媒介为工具的新闻生产基本路径中,正在经历第三次浪潮以及面向未来的新闻生产始终保持着以"介"告知的功能属性,并持续在媒介环境与社会文化两个圈层中发挥效能,实践着行业内部的变革与坚守。

一、以"新闻"本位联动多元媒介

从报纸、广播、电视到新媒体的媒介演化进程表明,在信息网络全面发展的时代,大众媒介只会增补融合,而非删减替代,层出不穷的新媒介技术与手段则为新闻生产提供了种类丰富的工具库,由此助推媒体组织机构与信息产品样貌的持续更新。技术共享带动媒介融合,也使人类信息传播空间发生巨大变革,恰如曼纽尔·卡斯特(Manuel Castells)在 *Communication Power* 一书中所总结的一样,近20年来全世界媒体正在走向商业化、集团化与网络化,并以市场化的运作形式强化受众认同、丰富交流形式、联动多种产业[①]。其中,作为重要的信息生产环节,新闻生产也不可避免地成为媒介融合大趋势下的显性媒介运作,通过对不同媒介的创新应用与大众传播环境保持同频互动,践行着新闻生产的"变"与"不变"。

---

① Manuel Castells. *Communication Power*. Oxford: Oxford University Press, 2013:56-57.

（一）变：新闻生产借助多元媒介实现持续变革

信息传播通路的便捷化与媒介技术门槛的下调，使更多信息传播主体进入资讯生产端口，主张"得平台者得天下"的媒介融合一度让"新闻已死"的论断甚嚣尘上，甚至有观点认为"新闻之死"将是一个全球性的趋势①，连传播也将随之走向末路。但是，环境的变动始终包含着挑战与生机，诚然，媒介融合给媒体机构尤其是以报纸、广播、电视为依托的传统媒体机构带来了巨大的冲击，却也迅速为其指明了方向——既然无法改变环境，那就利用现有资源主动适应环境，将多元媒介为我所用，此即是新闻生产借助多元媒介实现持续变革的发端。

事实上，将"新闻"的内核逐层拆分便可知，媒介融合浪潮初期行业内外对"新闻"前景的悲观过于盲目。首先，从新闻的本质出发，社会生活永远需要通过信息流通实现联结，关于新闻乃至传播消亡的判断是完全违背文化交流规律的谬论。其次，将作为信息产品的新闻置入生产、流通、消费的基本路径中，不难发现，媒介融合驱动下的新闻生产、新闻传播与新闻消费统统发生了改变，具体而言，新闻生产逐步走向兴趣化、智能化、产品化、多样化与云端化②，新闻传播在互联网带宽与移动技术的升级中不断提速，新闻消费主体的数量和素质也正在信息涵化中走向成熟，三者正在不同维度扩展新闻产品的传受通路。再次，将"新闻"视作整个传媒行业本身，确实出现了部分媒体机构难以为继、新闻生产范式无法延续与媒体影响力下滑的危机，但这是行业变革不可避免的低谷阶段，是新闻业在社会宏观生态位的调整，并不代表整个行业会因此而迅速衰亡。最后，当"新闻"具象化为行业内部的新闻生产个体——新闻人时，来自非专业者与人工智能技术的威胁触发了更为深重的行业危机与职业焦虑，但种种危机恰恰提供了一种关于主体性的警示，唯有"新闻人"的理念和操守才能推动新闻生产范式的持续优化，只要"新闻不死，新闻人就不死"③，其与媒介类型并非生死存亡的关系，真正决定新闻人生存前景的始终是适应多种生产环境的核心能力。

以上从不同角度对"新闻已死"的反驳，其实也是对媒介融合背景下新

---

① 陈季冰：《真正的新闻正在死去，更可怕的是无人在意》，新浪科技，https://tech.sina.com.cn/i/2018-03-23/doc-ifysnevm3414063.shtml，引用于2020年8月21日，发表于2018年3月23日。

② 詹新惠，王乐：《信息消费驱动下的新闻生产趋向探想》，《新闻与写作》，2013年第11期，第16—19页。

③ 白岩松：《三大伪命题、四个核心能力，白岩松解惑"传统媒体人的出路"》，搜狐网：https://www.sohu.com/a/283597506_247520，引用于2020年8月21日，发表于2018年12月21日。

闻生产生机与变革的总结，而这种对危机与挑战的探索性应对，正是现阶段新闻生产实践的关键问题，并不断涌现出鲜活的新闻生产媒介融合案例。以美国坦帕新闻中心的媒介融合为例，新媒介环境改变了其日常的信息处理流程，其以多部门编前会、团队协作采访、共享新闻素材与联合不同媒介进行大规模的合作式新闻生产，形成了分工明确、渠道通畅的全媒体运作组织[①]。除了不断强化媒体机构作为新闻生产主体的内部连贯性，还有媒体与受众之间的互动合作，如美国有线电视新闻网早在2006年便创建了CNN iReport平台来引入UGC资源，并在后续与社交网络的联动中吸纳了更多内容生产主体，不断调动用户的参与热情，形成了独特的新闻生产网络[②]。与之相对应，我国也在媒介融合浪潮里进行了不同维度的实验，其中既包括作为国家宣传阵地的《人民日报》全媒体平台、代表国内新闻理念的新华社、引领国内电视新闻风向的中央广播电视台，也包括集合了澎湃新闻、上观新闻与界面新闻的上海报业集团和联动《南方日报》与广东广播电视台的跨界融合实践等。

横跨不同媒体、媒介与地域的新闻生产实践表明，媒介融合发展至今，有许多媒体机构已经探索出了适合自身进阶的生存之道，其借由多元媒介对生产组织与新闻产品进行调整的方略，也将继续在今后的媒介适应中发挥功效。

在生产组织层面，新闻生产借助多元媒介实现硬件的迁移与软件的流动。所谓硬件条件，主要指新闻生产机构的实体，近几年诸如美国的A.H.贝罗集团（A.H.Belo）、先锋集团（Advance）、甘乃特报业（Gannet）、考克斯报业集团（Cox）等大大小小的报业集团都在出售他们的办公大楼[③]，目的在于搬迁进入新的融媒体生产场所，来适应数字化时代的新闻生产要求[④]。为生产空间提供便利的直接手段正是被逐步精简的新闻生产网络，如《沃斯堡星球电讯报》（*Fort Worth Star-Telegram*）在搬迁后建立的"进取飞船号"新闻中枢，其将新闻生产的各种要素都纳入数字化空间，新闻生产主体在对物

[①] 蔡雯，郭翠玲：《美国坦帕新闻中心媒介融合的策略与方法》，《中国记者》，2007年第9期，第88–89页。

[②] 王嘉：《CNN新闻生产引入UGC的平台运作策略分析》，《中国广播电视学刊》，2016年第12期，第72–73页。

[③] 陶文静：《搬迁：后工业时代新闻生产的空间与地点》，《新闻记者》，2014年第8期，第3–15页。

[④] 赵红勋：《新媒体语境下新闻生产的空间实践》，《新闻界》，2018年第7期，第38–44页。

理空间的重新选择时,也主动开启了自身与社会关系再造的新历程[①]。这一新闻生产调整,强调新闻生产主体的复合能力与多向沟通,也在简化媒体生产团队的过程中提高了生产效率。

新闻生产效率的提高,不仅能够带动优质内容的广泛传播,还可以鼓励新闻生产主体借助多元媒介不断丰富产品样态。从报网联动的初始形态,到H5、新闻游戏、VR新闻等新媒介技术产品的陆续出现,每一种新新闻形式的流行都是对当下新闻生产创新成果的阶段性肯定。在此期间,新闻生产主体实现产品创新的理路不外乎两种:第一种是向媒介借力,即结合不同媒介特征进行形式借鉴,从而实现跨界融合的产品创新,为新闻家族增加新的文本类型;第二种是向受众借力,以产品思维重新审视新闻,促成其广泛传播的要义正是让信息产品切中受众需求,这也是新闻生产"从组织化向社会化"[②]转变的内在机理。两种"借力"方式的实质是新闻生产主体对生产资源的综合使用,且在媒介融合背景下这一"资源"范畴早已超越了传统新闻生产必备的新闻线索与新闻素材,是更广阔的文化资源与传播资源,并反向推动着"新闻"内涵的扩容与泛化。

(二)不变:新闻生产中的专业主义坚守

应当指出,虽然上述取径都以提升传播速度和扩大传播范围为直接目的,但在新闻生产视域下,调动多元媒介的生产实践始终且必须围绕"新闻"这一核心展开,这才是新闻生产主动进行媒介适应的深度所在。因为,流行于不同媒介时空的各种报道范式都"是社会对新闻活动的基本诉求和新闻行业内部运动的合力之产物"[③],旨在"回答一个基本的论题,那就是专业新闻工作者如何认识和符号化再现其所观察到的客观事实,如何把握事实背后的真相,如何才能将真实、准确、完整和深刻的新闻事实呈现于社会大众,以达到让公众对社会的变化和运动的准确把握,以便于人们的社群生活,使得新闻可以真正起到社会瞭望者的功能"[④]。也就是说,新闻专业主义与新闻报道相辅相成,它会随着媒介形态更迭而有所调整,却不会因为文化

---

① 赵红勋:《新媒体语境下新闻生产的空间实践》,《新闻界》,2018年第7期,第38–44页。
② 张志安:《新闻生产的变革:从组织化向社会化——以微博如何影响调查性报道为视角的研究》,《新闻记者》,2011年第3期,第42–47页。
③ 吴飞:《新媒体革了新闻专业主义的命?——公民新闻运动与专业新闻人的责任》,《新闻记者》,2013年第3期,第11–19页。
④ 吴飞:《新媒体革了新闻专业主义的命?——公民新闻运动与专业新闻人的责任》,《新闻记者》,2013年第3期,第11–19页。

演进而被社会淘汰，因此，必须恪守基本传播理论，始终都是新闻从业者的最低亦最高要求。[1]

由于媒介环境的不确定性，学界与业界对新闻专业主义的认知并未真正达成统一，有的人把它看作一种职业意识形态，也有的人把它看作管理者进行职业控制的话语策略[2]。但是，从长期的新闻生产实践探索来看，新闻专业主义始终在通过以下五个方面发挥效能：第一个是媒体作为文化载体的身份站位，由此强调其对社会效益与经济效益的平衡；第二个是新闻生产者的信息传播使命，其需要在平衡受众需求与践行职业操守的基础上进行信息生产与传播活动；第三个是新闻生产者的"把关人"角色，甄别报道正误、核对事实真假、预判传播效果、引导社会情绪均是把关人的职责所在；第四个是抱持"用事实说话"的新闻之本，即强调新闻的客观与真实，在遵循新闻规律的基础上发挥创意；第五个是专业技能之外的自律与规范，也唯有将新闻专业主义内化为自觉遵循的行业操守，方能推动其继续深化。[3]

随着新闻专业主义进入融媒体语境，其在继续保持活力的同时也遇到了来自媒介内外的威胁。首先，媒体机构的信息传播权力被分散，融媒体语境下的新闻生产必须兼顾受众的利益和兴趣，由此促成碎片化信息样态的持续扩散，消解了传统意义上的新闻话语权和传播力。[4]其次，是新闻传播主体的身份模糊化，媒介技术的发展让传受双方的身份不再界限分明，非专业信息生产者进入注意力经济市场，传统的"把关人"权威受到威胁，引发了职业新闻人的恐慌。由于以上两种威胁逐步消解着新闻生产者的主体性，新闻产品也很快进入失序阶段，后真相困境浮出水面[5]，"事件发生——媒体报道——舆论形成——新闻反转——舆论反转"[6]的信息传播模式，正在不断向社会发出后现代预警。种种威胁表明，在新闻资源丰富、媒介技术升级、传者数量增加的融媒体语境下，成本相对较高的新闻专业主义操作并不能满足

---

[1] 牛新权：《回归常识：网络虚假新闻的新闻专业主义反思》，《传媒》，2018年第11期，第90-93页。

[2] 吴飞：《新媒体革了新闻专业主义的命？——公民新闻运动与专业新闻人的责任》，《新闻记者》，2013年第3期，第11-19页。

[3] 陆晔，潘忠党：《成名的想象——中国社会转型过程中新闻从业者的专业主义》，《新闻学研究》，2002年第4期。

[4] 贾超然，佘佳：《新媒体语境下我国新闻专业主义的消解与重构》，《科技传播》，2020年第16期，第122-123页。

[5] 戴玉欢，蒋凌昊：《后真相语境下对新闻专业主义的坚守——以"重庆万州公交坠江"事件为例》，《广西民族师范学院学报》，2020年第3期，第68-71页。

[6] 梅珂欣：《新闻专业主义视角下的新闻反转现象剖析》，《新闻传播》，2018年第12期，第56-57页。

当前信息市场"短、新、快"的生产要求，而恰恰是这个过度追求时效与新意的媒介环境，更需要新闻专业水准与专业精神的支持，方能对行业内的专业活动和全社会的媒介素养、新闻素养起到示范和提升的积极作用①。

实际上，在融媒体语境下反复强调新闻专业主义的价值和意义，正是对新闻生产惯习的现实回望。在场域理论视角下，布尔迪厄（Pierre Bourdieu）将惯习视为一种可持续、可转化的性情倾向系统，它作为结构化的、客观统一的实践的发生基础而发挥作用，并不断地随经验而变，从而在这些经验的影响下不断地强化或者调整自己的结构②。新闻生产惯习正是这样一种结构，其既是新闻生产给个体的职业理念或下意识判断，也是新闻生产机构的集体制度乃至行业共同体塑造出来的文化规范，诸如"媒介制度、新闻理念、教育培训、新闻判断、消息来源、时间限制、新闻评奖等因素都在新闻场域中发挥着结构性的作用"③，这些因素共同完成着新闻生产结构在媒介演进过程中的内化。就媒介融合的当下和近未来而言，这些结构也将继续以策略化的形式发挥新闻生产的主观能动性，从而适应媒介演进在时间维度上的不确定性与不可逆性，以更丰富的新闻生产实践及其产品维护新闻专业主义的根本内涵，实现职业新闻人对生产专业性与产品真实性的长期坚守。

二、借意义"生产"成为文化中介

融媒体语境下，既要主动适应媒介融合，又要回望新闻专业主义的新闻生产，其实质就是在进行理念与实践的融合，而这种融合的最终目的在于融汇并建构与当前技术手段相匹配的媒介文化环境。以在线新闻生产为起点，社交媒体、沉浸式体验和虚拟游戏等新技术手段的介入，使提供新闻产品的新闻生产在"生产者—产品—消费者"的基本路径上发生了深刻的变化，如界面的多样化、内容形态的复杂化、技术平台的高效化、新闻生产者的全能

---

① 谢金文：《新闻的作用与新闻专业主义、专业精神》，《青年记者》，2020年第16期，第46-47页。
② ［法］皮埃尔·布尔迪厄，［美］华康德：《实践与反思——反思社会学导引》，李猛，李康译，北京：中央编译出版社，1998年，第178页。
③ 杨雨丹：《新闻惯习的产生与生产——惯习视角下的新闻生产》，《国际新闻界》，2009年第11期，第51-54页。

化①等，这些几乎重构了新闻生产的组织机构文化。这种内部结构的变革，自然也影响着新闻生产主体的话语方式，并在传播新闻产品的过程中浸入社会语境，使新闻生产凭借行业力量成为塑造权威与创造想象的文化中介。

按照大众传播的基本通路，新闻生产的文化权威塑造过程，至少包括三个要素，即信息生产者、信息生产范式与信息的创造及流通，三者之间的有机协作是保证新闻生产通路具有生命力的关键。在此层面上，新闻生产"运用话语塑造新闻理念和专业权威，创造主体间共享的文化价值"②，这既是从文化研究取向解读新闻生产的有益尝试，也是新闻生产实践进行意义建构的基本逻辑。为新闻生产制定规则、创造范式、调整理念的新闻生产主体，也由此变成了特定媒介环境中的阐释社群，他们凭借社会性的职业认同确立自身的合理性，以共享的阐释策略解读新闻事实，并在此过程中以专业性为区隔保持社群自身的排他性。这一新闻生产实践为阐释群体的成长提供了坚实的内容基础，再加上范式修复、记忆建构、新闻权威等多元理论脉络③的支撑，新闻生产的文化建构身份愈发清晰，其在塑造行业权威的同时，也深刻更新了社会文化的话语与元话语。

跳出聚焦新闻生产主体的行业语境来看，融媒体背景下的媒介机构不再是新闻事件的唯一阐释主体④，当下的新闻生产需要新闻人与受众的共同参与。换言之，当阐释社群的主体范围不断扩大后，传受双方都是文化建构的主动参与者，新闻产品则成为文化想象的桥梁。这一时期，受众不仅会对新闻行业的意义进行解读，更会对新闻产品涉及的社会现实进行自主阐释，想象凌驾于文字和图像之上的社会发展的应然与必然，实现新闻生产的中介化。回顾现代传媒的发展进程，通过某种介质实现人类的交往与互动是一种十分常见的传播方式，且这种介质的属性往往会影响人们的交往形态⑤，新闻生产正是依照这一理路在变动的传播条件下改变现代社会中的生产、传输与

---

① 邵鹏：《媒介融合语境下的新闻生产》，杭州：浙江工商大学出版社，2013年，第43-51页。
② 陈楚洁：《意义、新闻权威与文化结构——新闻业研究的文化-社会路径》，《新闻记者》，2018年第8期，第48-63页。
③ 张洋：《中介化的新闻想象：大众文化中新闻业表征的意义新探》，《新闻记者》，2020年第7期，第70-80页。
④ 陆晔，周睿鸣：《"液态"的新闻业：新传播形态与新闻专业主义再思考——以澎湃新闻"东方之星"长江沉船事故报道为个案》，《新闻与传播研究》，2016年第7期，第24-46页。
⑤ [英]约翰·B.汤普森：《意识形态与现代文化》，高銛，译，南京：译林出版社，2005年，第16页。

接收方式[①]，从而影响人们对社会文化的理解与想象。而且，随着新闻生产"黑箱"的祛魅以及大众文化的落地，受众通过新闻产品获得的社会想象也将逐步走向制度化，并在时新信息与个体经验的联动中得到关于社会文化的知识性解读。

新闻生产的两种文化中介功能表明，无论是向内挖掘的行业共同体，还是向外传播的互动结构，其始终保持着与文化的联动。在微观层面上，这是一种以新闻产品为中介的符号互动，传受双方通过对符号的编码解码达成沟通，进而铺设出一种最为简单却也最为重要的文化互动基底。在中观层面上，长期以来形成的信息产品生产范式印刻着媒体机构乃至整个传媒行业的时代特征，传者以其构建媒介形象，受众以其解读媒介生态，从而形塑行业文化的生产惯习与生产关系。在宏观层面上，任何新闻生产范式不过都是特定时空下的阶段性产物，但这种暂时的稳态结构却能够展现当时当地的社会文化偏好，即大众传播参与主体约定俗成的元语言系统，并记录贯穿于媒介史乃至社会史的演变脉络。需要强调的是，在新闻生产通过以上三个层面与文化互动的过程中，其始终存在一种自我的矛盾性——解蔽与遮蔽[②]，一面追踪、呈现世界的动态性，一面隐蔽、简化现实的复杂性。可见，作为文化中介的新闻生产是一张突破时间与空间限制的信息网络，它以多个节点展现丰富多彩又异象频出的信息生活，也以相对固定的编织方式成为社会文化的拟像，在塑造权威、创造想象的过程中更新社会文化的呈现方式与时代内涵。

第三节　新闻海报：融媒体新闻生产的阶段性样态

以新闻生产社会学的中观视野来看，任何一种文本或媒介形式都是其进行信息传达与文化互动的中介，这一诉求与各类海报"广而告之"的身份特征不谋而合，因此促成了二者在"新闻海报"文体上的相互融合，尤其是融媒体语境下的新闻生产跨界创新，使其在吸纳海报形式进行新闻创意表达的过程中也扩充着新闻生产自身的内涵边界。

[①]　[英]约翰·B.汤普森：《意识形态与现代文化》，高铦，译，南京：译林出版社，2005年，第16页。

[②]　杨保军：《再论作为"中介"的新闻》，《新闻记者》，2020年第8期，第3—11页。

一、一般内涵：新新闻图像

（一）跨界视域下新闻海报的身份分野

作为新闻生产的跨界创新产品，"新闻海报"是一种长期存在的信息视觉呈现形式，但由于身份属性模糊，学界始终缺少对其内涵的一致认同，仅在部分案例研究的阐释中被粗略概括，本书对其中提及的具体定义摘录见表1-2：

表1-2　前期研究中的"新闻海报"内涵表述汇总表

时间	概念
2019年4月	海报视频是将视频插入海报图中间，制作时先做好一张静态的背景图，预留一个视频区域，然后合成进去。这种样式利用新媒体技术，实现视频、图片、文字、声音等多种元素的有机整合，形成更为立体和直观的传播效果。海报视频新闻吸纳了海报的视觉优势，在常见的短视频新闻基础上，衍生出新的传播特征，形成自己的独特风格。[①]
2020年2月	新闻海报作为一种新闻产品形态，通过将新闻事实与海报设计相结合，具有制作便捷、直观醒目、社交属性强，适于在移动端传播等优势。[②]
2020年7月	新闻类海报是围绕新近发生的事实进行信息传递、情感抒发和观点传播的视觉表现形态，核心特征是新闻性（如真实、客观、时新、重要、显著等），同时兼具艺术性。新闻类海报按照报道体裁可以划分为快讯（消息）类、人物类、评论类、特写类等；按照表现形态可以划分为文字、图片、视频、音频、H5轻应用等；按照内容题材划分包括时政新闻、重大主题、突发事件、社会热点等。[③]
2020年7月	所谓的"新闻海报"，是指以视觉化为主要传播方式，以海报作为新闻核心信息的表现方式。作为视觉信息的呈现，"新闻海报"在创作过程中不仅能够快速传播核心信息，而且能够增强受众注意力。同时，这类视觉化的呈现还通过加入传播者的观点，起到较好的价值引导和舆论引导的作用。[①]

---

① 江飞，钱奕羽：《海报视频：主旋律新闻的"轻骑兵"》，《新闻战线》，2019年第7期，第95-97页。
② 王漫：《新闻海报：传递"战疫"正能量》，《传媒评论》，2020年第2期，第53-56页。
③ 贺俊浩：《新闻性 艺术性 微传播——简析理解新闻类海报创作与传播的三个维度》，《中国记者》，2020年第7期，第93-96页。

由表1-2可知，对新闻海报的命名存在细微差异，诸如"海报视频""新闻海报"与"新闻类海报"等，但以上研究提及的具体案例表明，时新研究成果所关注的"新闻海报"是同一类新闻图像，其以视觉化为主要传播方式，借鉴海报形式对新闻内容进行重新编辑，已经产生了数量相对丰富的实践样本，并持续影响着当前的新闻生产范式。具体来看，现有的探索性定义对新闻海报的界定涉及其表现形态、主题内容、特点与功能等，分别对应着新闻海报的生产要素、生产流程、生产理念、产品呈现与传播效能，基本涉及了新闻文本的生产与传播过程。

在此期间，研究者们常以"新闻+海报"的文体生成方式描述新闻海报的跨界身份，也就此衍生出一个关于基本属性的疑问："新闻海报"到底是新闻还是海报？这一问题的答案，则始终内隐于新闻海报的生产与传播过程之中。

首先，包含文字、图片、视频、音频等不同媒介形式的新闻海报，本质上是由不同符号构成的集合体，其在符号互动体系中的意义生产涉及符形、符义和符用三个层次。第一层对应新闻海报的视觉文本样态，一如语言学中的"词法-句法"，特定的视觉表征样态是确定新闻海报身份的形构依据；第二层指涉新闻海报内容的传达与解释，其中包括"感知、注意、识别、解释、理解、再述"[②]等逐层深入的意义生产过程，贯穿于新闻海报内涵的生产与传播全过程；第三层为新闻海报的具体应用，探讨其作为符号集合体与接收者之间的关系，以及"接收者在什么样的条件下，会得到何种意义，如何使用这个意义"[③]。应该注意的是，第二层与第三层存在内容混合，即新闻海报的意义必须通过传播过程产生，此即从符号学视野将新闻海报的传播与解释作为文本生产的重要落点，由此确认新闻海报作为符号互动载体的身份属性。

其次，新闻海报是视觉文化视域下知识型转向的一种表征，尽管内容、主题各有不同，但其在生产与传播实践中展现出了共通的形式和理念，即福柯（Michel Foucault）所说的"某一时期可以发现的关系的总和"[④]。新闻海报所表征的知识型转向并非关于宏观社会的整个叙事，而是小叙事的一种全

---

① 张丽芳：《海报在抗击新冠肺炎疫情宣传中的合力发挥——以央视新闻微信公众号为例》，《新闻传播》，2020年第14期，第51-54页。
② 赵毅衡：《符号学：原理与推演》，南京：南京大学出版社，2016年，第169页。
③ 赵毅衡：《符号学：原理与推演》，南京：南京大学出版社，2016年，第171页。
④ ［法］米歇尔·福柯：《词与物——人类科学考古学》，莫伟民，译，上海：上海三联书店，2002年，第10页。

景式面貌①，并借由新闻生产流程最终以图像的形式呈现出来。面对社会文化整体的视觉化演进，具有特定形构与功效的新闻海报创造了新的叙事秩序，但这种秩序与强调规约性的文字叙事不同，是一种素材更加丰富、创意更加大胆的图像文化，其以图形学为"可视化"的基本原理和方法，对现实世界进行选择性展示。需要强调，经过可视化编辑处理的新闻海报与新闻事实本身存在距离，视知觉的确定性不等于事实的真实性，或者说，由于新闻海报对新闻事实内容的选择性呈现，导致此类图像只是现实世界的节选。在此层面上，新闻海报继承了新闻对社会现实的报道功能，是一种碎片式展现媒介文化的新闻图像。

最后，处于新闻生产流程之中的新闻海报，始终以传播规律进行内容生产与流通，并在沿袭媒介惯习的跨界融创中推动文化身份的不断明晰。作为一种新的知识型，新闻海报并非与现有文化完全割裂的文本形态，其与文字为主的传播时空存在继承关系，但在前者基础上加入了新的媒介形式作为信息传播工具，是媒介融合趋势下的业态更新。这种更新为新闻生产提供了"它山之石，可以攻玉"的融创思路，也让海报内容实现了再一次扩容，拓宽了两种文体的文化表现空间。但是，新闻海报始终是新闻生产过程的具体产品之一，其所携带的新闻信息、承载的传播功能与反馈的业界创新操作，共同指向的是当前媒介环境下整个新闻行业的媒介适应。因此，以海报为形构、以新闻为内容的新闻海报本质上仍然是新闻，这既是新闻海报生产与传播实践持续创新的理据，也是新闻海报相关研究得以展开的身份基础。

（二）新闻海报与其他新闻图像的异同

不同于至今缺少定义的新闻海报，学界对其他新闻图像的界定由来已久，并粗略分类为以新闻图画、新闻漫画、新闻照片、新闻图示为代表的静态新闻图像，与以新闻纪录电影、电视新闻、网络视频新闻、新闻FLASH为代表的动态新闻图像②。其中，始终在新闻生产与传播实践中占据主流地位的是新闻照片，是一种对正在发生的新闻事实进行瞬间形象摄取并辅以文字说明予以报道的传播形式③，其直观反映事实的生成方式十分切中当下"有图有真相"的传受偏好。与之相适配，新闻漫画也是新闻传播领域广受欢迎

---

① 党西民：《视觉文化的权力运作》，北京：人民出版社，2012年，第17页。
② 王文利：《近现代新闻图像研究》，长沙：湖南教育出版社，2007年，第7页。
③ 许必华：《新闻摄影学概论》，北京：新华出版社，1999年，第1页。

的信息呈现形式,"它以生动鲜明的艺术形象和诙谐幽默的表现手法表达作者对现实生活中的看法、观点、见解和态度,借以讽刺、批评或歌颂某些人和事,以一种使人微笑、令人反思的方式来关注现实生活,帮助读者分析理解事实,从而引导正确的舆论方向"①。前者强调事实,后者强调观点,共同以图像形式构成了新闻的两大内核,也作为早期的新闻图像样态影响着新闻海报的呈现方式。

以《人民日报》微博平台于2020年6月11日发布的"致敬逆流前行的勇士"系列海报为例(见图1-13),海报中的新闻照片来自人民视觉、中国天气网与央视客户端等,但《人民日报》微博平台对内容进行提炼后编辑生成了以"逆流前行"为主题、浓缩新闻要素且兼具有社会呼吁力量的新闻海报。在新闻海报中仍然存在新闻照片的身影,但它是作为视觉要素被新闻海报生产者进行进一步编辑处理的,新闻海报更突出新闻生产的编辑意识与视觉设计感。

---

① 杨忠奎:《论新闻漫画的传播优势与发展》,《科技信息(学术研究)》,2006年第10期,第82页。

第一章 从"海报"到"新闻海报":作为融合实践的新闻生产

图1-13 "致敬逆流前行的勇士"系列海报

除了至今常见的新闻照片与新闻漫画,与我国新闻海报渊源颇深的新闻图像,还包括早期出现在报纸媒介上的新闻图画与新闻图示。新闻图画又称"新闻画",源自"我国的石印画报传统,以配图加文字解说的形式传播社会新闻与科学知识"[①],曾于19世纪70年代至20世纪初期常见于《图画日报》等画报之中(见图1-14),并在后来被新闻照片逐渐替代。与新闻图画相伴生的新闻图示则拥有更广阔的发展空间(见图1-15),新闻图示是报纸上一种形象化的资料展示。它包括统计图表、示意图和新闻地图,最早是配合文字稿件使用的,将文字稿件中比较抽象的数字和内容或者难以描述的事物以形象化的方式介绍给读者[②],其对新闻内容的独特解读功能,能够辅助读者获得更加一目了然的阅读效果。以上两种形式对新闻事实的再现方式,则深入影响了新闻海报的生产思路。

---

① 吴果中,夏亮:《媒介的社会批判:清末〈图画日报〉的文本特色——以"新闻画"为中心》,《国际新闻界》,2011年第12期,第107-111页。
② 郑兴东:《报纸编辑学教程》,北京:中国人民大学出版社,2001年,第368页。

图1-14 《图画日报》中的新闻画

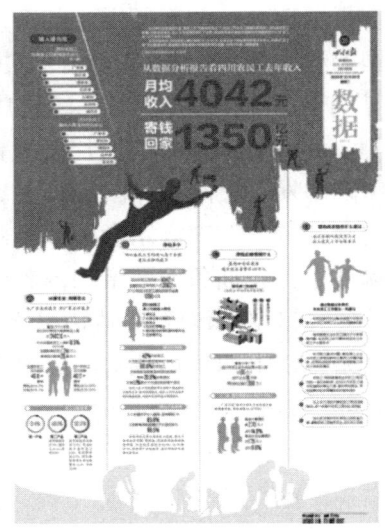

图1-15 《四川日报》"数据"版中的新闻图示

从新闻海报对新闻图片、新闻漫画的使用与其对新闻图画、新闻图示的继承来看,海报得以成为新闻海报或者新闻图像得以成为新闻海报,源自以下四个文本特征:一是新闻海报的本质属性——新闻性,包括对新闻事实与观点的传播,强调"物质载体和精神内容的统一,主体和客体的统一,符号和意义的统一"[①],即对新闻真实的不变追求;二是新闻海报的说服力,异于传统新闻报道的新闻海报被注入了更多的艺术加工,但在信息传播过程中并

---

① 郭庆光:《传播学教程》,北京:中国人民大学出版社,2002年,第5页。

不干扰关键信息的迅速传播，能够迅速调动受众的想象力与个体经验参与解码，并由此产生相对应的理性判断和感性情绪；三是新闻海报对新闻核心的再现力，这种再现不仅蕴藏于设计素材之中，还外显于新闻海报的视觉重点和图像主题上，一目了然地传递当时当地最有新闻价值的信息要素；四是新闻海报图文并茂的呈现形式，线性的文字遇上非线性的图片，不仅丰富了方寸之间的信息解读维度，还在多义性之外增加了视觉美感，强化了新闻生产过程中图片与文字的依存关系，并在新媒介不断注入的当下，逐步与更多生产要素建立联系。

（三）《人民日报》微博平台的新闻海报内涵

作为本书的核心研究个案，《人民日报》微博平台对新闻海报内涵的解读则是一种来源于新闻生产实践的直观感受：

> 我不知道"新闻海报"这个词是何时提出的，但在选题策划过程中确实有平面设计这一项，而且海报是一个常备的选项，也是一个受重视的新闻图像类型。①
>
> 在生产过程中存在一些模板，如疫情数据、政治会议等，都在长期报道中形成了比较便于设计的内容模板，对于新闻海报编辑来说，他们更注重表达新闻事件的创意，而非固定的表达模板。②
>
> 我觉得新闻海报更多的是关注一个新闻事件，而且其中存在一个模糊的地带，我们总是把所有媒体发布的内容统称为新闻，海报本身就不是常见的完整报道，比如脱贫攻坚新闻海报只强调数据成果，媒体老师更关注海报这种形式的操作性，已经形成了习惯性的产品类别，将其作为一种创意类型进行内容生产。③
>
> 我们的重点不是告知一个具体的事件，而是要站在媒体的高度上传达一种情绪，来实现引导公众舆论的功能，新闻海报中的一句话也确实是很有影响力的。④
>
> 我们不会太去做那种实时性的新闻，我们更强调那种传达情绪的新闻产品，如果这件事在一天之内就结束了，那一般不太会做海报，新闻

---

① 摘引于本书2号采访对象的访谈摘要，详细内容见附录1。
② 摘引于本书2号采访对象的访谈摘要，详细内容见附录1。
③ 摘引于本书2号采访对象的访谈摘要，详细内容见附录1。
④ 摘引于本书3号采访对象的访谈摘要，详细内容见附录1。

海报更强调新闻事件的发展周期。①

对于《人民日报》微博平台工作人员而言，新闻海报这一融媒体新闻产品的出现存在渐进性与功能性，即媒体从业者更多地从制作流程、设计方法等视角提出自己的看法。换言之，脱胎于业界实践的新闻海报产品是一种继承传统而来的探索性产物，传媒从业者更强调对其进行经验性的生产和共识性的解读，他们关注的是新闻海报的实际效能与文本样态，而这种推动新闻生产泛化的操作恰恰需要学理化的思考作为辅助，方能更好地确定新闻海报作为新型信息产品的文本形态与创新路径。

因此，综合以上对现有新闻海报定义、媒介身份、图像沿革、文本特征与实践应用的追溯，得出本书所关注的新闻海报一般内涵：

"新闻海报"是融媒体语境下，以图文并茂的海报形式，围绕新近发生的事实，简明清晰、独立完整地传递信息、扩散观点与引导舆论的新闻图像。

二、融合内涵：新媒介产品

对新闻海报一般内涵的探索性分析表明，其作为一种新闻生产产品具有向内、向外两个维度，即普遍情况下主体认识事物时，对事物本质特征和其与他者区别的基本框架。但是，融媒体语境下孵化出的新闻海报，并非单一的、静态的信息产品，其在生产与传播的动态过程中主动参与媒介演进、印刻新闻生产逻辑、触发信息消费行为以及创造以文本为表征的新媒介人文，以上庞杂丰富的外部互动正在不断扩充新闻海报的文化内涵。这一内涵也从基本的形构特征转化为新闻海报的有机内涵，成为外部环境在新闻海报上的内部投射，凝练成抽象的认知成果，强调新闻海报背后媒介源流、新闻生产与媒介人文的关联逻辑，为新闻海报投入融媒体语境提供身份合法性。

（一）图文融合：符号元素的表意合作

在漫长的信息传播历史中，文字与图像始终是人类表达、获取与传递信息的重要符号元素，其中，图像以简明直观的视觉传达优势开启了文化传承的记录习惯，文字则将这种记忆共享抽象化，衍生为一种调动主体认知图式的信息传承方式。在此期间，文字与图像各自发挥着不可替代的传播功能，

---

① 摘引于本书3号采访对象的访谈摘要，详细内容见附录1。

并在一定的历史语境下交替占据主导地位。随着社会文化需求的不断增量，各具特色的文字与图像迈向了相互配合的发展阶段，图像中的文字起到了规避错误解读、引导认知方向的功能，而与文字配合的图像则消解了纯文本的枯燥乏味，赋予文本生动性和视觉表意活力，海报媒介正是这样一种图文并茂的视觉传达形式。当其被引入新闻生产视域时，文字与图像具化为各种体裁的新闻报道以及各种类型的新闻图像，以图文并茂的融合姿态传递信息，不仅降低了受众的解读成本，也为新闻生产提供了更广阔的创作空间，展演着文字与图像符号合作表意的多种可能，并记录着人类通过视觉符号进行大众传播探索的坚实脚步。

（二）媒体融合：新闻生产的运作要素

依照"生产者—产品—消费者"的商品流通路径，作为新闻生产产品的新闻海报是媒介运作的直接产物，对其进行的内外探索则对接了新闻生产的具体操作和新闻传播的市场环境。将新闻海报置入新闻生产视域，首先强调的是新闻生产主体的主观能动性，尤其是在以注意力经济为背景的融媒体语境下，更需要新闻生产主体具有良好的判断能力，时刻关注当前的媒介需求与受众需求，并迅速采取行之有效的应对措施。尽管这些主动适应往往存在偶发性，但以媒介运作进行生产调节的基本规律始终保持不变，也由此影响着新闻生产者的具体操作和生产原则。在此过程中，创新成为新闻生产进行媒介适应的重要策略，以内容立身的新闻生产主体将新闻产品作为落点，用产品创新串联涉及生产、传播、消费的整个信息传播通路，此即最简单也最适用于当前大多数媒体机构的生存法则。因此，在由信息消费牵引的融媒体语境下，新闻海报不仅是一种文体创新，也是新闻生产主体进行机构运作的要素，得益于其传承于海报文体的媒介生命力，新闻海报不仅是一个新闻生产者、一家新闻生产机构偏爱的运作要素，更因为在特定传播空间内频繁地"被看见"，而成为当前行业内部共享的新闻生产运作要素。

（三）媒介融合：媒介演进的阶段性产品

媒介演进始终与人类社会的发展历程相辅相成，人类持续增长的信息需求催生媒介手段的产生、发展与变革，推动印刷媒介、电子媒介与数字媒介陆续登场，使之成为记录社会风貌的重要界面。与此同时，媒介技术的不断更新，也扩充了大众传播领域的信息容量，不仅使融媒体语境下的当前社会进入信息爆炸时代，也鼓励信息生产者不断进行形式多样的形式创新，在数量与类型上都达到了前所未有的繁荣。由于信息消费市场超载，作为信息产品类别的具象表现，文体成为一种信息消费的分众机制，对接不同的新闻生产范式与新闻消费形式，对信息消费网络整体进行内外联动的深入拓展。这就导致本书所关注的新闻海报与持续更新的媒介类型和层出不穷的其他信息生产范式一样，只是新闻生产沿革过程中的阶段性产物，即便其文体形构的产生与发展与媒介融合相伴相生，对于内蕴广播的大众传播史而言，始终是沧海一粟。但是，作为传承媒介演进历史而来的鲜活文体，新闻海报与大众传播发展脉络具有一致性，其不仅在形构上继承信息生产的传统范式，也在媒介内涵上化身为文化演进的载体，由此在内涵与外延两个维度具备了深入阐释的可能性。

（四）文化融合：新闻人文的时代表征

西方文化取径下的人文主义强调人的本质、价值、使命、地位和作用[①]，中国传统文化脉络中的文人主义脱胎于儒家思想，认为人的价值、生活的价值与道德的价值是统一的[②]，二者交汇至当前的中国社会语境则成为"以人为本"的呼告，既是文化生产的出发点也是文化生活的最终诉求。随着这种思潮流入新闻生产领域，在新闻生产与传播过程中强调人文精神成为一种显著现象，也成为对信息焦虑与个体需求的深层回应。在基本的操作层面上，新闻生产伦理是新闻人文的代表性因素，如何生产出符合法律规范与道德要求的新闻产品、如何通过媒介运作实现经济效益与社会效益的平衡等，皆是属于该层面的反思和追问。但是，这些"人文精神"仅仅涉及新闻生产主体一个维度，远不是新闻人文的全部架构，尤其是在媒体机构进行企业化经营与迎接媒介融合浪潮之后，以企业思维重新审视新闻生产流程，不难发现，新闻人文指涉的是新闻生产的方方面面，内部有新闻生产主体的团队与机构人文，外部有新闻生产孵化的媒介人文，小到一张新闻海报如何切中信心消费者的视觉习惯，大到整体的产品结构怎样输出媒体品牌形象、行业风貌乃至引发社会共情的媒介文化，皆是新闻人文需要关注的范围。

结合对以上问题的思考，得出以新闻海报为代表的新闻产品所指涉新闻人文的主体关系结构如下（见图1-16）：

[①] 刘放桐：《"人本主义"和"人本主义哲学思潮"随想录》，《学术月刊》，1999年第10期，第3-5页。

[②] 张岱年：《张岱年全集》（第六卷），石家庄：河北人民出版社，1996年，第353页。

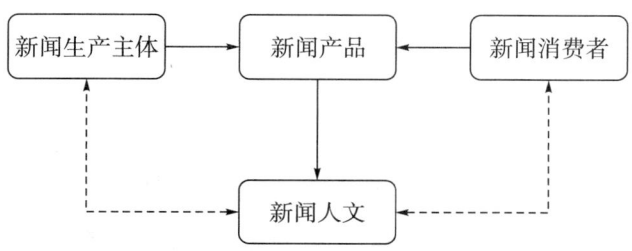

图1-16　新闻人文主体关系结构示意图

新闻生产主体、新闻产品、新闻消费者衍生于"生产—产品—消费"与"传者—信息—受众"的基本路径，实线表明主体间的直接关系，诸如新闻生产主体生产新闻产品、新闻消费者消费新闻产品、新闻产品表征新闻人文，虚线表明媒介空间中内隐的互动关系，由新闻产品外显的新闻人文持续对新闻生产主体和新闻消费者产生影响，并在二者的反作用力下被适时调整，由此共同组建了具有内生活力的文化生态圈层。

结合该圈层对融媒体语境下的新闻海报生产及其机制进行考察，则扩展出具体研究路径（见图1-17），为从理论架构到实践探索的转化提供了一种阐释视角和文化立场。

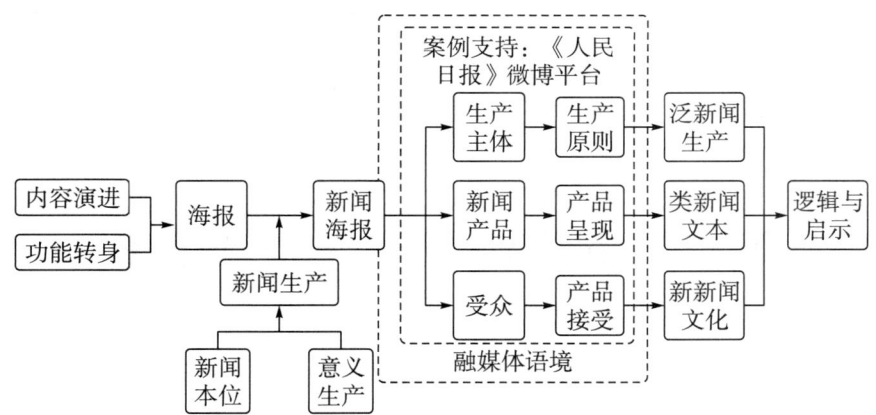

图1-17　融媒体语境下的新闻海报生产研究思路图

第二章　新闻海报生产要素的系统阐释：《人民日报》微博平台新闻海报生产框架

　　以新闻生产产品视角审视新闻海报这一文体，相当于将新闻海报置入经济学视野对其生产机制进行考察，不可避免地要理清新闻海报生产触及的相关要素。从经济学的基本范畴出发，新闻生产涉及环境变量、人的要素、物的要素以及各要素之间的关系，推演至新闻海报生产则具化为新闻海报生产的环境要素、主体要素、产品要素与关系要素。与此同时，相较于传统媒体时代，融媒体语境下的新闻海报生产要素发生了结构性演变，也由此触发了新闻海报生产要素之间关系的不断调适与重组。因此，本章将围绕新闻海报的生产要素构成阐释其文体析出的内在逻辑，并探索新闻海报生产要素之间的关系调适与重组机制。

第一节　融通新媒介时空的环境要素

　　对处于演进中的新闻产品谱系而言，新闻海报生产的蔚然成风是一种必然的偶然，尤其是在生产理论视域下进行探讨，其作为新型信息产品所处的社会环境提供了许多决定性要素，诸如传播空间、互动语境与文化场域等，均影响着如《人民日报》微博平台一般的融媒体新闻生产机构，展现着融媒体语境下与传统媒体迥然不同的生产环境。

第二章　新闻海报生产要素的系统阐释：《人民日报》微博平台新闻海报生产框架

一、媒介化的传播空间

与传统媒体时代边界分明的传播框架不同，新闻海报生产所处的融媒体语境具有不可抗拒的媒介化发展趋势。在早期对媒介化问题的探讨中，强调"物质化的技术主义视角着重关注媒介本身的运作过程，肯定技术对社会与文化过程的影响，经常将媒介与第二现代性结合进行研究"①。随着媒介化趋势愈演愈烈，媒介开始以"拥有独立制度性力量的社会机构"②身份存在，媒介具有的传播效能吸引其他领域的各类要素逐步转化为对应的媒介形式，在此期间媒介参与主体也更多地按照媒介逻辑进行社会实践③。这一制度化传统意味着，媒介化研究的初始路径赋予了媒介不可替代的决定性地位，一如早期传播学研究中对"魔弹论"的绝对崇拜一样，机械化地将媒介作为社会更迭的先验动因，过度强调了媒介化趋势的社会影响力，因此，库尔德利（Nick Couldry）、赫普（Andreas Hepp）等学者参照符号互动论提出了以社会建构为核心的媒介化研究路径，将"社会建制及其行动主体的能动性纳入考虑范畴，媒介与其他主体的动态性、过程性和互动性得以凸显"④。依照由"传播工具产生的文化环境的社会文化分析"⑤路径，社会建构传统将"媒介化"定义为"历史进程的发展逐渐由媒介及其影响的发展而推动，媒介逐渐地与日常生活、社会和文化作为一个整体的建构紧密相关"⑥。

在媒介化传播空间内观测新闻海报生产的环境要素，不难发现，在组织限定内以新闻海报为代表的新型信息产品正在结合经济、政治与文化需求析出一种特定的界定、选择、组织及呈现内容的方式，其中包括社会生活的扩展序列，特别是某些社会制度逻辑也在受到媒介形式的影响⑦。换言之，以新

---

① 侯东阳，高佳：《媒介化理论及研究路径、适用性》，《新闻与传播研究》，2018年第5期，第27–45页。
② ［丹］施蒂格·夏瓦，刘君，范伊馨：《媒介化：社会变迁中媒介的角色》，《山西大学学报（哲学社会科学版）》，2015年第5期，第59–69页。
③ 戴宇辰：《走向媒介中心的社会本体论？——对欧洲"媒介化学派"的一个批判性考察》，《新闻与传播研究》，2015年第5期，第47–57页。
④ 戴宇辰：《走向媒介中心的社会本体论？——对欧洲"媒介化学派"的一个批判性考察》，《新闻与传播研究》，2015年第5期，第47–57页。
⑤ 钱佳湧：《"行动的场域"："媒介"意义的非现代阐释》，《新闻与传播研究》，2018年第3期，第26–40页。
⑥ Friedrich Krotz, "The Meta-process of Mediatization as A Conceptual Frame", in Global Media and Communication, 2007（3）.
⑦ 侯东阳，高佳：《媒介化理论及研究路径、适用性》，《新闻与传播研究》，2018年第5期，第27–45页。

型信息产品为表现形式的新闻生产,其实是媒介通过自身渗透力吸引不同社会元素向自身靠拢的过程[①],并借此充分调动着新闻生产运作方式与大众传播规则的自我更新。这意味着在媒介化浪潮中,围绕新型信息产品的生产与传播,生产主体在与社会环境互动的过程中构建了一种新的历史情境,以特定媒介类别与社会时期的新闻生产样态联动社会发展进程。由此反推可知,媒介化所对应的盈利策略、政治引导与文化要求也在形塑新闻生产主体的生产方式,并推动其在结合媒介化传播空间特征进行内容创作的同时持续联动社会情态,评估所有新闻生产创新的传播效能。在此基础上,媒介化既展现了新闻生产进行文体输出的媒介逻辑,也为新闻创新提供了相较于传统媒体时代更加广阔的内容生产与传播空间,并以新闻生产环境要素的身份持续影响新闻生产主体在虚拟媒介世界中的选择判断。

二、碎片化的互动语境

随着社会事实数量激增、新闻内涵扩容,与之相匹配、包罗万象的大众传播逐步转变为以获取注意力为主要目标的分众传播,驱动新闻生产主体开始关注能够迅速吸引用户的生产路径,碎片化正是其与当前媒介文化发展趋势联动的结果。所谓的新闻生产碎片化是指由受众群体分化带来的产品细分与传播媒介小众化,在此过程中,传统意义上的主流媒介产品仍然占据着一定时间段不可撼动的头部地位,但品类丰富、持续出现的新型信息产品则聚合成一条细而长的尾巴,在主体创新实践与受众个性需求的持续累加下开拓了一个更加广阔的信息消费市场。值得注意的是,此类来自新闻生产主体与新闻消费者的互动产品是精准的个性化文本,尤其是在媒介技术有效地强化了受众获取与解读信息的能力之后,个性化需求倒逼新闻生产,促成了信息碎片化的生产图景。

究其根源,新闻生产碎片化对应的是社会阶层的碎片化,即社会环境变动在大众媒介中的显身,亦是以新闻海报为代表的新型信息产品所面对的现实社会环境要素。与蓬勃发展的物质消费环境相似,无边无际的媒介空间为大众提供了丰富的信息消费产品,于其间漫游的信息消费者由此具有了广阔的信息消费选择空间。与此同时,知识普及与技术共享为阶层流动提供了

---

① 周翔,李镓:《网络社会中的"媒介化"问题:理论、实践与展望》,《国际新闻界》,2017年第4期,第137–154页。

方便资本，无论是信息生产还是信息消费都变得触手可及，信息产品则成为标榜自我、展示个性的文化工具，展演着多种多样的生活方式与态度，以碎片化的身份认同推动各类文化产品的碎片化生产与传播。与传统媒体时代大包大揽的泛众传播相比，融媒体语境下的信息消费者兴趣更多元、偏好更显著，由此向新闻生产主体提出了"快速"与"新奇"的内容要求，而新闻海报则是向以上要求靠近的实践产物，对应着碎片化互动语境的时代特征。

三、裂变中的文化场域

按照布尔迪厄对高度分化社会的理解，"一个场可以被定义为由不同的位置之间的客观关系构成的一个网络或构型"①，以新闻海报为代表的新型信息产品所处的媒介文化场域则包括行动者、游戏规则、资本与习性四个要素，其中，行动者是决定场域存在的关键，既包括新闻生产主体也包括信息消费者，甚至还包括新闻产品本身，共同构成了各种相互关联的关系网络②。与此同时，行动者在结合适当习性进行资本争夺的文化实践中生成了对应的游戏规则与专门利益③，推动这个关系网络的持续运作。这个场域既与当前社会的政治经济情态发生关联，又具备一定的自主性，并凭借场域自身的运转逻辑获得独立④。

面对迅速发展的现代社会，德国社会学家哈特穆特·罗萨（Hartmut Rosa）提出了"社会加速"⑤理论，认为当前人类所处的加速情境将推动主体对空间、时间、物、行动与自我形成一种新的适应，对应着客观环境与主观体验之间的代沟。在大众传播领域，以媒介化为手段、以碎片化为特征的新媒介文化场域也面临着这种显著的加速进程，并影响着新闻生产主体的传播理念与新闻消费者的消费行为。对沉浸于信息过载时代的传受双方来说，传统媒体时代崇拜主流、靠拢核心的信息传播路径已然被颠覆，取而代之的是一种用信息消遣时间的消费环境，尤其是融媒体语境下的实时连接改变着行

---

① 包亚明：《文化资本与社会炼金术——布尔迪厄访谈录》，上海：上海人民出版社，1997年，第142页。
② 高宣扬：《布迪厄的社会理论》，上海：同济大学出版社，2004年，第146页。
③ 高宣扬：《布迪厄的社会理论》，上海：同济大学出版社，2004年，第138—139页。
④ 朱国华：《场域与实践：略论布迪厄的主要概念工具（下）》，《东南大学学报（哲学社会科学版）》，2004年第2期，第41—45页。
⑤ ［德］哈特穆特·罗萨：《新异化的诞生，社会加速批判理论大纲》，郑作彧，译，上海：上海人民出版社，2018年，第21页。

动者在文化场域内的参与方式与参与时长，进而影响了个体对时间的感知，时刻处于加速中的认知体验将近在咫尺的"昨天"变成了恍若隔世的"过去"，自然也撬动了文化场域内的游戏规则。作为文化场域对外部环境的应对，行动者也开始通过提升生产效率、增量内容创意等方式追赶信息传播速率，最终改变了文化场域内部的互动节奏。这种实践感知的直接后果，则是文化场域的内部裂变，尽管加速中的文化场域指向了一种主体异化的担忧，但对于持续演化的媒介文化而言，这种以时间为标度的演化更倾向于是一种博弈与更迭，随着新型信息产品进入稳定生产阶段，主客体之间的时间代沟就会随之缩小，同时带动新闻生产机制的持续进阶，降低新媒介文化的离心程度，矫正文化异化的偏转角度。

第二节　创建生产共同体的主体要素

"改造自然以造福人类的活动，无疑仍然是最基本、最重要的生产活动，但在此基础上，当代人类生产活动已经开始拓展到新领域——创造与开发人文信息资源。它与改造自然的活动一起，构成了今天人类生产活动的总体。"① 与所有学科中的关键概念相似，传统政治经济学对生产力概念的认知始终存在争论，如"生产力是使外在物适合于人类需要为目的的任何自然之间在一定时间内的特质变换能力"②、"生产力是在社会生产中形成的人类改造自然、获得物质生活资料的能力"③等。尽管具体表述各不相同，绝大多数定义却指向了一个共通的理念——"能力说"或"力量说"，即强调生产力的现实力量与预期结果。按照这一理路拆分生产力的内部构成，传统的三因素论认为生产力由劳动者、劳动资料与劳动对象构成，二因素论则认为生产力只包括劳动者和以生产工具为主的劳动资料④。以此审视新闻海报的生产力构成，处于传受通路上的新闻海报生产，更倾向于强调传播主体作为生产者的能力及其对新闻生产资料的使用。因此，本书在以《人民日报》微博平台

---

① 鲁品超：《生产关系理论的当代重构》，《中国社会科学》，2001年第1期，第14—23页。
② 周民攸：《生产力的一般和特殊》，《生产力研究》，1989年第2期，第72—73页。
③ 刘吉霄，杨英法：《生产力的定义及其构成研究综述》，《高校社科信息》，1999年第3期，第9—12页。
④ 刘吉霄，杨英法：《生产力的定义及其构成研究综述》，《高校社科信息》，1999年第3期，第9—12页。

第二章　新闻海报生产要素的系统阐释：《人民日报》微博平台新闻海报生产框架

为个案对新闻海报生产力要素进行解读时，将主要围绕生产主体及其所使用的生产工具展开。

一、跨领域的内容创作集群

专业媒体机构是新闻海报生产的发起者，创设于2009年、追求即时分享与迅速对话的新浪微博平台，在投入使用初期以140字以内的篇幅和1张图片的内容发布限制，极大地提升了关键信息的传播效率，也形塑了早期的微博新闻信息发布形态。如何在这种有限的新媒体空间内进行内容生产，则成为许多传统媒体入驻微博平台的新课题。作为一种媒介融合的生产尝试，于2012年7月23日正式上线的《人民日报》微博平台，在早期140字的内容限制下，迅速形成了对不同形态新闻图像的生产偏好。2012年《人民日报》微博平台上线不久便逢四年一度的奥林匹克运动会，《人民日报》微博结合"2012"、吉祥物文洛克自主设计了发布互动话题、进行赛事预告的系列海报，保持每日推送的内容生产频率，完成了平台内部第一次重大新闻事件系列海报的设计与传播。其中，整组2012年伦敦奥运会系列海报均在右上角附有人民日报社标志与"官方微博"水印（见图2-1），以此标明生产主体的身份归属，成为新闻海报生产主体的重要显现形式。针对这种情况，受访者介绍如下：

> 新闻海报主要分为以下两类，一方面是微博日常发布的内容，由微博平台视觉编辑工作人员自行设计并署名，一般已经形成了相对固定的模板，如果是稍微有难度的新闻海报，就会由视觉设计室来操作；另一方面是由统筹策划室牵头策划的新闻内容，包括系列新闻视频和海报等，这类海报一般会同步分发给微信、微博、客户端等不同平台，但不一定是每个平台都有，比如进博会的系列海报在微博、微信上呈现的并不相同，如果是共有的内容会标注为"人民日报新媒体"。[①]
>
> 其实都是我们视觉组制作的内容，"@人民日报新媒体"是新媒体中心主导的策划，这种不止会在微博上发布，也会在客户端、微信上发布，"@人民日报"侧重于微博编辑主导的日常策划，一般不会在微信和客

[①] 摘引于本书2号采访对象的访谈摘要，详细内容见附录1。

户端上发布。①

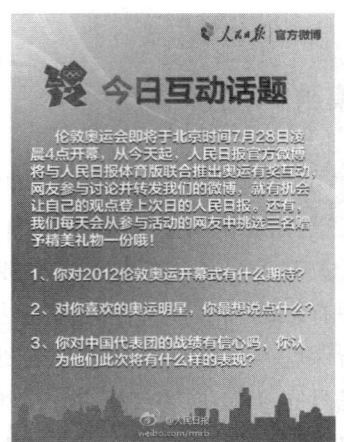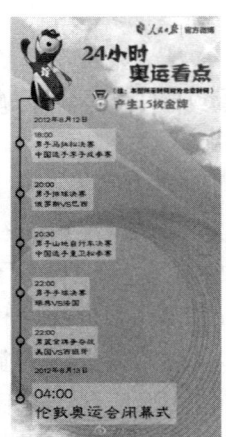

图2-1　2012年伦敦奥运会系列海报

随着微博新闻图像需求量持续增加，《人民日报》微博平台发布的新闻海报开始以标志逐步展现内部的生产区分，形成了标有"人民日报微博"与"人民日报新媒体"的两大类别。这种区分与《人民日报》新媒体中心的内部结构息息相关，集成了微博、微信、抖音、快手、中文客户端与英文客户端的《人民日报》融媒体中心，以统筹策划室为牵引进行内容生产，并在推广合作室、视觉设计室的联合辅助下持续优化和创新新闻生产形态，标有"人民日报新媒体"的新闻海报主要来自视觉设计室，并在全平台进行联合发布，而标有"人民日报微博"的新闻海报则为微博团队自主设计（见图2-2）。两种海报标志表明，融媒体语境下的新闻海报生产已经在媒体机构内部形成了以平台和组织机构为分野的不同新闻生产主体，是一种结构化的适应性调整。这种海报标志的背后，其实是一整套编辑流程的转变：

    现在微博编辑大概有10个人，包括文字编辑和视频制作，我们视觉组8个人，4个人在微博，4个人在客户端。微博每天有三个班次，早班、晚班和策划班，你们看到的海报基本都是策划班制作的，每个班次值班的话也就是3个人左右，基本上是一个主编带着两个文字编辑，或者是再加上几个实习生，我们微博有许多实习生。②

---

① 摘引于本书3号采访对象的访谈摘要，详细内容见附录1。
② 摘引于本书3号采访对象的访谈摘要，详细内容见附录1。

第二章　新闻海报生产要素的系统阐释：《人民日报》微博平台新闻海报生产框架

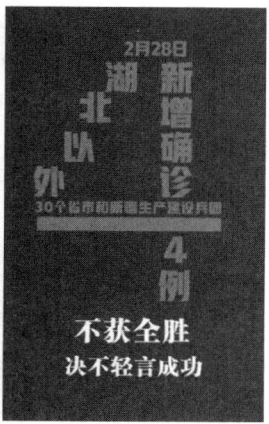

图2-2　《人民日报》微博制作的新闻海报（左）与《人民日报》新媒体制作的新闻海报（右）

具体来看，在长期生产实践探索中，处于《人民日报》新媒体架构中的《人民日报》微博平台，在十余位正式编辑与实习生的人员组合下，已经形成了一个运转流畅的融媒体内容生产组织。编辑部按照早班、晚班和策划班进行内容生产，其中，新闻海报内容主要来自策划班，基本由一位主编、两位文字编辑和实习生组成，进行每日的早安新闻海报与时间节点新闻海报策划。一般情况下，微博平台新闻海报的制作主要由视觉编辑完成，其负责将内容策划转化为具有强烈视觉冲击力的新闻产品。尽管融媒体语境向新闻生产主体提出了全媒体人才的培养标准，但视觉策划部以及视觉编辑岗位的出现，仍然意味着新闻生产主体内部的功能细分，也是技术发展与媒介转型带来的组织架构调整。

> 疫情期间有很多漫画家和插画师都创作了比较突出的作品，我们会去主动联系他们，并给他们布置选题，请他们按照原有的风格结合我们提供的文案、方向进行创作，他们可以在自己的账号发布，我们也会在发布之后@对方，相当于是一种合作。①

媒介技术进步不仅赋予了传统意义上新闻生产主体的结构化变革，也凭借技术赋权引进了更多元的新闻生产主体。自2012年《人民日报》微博平台开始发布新闻海报起，便引用过不同新闻海报生产主体的原创内容。其中

---

①　摘引于本书3号采访对象的访谈摘要，详细内容见附录1。

85

既包括形式最简单、来源于不同地方公安平台的警情通报，也包括需要对数据进行解析设计、来源于财经类媒体的数据新闻海报，引用来源涉及各种诸如央视新闻、陕视新闻等电视媒体，也涉及诸如环球网、四川在线、头条新闻、新浪新闻等新媒体平台，还包括各类电视节目与网络意见领袖等，形成了阵容强大、结构多元的新闻海报生产主体集群。在使用其他生产主体的新闻海报时，早期的《人民日报》微博习惯于在微博文字内容中以"（ ）"形式注明海报来源，后期随着《人民日报》微博自产海报数量增加，明确标注的引用形式开始减少，其他新闻生产主体大多出现在新闻海报的水印中。作为新闻海报转载与联合创作的重要联络节点，《人民日报》新媒体中心推广合作室促成了许多优秀海报的二次传播，如香港回归20周年时与王左中右合作推出的"说文解字"庆回归海报、新冠疫情暴发期间与漫画师陈小桃合作的"热干面"系列海报等。

  这一现象表明，以《人民日报》微博平台为代表的新闻海报生产与传播主体存在资源共享的生产默契，其以平台影响力为依托实现传播内容与传播效能的置换，进而在强化新闻海报生产的共同趋向中形成了一种生产共同体，共享社会信息、新闻生产取径与信息产品本身。在此期间，新闻海报生产主体以专属于媒体机构内部的新闻生产者为起点不断扩容，不仅将自媒体、社交媒体纳入新闻生产阵营，还逐步以UGC为媒介促成多样化的新闻海报生产协作，可谓为新闻生产引入了无限量的主体结构。融媒体语境下的新闻生产主体扩容意味着，传统意义上的新闻海报生产主体已经从"决定者转为服务者，从自产者转为协作者"①，其不仅带动了媒体内部的不同类别主体嫁接，更调动了社会范围内的生产主体积极性，成为众包、众核、众创的发起者。自此，专业媒体中的新闻海报生产主体成为"鉴定者""释义者""调查者""赋权者""聪明的聚合者"乃至"新闻榜样"②，在新闻海报生产共同体中起到统领生产趋势、汇合新闻产品、融创新闻生产的核心作用。

二、多元联动的产品策划系统

  解析融媒体语境下新闻海报的生产工具，其实是在观察新闻海报这一信

---

① 许燕，刘海贵：《产消合一经济背景下移动新闻生产要素的变化》，《兰州大学学报（社会科学版）》，2019年第4期，第1—7页。
② ［美］比尔·科瓦齐，汤姆·罗森斯蒂尔：《真相：信息超载时代如何知道什么、该相信什么》，陆佳怡，孙志刚，译，北京：中国人民大学出版社，2014年，第181—186，201页。

息产品背后的信息生产工具。在传统的生产要素中,生产工具往往是具有实体的、能够对客观世界进行改造的实在工具,而在新闻海报之类新闻产品的生产过程中,依托于计算机与互联网技术进行的内容生产,已然突破了物质局限,形成了一种跨越现实与虚拟世界的信息生产联动。

> 新媒体中心会事先列出重大事件年表,比如跨年、进博会、国庆等重要时间节点,所有部门都可以对此提出任何形式的策划方案,比如说海报、漫画、视频、H5以及各种活动等,并提供一个相对完善的呈现方案。如果方案在新媒体中心通过了,就可以着手进行制作。①

这种联动常见于《人民日报》微博平台新闻海报生产的整个流程之中:

新闻海报的构想起步于选题会,作为《人民日报》新媒体中心对繁杂社会事实的筛选过程,按照往年的报道惯例与当下的社会情态,《人民日报》新媒体中心会在大类选题会中列出可预测的周期性新闻选题,并鼓励各个部门提出涉及不同品类新闻产品的生产创意,在新闻海报提案中,创意呈现的内容至少要包括具体的海报图文规划与可参考的设计形式,这是从现实到虚拟的第一层创意转接;当具体提案通过核定后,针对周期性新闻的海报制作将提前进入新闻海报的具体设计,按照选题发布的端口数量分配给指定的新媒体平台或视觉设计室进行生产,这是从创想到虚拟新闻产品的第二层生产转接;最后,经过一次次商讨与调整,凝聚了新闻策划与视觉设计的新闻海报由平台正式发布,完成了虚拟产品回应社会现实的最终传播。

> 突发性新闻的要求就是"快",我们平时会准备几份模板,有的是纯文字的,还有的是有结合现场图的模板,我们根据事情的具体情况套用基础模板,大概在10分钟之内就能把新闻海报发送出去。我的电脑和手机里都各自准备了差不多500多张海报模板,以备不时之需。这种海报就是要保证发送时效,起到一个传达信息的作用,不需要有什么创意和设计。因为现在网友的习惯就是喜欢看图片多过文字,而且他们不喜欢图片上有太多的文字,所以最简单、最直观的信息出现在图片上,三五秒之内能了解图片是什么就可以了。②

---

① 摘引于本书2号采访对象的访谈摘要,详细内容见附录1。
② 摘引于本书3号采访对象的访谈摘要,详细内容见附录1。

突发性新闻海报的生产流程与周期性新闻海报基本相似，但时间周期往往更短，更倾向于从以往的新闻海报蓝本中寻找模板进行迅速生产。

以上提及的《人民日报》新媒体新闻海报基本生产流程表明，新闻海报的生产工具至少包括四个类别：第一个类别是新闻海报生产的技术工具，尽管新闻海报的本质属性是新闻，但其以海报形构呈现时需要投入一定的视觉设计成本，诸如Photoshop、Illustrator、CorelDRAW等是基础的软件配置；第二个类别是组织工具，面对新闻海报的新闻身份，制作新闻海报始终离不开及时准确的信源和丰富灵活的视觉化创意，人民日报社高效便捷的信息网络与《人民日报》新媒体中心的组织架构，正是新闻海报创意得以持续输出的重要依托；第三个类别是文本工具，其中包括如"@人民日报"的身份标签、周期性事件的独特标志与系列新闻海报的固定形构等，是新闻海报生产主体长期积累而来的文化资产与识别符号；第四个类别是理念工具，尤其是在新闻海报这一样式以强大的视觉吸引力发挥出独特的传播效能后，《人民日报》新媒体中心的新闻策划已经将海报作为一种必备的新闻形式，内置于重大新闻选题的内容框架之中。

作为新闻生产主体与新闻产品之间的媒介，新闻海报的生产工具展现出融媒体语境下视觉生产的独特性。首先，新闻海报的生产工具具有多元联通性，新闻海报所依托的融媒体技术本身就在强调"万物互联"的科技效能，新闻海报的生产与传播也恰恰依托于技术联通带来的生产素材与传播空间，而这触发了组织内部的不同区间的联通，并以产品联通的形式外显，推动新闻海报生产主体内部的多元互动。其次，新闻海报的生产工具具有快速衍生性，面对信息大爆炸的广阔市场，新闻海报的生产工具必须保证生产效率，现有新闻海报生产工具恰恰通过降低技术门槛、实时更新信息网络、构建清晰产品类目等形式缩短了系列图像的生成时间，极大地扩展了关键信息的传播范围。最后，新闻海报的生产工具具有广泛创新性，在新闻海报产品不断推陈出新的过程里，其既以技术、组织和理念为基础，也反向推动技术、组织和理念的更新，相辅相成，共同推动新闻海报在融媒体语境下的产制融创与文化引导。比传统意义上的物质生产工具更进一步，贯通时间与空间的新闻海报生产工具被赋予了自主性，其作为满足受众精神需求的信息生产框架，助推信息时代进入读图时代的崭新发展阶段。

第三节　集成新视觉形态的产品要素

融媒体语境下愈加多元的新闻海报生产共同体，其实是媒介经济产消合一趋势在生产端的表现，因此，当以"生产者—产品—消费者"和"传者—信息—受众"两种路径考察新闻海报的生产与传播时，"生产者"与"消费者"、"传者"与"受众"存在内隐的主体一致性，尤其是UGC模式的出现，进一步弱化了传受双方的身份分野，反而凸显了新闻海报产品作为劳动对象的重要地位，推动其作为整个生产机制的表征成为具有时代特色的产品要素，并在内容与形式两方面展现出"新闻"与"海报"共性互鉴的文体融创样态。

一、事实与观点并重的内容组合

在融媒体语境下以"新闻"的视角审视新闻海报，意味着必须要挖掘当前媒介环境中内隐于海报形构中的"新闻"内涵，才能更迅速地理清新闻海报的内容特征，即对本书研讨的新闻海报一般内涵中"新近发生的事实"进行具体界定。

"不同的新闻定义都有它生成的历史环境，新闻定义与历史语境是客观存在的"[1]，在我国新闻学研究历史上，早期新闻学者徐宝璜认为"新闻者，乃多数阅者所注意之最近之事实也"[2]，邵飘萍提出新闻是"最近时间内所发生认识一切关系于社会人生的兴味、实益之事物、现象"[3]，戈公振强调从"读者所欲知的事物、引起人人兴味之发生的事件、对该事件的报告以及有人类之兴味、与人类生活和幸福相关的原质事实四个方面解读新闻为何物"[4]。随着此类受西方理论影响的观点逐步对接唯物主义观点，陆定一"新闻是新近发生的事实的报道"[5]一说成为最简明亦是传播最广的新闻定义。围绕这一基础判定，后继学者又对此进行了一定数量的变体挖掘，如胡正荣认为"新闻是新近发生的事实的报道的信息"[6]、宁树藩认为"新闻是经报

---

[1] 莫永峰：《从历史的角度看新闻定义》，《西部广播电视》，2014年第5期，第53页。
[2] 徐宝璜：《新闻学》，北京：中国传媒大学出版社，2016年，第8页。
[3] 邵飘萍：《新闻学总论》，民国京报馆出版部刊本，1924年，第80页。
[4] 戈公振：《中国报学史》，北京：中国传媒大学出版社，2016年，第21页。
[5] 陆定一：《我们对于新闻学的基本观点》，《解放日报》，1943年9月1日，第1版。
[6] 胡正荣：《新闻理论教程》，北京：中国广播电视出版社，1995年。

道（或传播）的新进事实的信息"①、张允若认为"新闻是为公开传播的就近发生的事实的信息"②、胡钰认为"新闻是多数受众注意的最近事实的信息"③，等等。种种定义在报道说基础上引入更广阔的"信息"范畴，历时展现着新闻内涵的不断扩容。但是，随着新闻理论建构不断完善、媒体生产实践愈发多元、媒介环境持续更迭，面对层出不穷的新型新闻产品，"新近发生的事实的报道"的具体内涵始终需要更有现实针对性的阐释，这也是新闻实践对新闻内涵的实时调整。

首先，"事实作为客观世界所直面的情况，是战胜谬误和谎言的法宝"④，也是新闻报道传播资讯、去伪存真的立身之本。因此，即便新兴传播技术和社会化媒体进程瓦解了传统的信息传播模式、媒介融合从技术端口降低了传媒产业的准入门槛，新闻生产实践对事实的追问却始终不曾也不应改变。其次，在新闻海报传播的融媒体语境下，由于互联网技术实现了新闻事实与新闻报道的时间同步，"新近"一词所指的时间范畴存在滑动，其既可以指向当前社会环境内最热门、最即时的资讯，也可以指向一段时间内持续发生的社会事实。最后，"报道"的本意强调"告知"或指向特定的新闻稿件体裁，是从功能与文本层面对新闻种属的界定，然而，不计其数的新型新闻产品表明新闻体裁正在并将持续更新，多元新闻生产主体的加入也消解了传者本位的传统新闻生产流程，"报道"一词已然不足以概括新型新闻产品的全部形构。但是，"新近发生的事实的报道"始终指明了最直接的新闻特性——"谁在何时何地做了什么事情以及效果如何"，即新闻的"5W"模式，这也是一张新闻海报得以构成并对外传递的基本信息。

基于此，本书以是否含有"5W"要素为判定标准，于《人民日报》微博从2012年7月23日至2020年7月22日发布的海报型新闻图像中，共析出4104组新闻海报，并对其所含有的新闻要素进行统计发现，63.0%的新闻海报包括人物要素，89.4%的新闻海报包括时间要素，75.9%的新闻海报包括地点要素，100%的新闻海报包括事件要素以及97.8%的新闻海报包括效果要素，每张海报中"5W"要素的具体数量统计见表2-1。

---

① 宁树藩：《信息观念与新闻学研究（上）》，《新闻界》，1998年第2期，第7-9页。
② 张允若：《关于新闻定义的思考》，《新闻记者》，1998年第7期，第24-25页。
③ 胡钰：《新闻定义：历史评析与科学重建》，《清华大学学报（哲学社会科学版）》，1999年第1期，第90-97页。
④ 邵培仁：《新闻报道要用事实说话，新闻传播研究呢？》，《现代视听》，2019年第12期，第82-83页。

表2-1 《人民日报》微博新闻海报"5W"要素数量统计表（2012—2020）

	要素数量	数量	百分比（%）	有效百分比（%）	累积百分比（%）
有效	2	83	2.0	2.0	2.0
	3	664	16.2	16.2	18.2
	4	1454	35.4	35.4	53.6
	5	1903	46.4	46.4	100.0
	总计	4104	100.0	100.0	

以该数据观察新闻海报的内容构成发现，尽管46.4%的新闻海报中人物、时间、地点、事件、效果俱全，但每张海报中的"5W"要素并非必需且同时出现。具体来看，样本中2.0%的新闻海报可以只包括两个新闻要素，如2020年高考分数线海报，其中包括时间和事件；16.2%的新闻海报包括3个新闻要素，如"天问一号"探测器发射海报，其中包括人物、地点和事件；35.4%的新闻海报包括4个要素，如新冠病毒感染数据海报，其中包括时间、地点、事件和效果。"5W"要素的不完全出现意味着，新闻海报的内容并不一定是面面俱到的，为了突出视觉效果和核心信息，其往往只呈现新闻事实的关键内容，但对关键内容本身的表达，却始终需要简明清晰、独立完整。由此可见，强调新闻属性的新闻海报的主体内容仍然是新闻事实，并且以之为视觉设计要素，不断丰富着新闻海报的视觉传达形式。

随着新闻生产实践在融媒体语境下的不断探索，新闻海报的生产与传播并未止步于对事实的传播。通过对《人民日报》微博海报内容类别的统计得出人民日报微博新闻海报内容类别统计表（见表2-2），其中公告（59.3%）、科普（13.2%）、故事（7.1%）、辟谣（0.5%）类新闻海报皆以事实为核心内容，而引导（12.0%）、评论（6.2%）、互动（1.6%）类新闻海报则倾向于传播观点与调动受众情绪，如新冠疫情后武汉解封的"你好武汉"海报、面对后疫情时代地摊经济大发展的"升温不能'发烧'"海报以及"我穿军装的样子"互动活动海报等（见图2-3）。

表2-2　《人民日报》微博新闻海报内容类别统计表（2012—2020）

		数量	百分比（%）	有效百分比（%）	累积百分比（%）
有效	科普	541	13.2	13.2	13.2
	辟谣	22	0.5	0.5	13.7
	公告	2433	59.3	59.3	73.0
	互动	67	1.6	1.6	74.6
	故事	292	7.1	7.1	81.7
	评论	256	6.2	6.2	88.0
	引导	493	12.0	12.0	100.0
	总计	4104	100.0	100.0	

图2-3　《人民日报》微博平台的引导、评论与互动类新闻海报

以上三类新闻海报内容的出现表明，新闻海报及其所代表的新闻生产"不仅覆盖了对新闻信息的传播，还强化了这些新闻信息所负载的意见以及促进意见融汇后的社会沟通"①，并在依托社交媒体平台的过程中，开始强化新闻内容的互动性与沟通性，随之突出一种新闻海报内容的复杂化发展趋势。尤其是在融媒体语境下，由于数字技术的不断发展，"新闻报道"和"新闻评论"两大文体的绝对壁垒被打开，事实与观点开始作为内容元素被不断

---

① 操慧，夏迪鑫：《新闻观点化与观点新闻化——对公共传播视域下媒体话语实践理路的审思》，《西南民族大学学报（人文社科版）》，2020年第9期，第134-139页。

分类和切割,并"按照市场需求和受众类型加以糅合和细化"①,最终混合呈现于诸如新闻海报之类的新型新闻产品内。在这里,与热门话题相关的观点也被生产主体"新闻化","凭借场景化、动态化的认知模式促进信息传播,拉近受众对观点所涉及社会变动在时间、空间以及利益关联度上的时新性感知"②。至此,新闻海报不再只是围绕新近发生事实创作的新闻图像,其以简明扼要的关键信息与充满力量的观点评论投入新闻生产,既创造了汇聚社会热点话题的信息集群,也打开了新闻海报内容的基本格局,以双向传播突破了旧有的新闻生产框架,成为融媒体语境下传播事实与观点的重要新闻形构。

二、图像与文字兼容的文本形式

如果说对新闻海报内容的探讨是从其"新闻"本质出发挖掘内容生产的合法性与创新空间,那么,对新闻海报形式的探讨,则更多地倾向对"海报"形构的进一步解读。从"海报"的基本定义与视觉形态出发,与其同宗同流的新闻海报同样强调图文并茂的基本表现形式,这一新闻生产视觉化背景下的行业选择,明确指向了海报界面中的图片、文字及二者关系。

以《人民日报》微博平台新闻海报为实践样本,具体新闻海报呈现出丰富的图文形式:如2017年春节系列海报,从除夕到大年初七均设计了具有针对性的节日文案,以文字为主体进行变体艺术设计,并用文字设置底图暗纹,营造了浓厚的节日氛围;再如"画里有话"系列中申明中方立场的反制海报,其以提线木偶、美国国旗、剪刀等意象进行视觉设计,通过图文并茂的具体情境表达中方对恶性政治事件的严正态度,观点明确,意蕴丰富;又如"战疫战贫都要赢"系列海报,其以新闻照片为主体,言简意赅地介绍后疫情时代发生的扶贫故事,内容直观,形式鲜明,展现了《人民日报》微博对新闻照片海报化的常规操作形式(见图2-4)。

---

① 邵鹏:《媒介融合语境下的新闻生产》,杭州:浙江工商大学出版社,2013年,第49页。
② 操慧,夏迪鑫:《新闻观点化与观点新闻化——对公共传播视域下媒体话语实践理路的审思》,《西南民族大学学报(人文社科版)》,2020年第9期,第134-139页。

图2-4 《人民日报》微博新闻海报图文表现形式图例

　　作为口语传播的延伸，无论媒介形态如何演进，图片与文字始终是大众传播最基础的表意工具，得益于图像对文字内容的概括能力，与时俱进的图文传播则代表了更便捷、高效、清晰的信息生产取径。"从美学角度来说，文字和图片各具特色，图片以其直观性和形象性见长，而文字以其抽象性和联想性著称"①，文字能够调动受众的丰富联想，图片则将文字内涵具象化、直观化，为文本增加独特的表达意趣和视觉快感，二者在互相启发的过程中赋予传播以游戏性、互文性和美的体验。新闻海报中各式各样的图片与文字组合方式表明，得益于融媒体"综合运用各种表现形式，如文、图、声、光、电，来全方位、立体展现传播内容"②的基本特征，新闻海报也正在"通过文字、声像、网络、通信等传播手段来创造新的传播形态"③，置身于新闻生产流程的海报则被新闻赋予了具有媒介特色的创作模式，不断更新特定领域内的图文关系：

　　首先，一如新闻报道与新闻图片互不捆绑的传统联结，新闻海报并不强调图片与文字共同出现的必然性，但无论采用图片为主、文字为主或图文并茂的表现形式，其最终生成的新闻产品——新闻海报仍然是一种新闻图像，即新闻海报的生产与传播始终是图像化的、以图片为主要形式的内容创作。其次，新闻海报中的图片与文字能够相互转化，文字可以通过艺术设计变成图片，图片也可以经过拼接重组变成文字，二者相互兼容、彼此配合，共同成为传播新闻和观点的形式工具，并以新闻海报设计要素的身份跻身视觉设计素材库，始终在新闻海报形构上占据核心地位。最后，图片与文字在新闻

---

① 周宪：《视觉文化的转向》，北京：北京大学出版社，2008年，第179页。
② 张莉，于雷：《"全"的战斗力——关于全媒体的一点思考》，《青年记者》，2010年第23期，第12-13页。
③ 张莉，于雷：《"全"的战斗力——关于全媒体的一点思考》，《青年记者》，2010年第23期，第12-13页。

第二章　新闻海报生产要素的系统阐释：《人民日报》微博平台新闻海报生产框架

海报界面的互动直接扩大了二者作为信息呈现形式的基本范畴，围绕二者生成的动态图片、艺术字图片、二维码等图文混合体既展现出图片和文字的艺术生命力，也展现着一种多媒体、视觉化、动态化的新闻生产趋势。

与此同时，经由图片与文字组合生成的新闻海报，更强调一种图文要素之间的关联性，这种关联以明白晓畅的因果关系为驱动，力图通过最简练的图文形式拆解内隐于社会现实中的逻辑关系。从这一传播目的来看，新闻海报中图文关系与数据新闻的呈现形式十分相似，尤其是在融媒体语境下，随着大数据思维成为一种重要的信息挖掘方法，强调过程的新闻海报，通过展示事件发展不同阶段的关键数据，迅速勾勒出新闻事实的演变过程；强调结果的新闻海报，通过提要式的图片与文字组合，迅速归纳出复杂事实背后的相关关系。尽管这种图文传播方式存在遗漏细节的可能性，却始终借由生动具象的视觉传达提升了新闻传播的效率，以降低解读门槛的方式助力传受双方迅速形成对客观世界的结构性认知。

得益于种种图文互动互构的新闻生产方式，当受众面对一张设计独特、内容完整、表达简明的新闻海报时，"无论是先看图再看文，还是先看文再看图，都会发现一种有趣的吻合"[1]，新闻海报也由此得以成为一种"简单而优雅的呈现观点以及点燃想象力"[2]的新闻图像，推动信息交流效率的迅速提高。值得注意的是，当身为新闻图像子类别的新闻海报出现在不同的新媒介平台中时，在海报界面之外，还存在新闻海报与新媒体端的图文关系，如微信标题、微博简介、客户端界面等，都是新闻海报发生互文的文本对象，这种跨层的图文互动则意味着对新闻海报这一新闻图像文本独立性的审视。在传统新闻报道中，新闻图像往往是附属性的，它根据文字报道的基本信息来进行内容设计，但越来越多承载完整信息的新闻海报正在"走出"新闻报道，它们不仅正在摆脱新闻图像作为新闻报道附属品的身份定位，而且正在通过自身的升华、移情与合理化成为广义范畴上的新文本。在此期间，原本占据核心地位的文字报道转而成为图片的附属品，其被用以充实新闻海报的内容，"并因而承载着一种文化、道德和想象的负重"[3]，从"过去文本到图像的含义递减转变为如今文本到图像的含义递增"[4]，借图像使新闻再度具有

---

[1] 林白：《一个人的战争》，北京：北京十月文艺出版社，2004年，第1页。
[2] 陈昌凤，刘少华：《"大数据"时代如何做新闻？》，《新闻与写作》，2013年第1期，第90—92页。
[3] 周宪：《视觉文化的转向》，北京：北京大学出版社，2008年，第176页。
[4] 周宪：《视觉文化的转向》，北京：北京大学出版社，2008年，第176页。

融媒体语境下的"魔术性"。

　　这种"魔术性"既调动了文字与图片作为新闻海报形式要素的创新活力，也展现出视觉文化取径对新闻产品要素的全面包抄。作为视觉文化表征之一的新闻海报，既是其中一种广为传媒行业使用的视觉文化载体，也正在被演变着的视觉文化形塑。与其他大多数艺术图像、设计图像不同的是，新闻海报强调自身与新闻事实的对应关系，其以新闻内容为立身之本，促进文字与图片的相互生成和转化。因此，新闻海报所对应的图文关系是一种动态的关系，其与新闻事实相辅相成，并在反映关系上改变着新闻真实的具体构念，也对新闻生产要素之间的关系调适产生深远的影响。

第四节　超越传统新闻生产的关系调适

　　从生产要素的基本构成来看，新闻海报是由多元聚合的新闻生产主体使用新媒介技术生产出来的新闻图像，其以文字和图片为主要表达形式传播事实与观点。在融媒体语境下，新闻海报的生产主体、生产工具与生产对象皆发生了形变，最终指向新媒介技术支持下劳动者、劳动资料与劳动对象之间的关系调适，即对新闻产品生产过程中形成的社会关系的不断调整。

一、生产要素的边界突破

　　与报纸、广播、电视为核心媒介的传统媒体时代不同，尽管融媒体语境下的新闻海报仍然是通过图片、文字传播事实与观点的新闻文体，新闻生产要素本身已经发生了对接新媒介环境的形态演化，这种构成要素的形变必然会影响要素间的关系，并突出表现为扩容重组与跨界合作。

　　（一）新闻海报生产要素的扩容重组

　　面对迅速发展的媒介技术与不断演进的媒介文化环境，新闻海报生产要素的突破边界的第一重视角，是其自身在适应环境过程中的向外探索：

　　首先，从新闻海报生产的基本流程来看，新闻海报生产要素的第一个扩容重组端口是新闻生产主体。在产消合一的融媒体语境下，新闻生产主体与受众的身份区隔被彻底消解，新闻产品的生产者同样是新闻产品的消费者，主体身份在信息网络内部随时切换,进而形成了一种始终处于动态趋势下的交互关系。尽管拥有报道资源与经验的媒体机构仍然具有发布重要信息的权威性,但仅仅依靠传统新闻生产主体自身的创造力和洞察力,已然难以适应媒介社会崭新的生存法则,与受众或者说用户的实时联动,成为其创新新闻产品形式的重要取径。随着身处特定领域、具有专业知识的新闻海报生产主体被"邀请"进入新闻生产圈层,这一生产集群也实现了扩容重组,尤其是新新闻海报生产主体跳出新闻生产常规操作的设计感与创新性,从源头处激活了新闻海报生产渐进式产品升级。

其次,以新闻要素和海报形构为主的新闻海报是一种融媒体时代新闻生产内容与经典媒介形式的统一体,其作为新闻产品本身也代表一种新闻生产要素的类别扩容与重组。长期以来,借由图文形式进行信息发布新闻生产思维始终存在,但将海报作为一种固定的新闻产品形构大规模输出,却是突发事件频生的后真相时代最新显现出来的特征。这种取向偏移意味着,更简洁、更高效的新闻产品才是符合当前信息需求的生产取径,能够被新闻海报收纳其中的新闻生产要素也必须具有相似的特征,才能更好地达成精准传播、实时跟踪的传播预期。于是,丝丝入扣的细节描写、循序渐进的逻辑推演逐渐进入新闻海报生产的后台,时间、地点、主体、事件和效果成为最活跃的前台"演员",共同构建起新闻海报简单直接的内容要素,在产品端实践着新闻生产要素的重新挑选和自由组合。

最后,处于新闻生产动态框架中的新闻海报还调动了生产机构与传播渠道的扩容重组。如同《人民日报》新闻生产的组织架构一般,从传统的独立采编部门到如今的新媒体中心,新闻海报等新型新闻产品表征着新闻生产主体与产品传播渠道的转型。最根本的转变在于,为了适应媒介经济市场化的发展趋势与多渠道分发的现代传播浪潮,新闻生产主体必须既能发挥媒介运营功能,也能实现自身平台的不断扩容,大部分媒体机构的初步尝试表现为产业化经营与媒介融合改组,并将原本的"内容为王"理念逐步转变为"内容与渠道并重",将新闻生产从原始的内容生产扩充为内容生产、渠道建设和产业运营,逐步打通新闻生产背后的媒介经济脉络,实现各要素的边界突破。

(二)新闻海报生产要素的深度联结

在新闻海报生产要素向外探索的过程中,不同要素之间也逐步产生了不同于以往的深度联结:

首先,融媒体时代改变了过去传者本位的新闻生产语境,尤其是产消合一的媒介经济运转方式，逐步将新闻海报之类的新闻产品与渠道紧密相关。作为通过新闻图像传递信息的视觉传播形态，其对传播平台最基础的要求是屏幕化，如电视、电脑、手机、平板等各种设备与微信、微博、网站、客户端等各类平台，鉴于不同界面的个性化特征，新闻生产主体必须有针对性地不断调整各个平台的新闻海报生产要素体系，才能通过传播内容与渠道的适配达成传播效果。这意味着，当前新闻海报生产要素的站位不仅仅与新闻内容与媒体站位有关，针对不同渠道的个性化分发也正在形塑新闻海报生产要素的结构体系，这是媒介化浪潮中不可逆的内容与渠道深度联结，正在推动新闻海报产品细分领域的逐步生成。

其次，从海报形构被引入新闻生产领域开始，其内容、形式与生产方式都处于不断调整之中，即作为新闻产品的新闻海报始终是一种动态演进的信息文本，如同所有文化产品一般在媒介时空中进行自我更新与迭代。在此期间，尽管新闻海报以"海报"形构为视觉基础，但新闻海报的产品内容与形式却始终存在广阔的创作空间，其早已跳出了固化的信息产品生产框架，为新闻事实传播与观点表达提供图文相融的设计思路。在此层面上，内隐于新闻海报生产与传播中的重要生产要素直指一种具有转化能力的编辑思维，正是这种信息处理能力实现了新闻海报生产要素与新型生产机制的深度联结，使新闻海报成为演绎当代新闻生产主体传播理念的重要载体。

最后，内容与渠道、产品与观念的联结其实也是新闻海报生产与传播对融媒体语境下信息传受关系的媒介适应。以新闻生产为产业核心的传统媒体时代，受众处于被动接受状态，老年人倾向于看电视、青年人更多地使用智能手机成为具有标志性的受众划分方式。然而，诸如新闻海报一类简明易懂的新闻产品的出现，极大地降低了受众获取信息的技术限制和知识门槛，越来越多的受众进入到多屏互动的时代浪潮之中，自主选择如何进行适合自身需求的信息消费产品。自此，传受关系演变为产消关系，穿梭于不同界面之中的新闻受众成为信息消费者，一边被信息产品形塑个体乃至群体的信息消费习惯，一边通过反馈调整新闻生产主体的信息产品结构和传播目标。于是，当某个新闻海报生产主体能够在现有产品框架中注入个性化、独具新闻价值的生产创意，并使之与渠道相兼容、与受众相匹配时，就能同时达成信息传播的经济效益与社会效益，进而在与"生产性受众"[①]的互动中完成与社

---

① ［美］约翰·费斯克：《解读大众文化》，杨全强，译，南京：南京大学出版社，1989年，第204页。

会文化的深度联结。

二、生产要素的系统整合

新闻海报生产要素的扩容重组与深度联结背后，是新闻生产迈向产消合一大趋势的系统整合，尤其是融媒体语境为传受双方带来的沉浸式体验，更是反向推动新闻海报生产要素组合机制的全面升级，以之为代表的新型新闻产品正用持续扩容的新闻生产要素形塑信息生产与传播的市场体系、价值网络和生产关系。

在早期新闻生产中，其自适应于以价格机制为机理的社会组织生产活动，具有新闻价值的产品一旦被生产出来，便自动流入信息消费市场产生对应的传播效能。依照这种自由主义市场经济的内生逻辑，此时的新闻生产更多的是一种由生产者操盘的自主空间，从新闻产品的内容到形式都由生产者自主决定。但是，融媒体语境下，不断扩容且建立起新的深度联结的新闻生产要素将市场空间逐步细分和窄化，以注意力经济为运转模式的新闻生产脱离了价格机制的操控，逐步进入以供需关系为牵引的新型信息消费市场。在新的市场体系中，尽管以新闻价值为核心的供需定律仍然能够发挥效能，但对新闻价值的分发形式与产品样态皆发生了改变，由个性化需求触发的分众传播背后，是一个体量更宏大、更注重结构化运转的多元信息产消体系，在新媒介平台对新闻海报等新型新闻产品的大批量生产，只是其中一种较为显著的对新闻生产要素的组合方式。

环境要素变化带来最直观的影响，一方面展现在新闻生产主体上，另一方面展现在新闻产品上。

如前文所述，融媒体语境下，新闻海报的生产力要素中的生产主体和生产工具已经发生了形变。随着多元主体进入新闻海报生产领域，强调个体乃至个人媒体的新闻生产意见领袖时代再度到来，优质新闻海报以及其他新闻产品的创作者有机会走到台前，个体的文化价值得以被更充分地释放。这一趋势同样适用于对组织机构特色的深入挖掘，借由新闻海报实现媒体机构的人设化、品牌化生产，为传统媒体机构提供了新的竞争入场券，能够有效缓解传统新闻生产主体的边缘化危机，优化新闻生产主体内部以及不同主体之间的生产关系。与此同时，多元主体带来了更为丰富的生产工具和生产方式，推动新闻生产从早期的标准化、规模化生产转向个性化、多样化的定制模式①，在专业化分工与大数据背景下继续创新新闻生产机制。

作为市场体系变化的另一个直观的影响对象，以新闻海报为代表的新闻产品兼具经济价值与社会价值。从"生产者—产品—消费者"的流通路径来看，大批量出现的新闻海报产品集群是媒介经济的创新产品，其将社交媒体作为主要传播平台搭建起围绕多个核心、节点与用户的信息产品流通网络。其中，以专业媒体机构和意见领袖为主的网络节点借助媒介特点与平台优势，营造了属于特定新闻主题、新闻事件或媒体机构的信息传播群落，彼此借力与用户建立起不同强弱程度的有效连接，进而打通了用户注意力的流通路径。在推动经济网络规模扩张的同时，通过新闻产品生产与传播建立起的信息网络也为社会公众了解新闻事实、建构社会认知提供了一种价值判断网络，吸纳更多个体、群体与机构在新新闻生产要素的联结中进入这一"经济—文化"复合网络。

在融媒体语境下考察新闻海报生产要素及其之间的关系调适，其实是对新新闻产品及其生产机制的结构化探讨。新闻生产主体从单一变为多元，新闻海报则随之从"事实告知"变成了"文化告知"，以更丰富的新闻生产要素进入新闻生产圈层，并用体系化且大批量的新闻产品搭建起围绕社会事实与观点的信息集群。这种集群以量变开启了新闻生产要素之间的关系调适，继而推动新闻生产在主体、工具和产品三个维度上的质变，最终找到一种调和经济效益与社会效益、满足个体信息需求的产品框架。由此可见，种种以新闻海报生产要素为核心的生产关系调适，其实都是对人、媒介与社会三者互动方式的实时回应，即便是以经济学视角逐层解析新闻生产要素的运转逻辑，也始终需要关注新闻生产最核心的传播诉求，这才是产制更迭下最核心的产品价值与传播意义。

---

① 许燕，刘海贵：《产消合一经济背景下移动新闻生产要素的变化》，《兰州大学学报（社会科学版）》，2019年第4期，第1—7页。

第三章　新闻海报生产理念的能动转换：《人民日报》微博平台新闻海报生产流程

从对融媒体语境下新闻海报生产要素的引介可知，以《人民日报》微博平台为代表的新闻海报生产流程主要由选题策划与可视化操作两个流程构成。实际上，除以上两个基础的生产流程外，还潜在内外两股力量形塑着新闻海报的生产实践：向内是源于新闻生产惯习的新闻价值选择，这是一种行业内部的自觉自省，始终是新闻专业主义与特定媒介环境相结合的产物；向外是多股社会元素的合力，即新闻生产本身会受到政治、经济、组织、文化和技术的影响，并在平衡各方要求的前提下进行内容生产与传播。在具体的新闻海报产品生产实践中，新闻价值判定是开启整个生产流程的第一步，随后才是内容策划与视觉传达，而这一新闻产品集合则持续表征着新闻生产主体的生产理念，并反向影响其判定新闻价值的偏好，由此形成一个螺旋式演进的生产范式。因此，本章主要从新闻海报的价值判定、内容策划、视觉传达出发，以新闻海报生产的时间性流程对接其背后的行业选择与社会共情，由此阐释新闻海报生产主体的生产偏好与习惯养成。

在此基础上，结合《人民日报》微博平台工作人员访谈内容绘制新闻海报生产流程图，详见图3-1。

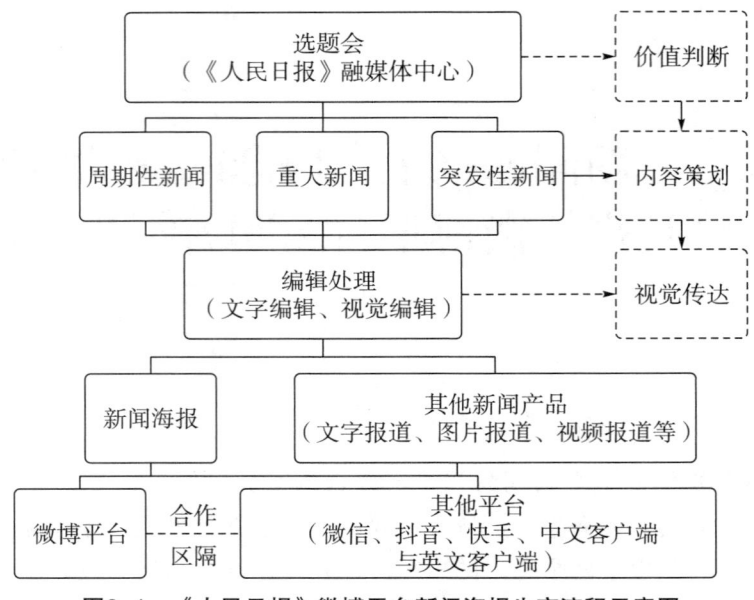

图3-1 《人民日报》微博平台新闻海报生产流程示意图

第一节　整合传受需求的价值判定

与所有的新闻产品生产路径相一致，新闻海报生产主体进行实操的第一步是回答"什么内容可以被制成一张新闻海报"，即对事件与观点的新闻价值进行评判。事实上，这种对新闻价值的常规判断起源于19世纪30年代，大众化报刊奠定了新闻生产的商品化[1]，也持续巩固着人们将新闻作为产品生产出来的行业规范。在我国，新闻教育家徐宝璜曾在《新闻学》一书中论及"新闻之价值者，即注意人数多寡与注意程度深浅之问题也"[2]，李良荣也曾在《新闻学概论》中提出"新闻价值就是事实本身所包含的引起社会各种人共同兴趣的素质"[3]。关于新闻价值内涵的探讨不断增多，既展现出学界对新闻生产基底的关注热情，也侧证了新闻价值理论在新闻业务研究中的重要地位。

---

[1] 刘建明：《当代新闻学原理》，北京：清华大学出版社，2003年，第175页。
[2] 徐宝璜：《新闻学》，北京：中国人民大学出版社，1994年，第24页。
[3] 李良荣：《新闻学概论》，上海：复旦大学出版社，2009年，第307页。

第三章　新闻海报生产理念的能动转换：《人民日报》微博平台新闻海报生产流程

在此基础上，脱胎于新闻商品化浪潮的新闻价值理论，试图用新闻学的视角来解析新闻作为产品的交换价值，其对新闻价值要素的归类才是指导新闻生产实践与推动新闻学研究的关键所在。现阶段，我国新闻学界较为认可的新闻价值要素为五项，其中包括时新性、重要性、接近性、显著性和趣味性，并且，一个事实具备的新闻价值要素越多，传播价值越高，相应地也越能满足新闻产品消费者的信息需求。

随着媒介技术升级、信息传播空间转型，融媒体语境下的新闻价值及其构成要素也发生了变化。作为新闻价值的第一判定者，在一定程度上，新闻生产主体"判断新闻的标准就是新闻价值"[①]，其引入更多新闻类型、创造更多新闻产品的过程，则是从新闻生产内部对传统新闻价值观的自我颠覆。为了更好地适应新媒介技术创造的全新信息生态系统，新闻生产研究必须从新闻价值判定的源头出发，为新闻产品生产与传播奠定必要的理论基础与实践规范。

一、新闻生产主体：更新传统，强调互动体验

（一）时新性：拒绝盲从热点，搭建时间网络

新闻价值要素中的时新性强调"快"，即新闻事实从发生到转化为新闻产品时间间隔越短，该新闻产品的新闻价值相对越高，这也是面对重大突发事件时，各个媒体机构争先夺取"首发"的原因所在。在此基础上，时新性也强调"新"，"这个'新'主要包括两方面的内容，一方面就是指新情况、新信息，新近发生的事实对于接受者来说是完全未知的；另一方面是指事务具有非常态的变化，能够不断提高新的内容"[②]。对于融媒体语境下的新闻海报而言，围绕新近发生的事实进行内容生产是其成为新闻的立身之本，因此，相较于其他几种新闻价值要素，时新性地位较为突出。与此同时，新闻海报身为"快新闻"产品的基本特征也对生产时效性提出了要求，新闻海报生产主体唯有尽可能快速地传播信息，才能为新闻海报简明扼要地传播重要新闻留下充足的时间。

但是，新闻生产主体对时效性的追求，并不是一种盲目追逐热点的跟风

---

① 刘建明：《传统新闻价值观的自我颠覆》，《当代传播》，2002年第5期，第32–37页。
② 杨保军：《新闻价值论》，北京：中国人民大学出版社，2003年，第131页。

行为。以《人民日报》微博平台的新闻海报价值判定机制为例,"如果这件事在一天之内就结束了,那一般不太会做海报,新闻海报更强调新闻事件的发展周期",比如新冠疫情期间《人民日报》微博平台推出的"47个字防疫守则"系列等,旨在"告诉公众如何防控""稳定民心"和"保持信心"①。换言之,融媒体语境下的新闻海报更倾向于关注具有一定发展周期的新闻事件,即便新闻生产主体能够迅速使用预设好的新闻海报模板进行内容生产,他们也不会完全以时新性为第一考量标准,无差别地将新媒体中心共享的信息内容全部制作成新闻海报。这意味着,对于融媒体语境下的新闻生产主体而言,学习并掌握丰富的新闻制作技巧只是基本功,如何在信息爆炸的生产空间内甄选和创作有价值的新闻产品,才是新闻生产主体需要用心经营的核心竞争力。因此,在《人民日报》微博平台的新闻海报集群中,新闻生产主体围绕新近发生的事实,用突发事件新闻海报、周期性新闻海报与持续性新闻海报搭建了一个时间长度各不相同的信息网络,不仅延伸了新闻海报形构的适用范围,也潜移默化地改变了新媒体"求新求快"的信息发布形式。

事实上,新闻生产主体在新闻海报生产过程中做出"慢一点"的选择,也是媒介融合驱动的必然结果。相较于传统媒介主导的大众传播时代,新媒介技术让异地同步的信息更新成为常态,媒体机构在时效性上的先天优势被剥夺,人人都有可能成为新闻传播主体。因此,时新性在新闻产品上的竞争优势被弱化,在众人共享信息的空间里提供不同的观点和解读,逐步成为新闻海报等新媒介产品的亮点。由此可见,即便新闻价值的基本框架仍然能够在融媒体语境下发挥功效,但各种元素内部的权力关系已经发生了转变,依循这一路径,新闻生产主体还将继续调整判定新闻价值的标准,最终推动新闻内涵的不断调整。

(二)重要性:吸纳多元事实,更新传统内涵

新闻价值要素中的重要性强调"大",即事件具有重大的社会影响力与意义。对于传统媒体机构来说,重要性程度较高的事件一般与国计民生息息相关,往往涉及大部分社会公众的利益,比如《人民日报》微博平台每月初发布的政策新规系列新闻海报、每年3月发布的"两会"系列新闻海报与新冠疫情期间每日发布的疫情速报新闻海报等。除了清晰准确的新闻事实,重要性还可能指涉某些抽象的内容,比如在重要政治事件中用评论性海报发出呼

---

① 引自对《人民日报》微博平台视觉编辑A某某的访谈内容。

告等，这也让观点成为新闻海报内容的一部分，丰富了新闻生产主体的产品设计领域。

在融媒体语境下，新闻生产主体对新闻海报形构的大批量设计与生产，还面临着一个新的问题：在没有重大新闻事件发生的普通日期，日均发布几十组微博内容的媒体微博，还能围绕哪些内容设计新闻海报呢？换句话说，互联网空间打破了传统媒介的版面限制与时间限制，更广阔的信息空间需要更多样的新闻产品作为填充物。于是，诸如二十四节气、小众纪念日等内容成为新闻海报的内容，新闻生产主体还会根据天气情况、环境变化制作海报形构的新闻图像，在一次次实践中拓宽新闻海报形构的适用范围。这些内容"往往不包含冲突，也很少猎奇，而是有关公众日常生活的新闻，这类被称为'生活方式'的新闻将继续拥有读者，甚至拥有更多的读者"[①]。新闻生产主体与新闻受众的双向接受也意味着，在新媒介环境与新闻生产商品化的发展趋势下，新闻价值重要性的边界被打开，原本不重要的资讯开始变得重要起来，并成为新闻海报体系中必不可少的一部分，增强新闻产品谱系的生命力。

此外，由于融媒体语境为各个新闻生产主体和新闻消费者提供了多样化的发声渠道，新闻价值的重要性元素也开始显现出个性化趋势。鉴于《人民日报》微博平台的公共媒体属性，这种个性化并没有显见于其全面而广泛的新闻海报产品集群之中，但若引入更多元的新闻海报生产主体，不难发现，新闻海报产品也正在成为分众传播的重要媒介，其既承载着形塑自媒体形象、提升用户黏度的细分功能，也能够在不同的传播语境内进行个性化的图文组合，创造文本表现层面的直观显著性，提升信息传播效果。由此可见，以新闻海报为代表的新型新闻产品融创，正在逐步结构新闻价值元素的传统内涵，并将继续影响多元新闻生产主体的价值判断理念与新闻生产行为。

（三）接近性：创建个性联结，缩短虚拟距离

新闻价值要素中的接近性强调"距离"，即事件与传播对象的距离越近，新闻价值越高。在以传统媒体为主导的新闻生产中，这种距离往往指的是可测量、可到达的物理距离或地理距离，但在融媒体语境下，新媒介技术能够迅速联通新闻产品和新闻消费者，仅以物理距离或地理距离作为接近性的判定标准显得太过片面。事实上，随着新闻内涵的扩充与新闻产品的增

---

① 刘建明：《当代新闻学原理》，北京：清华大学出版社，2003年，第175页。

多，新闻接近性也开始包括事件与群体心态、个体经历、兴趣爱好等多个方面的接近性，只要某一事件与受众的心理距离[①]、利益距离[②]存在接近性，就存在成为新闻的潜质。

当然，接近性的多样化阐释，并不代表地理距离重要性的削弱，对于地方媒体来说，新媒介技术能够更快地完成本地新闻的垂直传播，极大地提高信息传播的效率。反之，对于像《人民日报》微博平台这种全方位、全面化的中央级新闻媒体而言，其对地方信息的转发扩散也是一种提升地理接近性的操作方式。不过，在《人民日报》微博平台新闻海报的生产与传播过程中，拥有1亿粉丝的《人民日报》微博账号，其实更侧重对心理接近性与利益接近性的探索，如在2017年"两会"时期推出的"两会将这样影响你我生活"系列新闻海报，以贴近受众的形式重新解读政策信息，这一操作使得接近性既是一种价值判定元素，也是一种对新闻内容进行编辑转化的取径。与此同时，由于当下社交媒体软件以个性化推荐算法对接受众，处于社交平台中的媒体账号不可避免地要适应新媒体圈层的游戏规则，强化新闻价值中的接近性元素，也有助于提升新闻产品的曝光率和到达率，实现新闻产品的传播效能。

在融媒体语境下，新闻海报等新型新闻产品于社交媒体中的井喷式出现表明，新闻价值中的接近性元素不仅是属于新闻生产主体的判定标准，也是新闻产品触发媒介互动的基石。当新闻产品中的地理接近性、心理接近性或利益接近性随着传播量不断提升时，必然会引发新闻消费者转发、评论和点赞等不同形式的互动行为，以此实现新闻产品与个体之间的信息联结，既能以产品思维建立有效联结，也能在虚拟空间内缩短传受双方的心理距离，持续提升新闻生产主体的创新积极性与受众的参与热情。

（四）显著性：挖掘大众故事，关注硬性指标

新闻价值元素中的显著性强调"著名"，即有名气的事物或人物与生俱来地拥有不可替代的新闻价值，正是这种影响力让名人、名机构的一举一动都具有主体显著性。在新闻生产实践中，显著性也随着新闻内涵的扩充流向更多领域，比如时间显著性——诸如节日、纪念日的特殊时日与持续较长的

[①] 李良荣：《新闻学概论》，上海：复旦大学出版社，2009年，第308页。
[②] 杨保军：《新闻价值论》，北京：中国人民大学出版社，2003年，第133-134页。

时段①，再比如空间显著性——诸如特定的地理空间等②，往往此类显著性是一种时空捆绑，用以强调历史事件、重大事件等。融媒体语境下，这种价值判定标准仍然存在，但"显著性"的载体却发生了结构性变革，在传统媒体主导的时代很难被关注和报道的普通人，正在成为新闻生产主体越来越关注的新闻人物。

以《人民日报》微博平台新闻海报集群为例，自2016年起，《人民日报》微博持续使用"帮劳动者上头条"标签进行内容生产，起初这一标签仅用于每年的劳动节预热及正式新闻海报的推送，后来，随着酷暑到来、突发灾难、公共事件等社会情境的转化，"帮劳动者上头条"成为一种细分产品类型，其大多以抓拍到的劳动者特写照片为基底制作新闻海报，借此表现劳动者的辛苦不易，引发读者共情。与以往的"名人或机构＋特殊事件""名人或机构＋普通事件"的新闻价值判定规律不同，此类新闻产品将"普通人＋特殊事件"乃至"普通人＋普通事件"的组合搬到前台来，细致挖掘普通人的故事，以大量重复但确实持续发生的事实积攒情绪力量，开掘与以往不同的显著性内涵。

实际上，在强调受众反馈的融媒体语境下，主体显著性的流动是新闻生产主体与新闻消费者之间不可避免的协商结果。在传统媒体主导的新闻生产过程中，缺少反馈、强调传者本位的信息发布模式大多以新闻生产主体的意愿为标准，但新媒介技术尤其是大数据时代的到来，为新闻生产主体提供了内容丰富的评价体系，阅读量、转发量、评论量、点赞量都成为考核新闻产品传播效能的硬性标准，受众需求由此外显，以注意力经济模式运转的新闻媒体机构必须将其作为重要指标重新解读显著性，才能生产出更加符合受众期待、适应当前媒介文化情境的新闻产品。在此层面上，新闻价值元素的显著性发生了滑动，其所代表的内容主导权不仅从新闻生产主体流向新闻消费者，也从名人、名机构流向了普通人，隐喻着媒介文化内部权力结构的实时调整。

（五）趣味性：鼓励跨界创新，强调互动体验

新闻价值元素的趣味性强调"奇"，即事件引发新闻消费者好奇心和兴趣的可能性。这种起源于西方报刊竞争年代的"猎奇取向"，在早期新闻

---

① 郑兴东：《报纸编辑学教程》，北京：中国人民大学出版社，2001年，第69页。
② 郑兴东：《报纸编辑学教程》，北京：中国人民大学出版社，2001年，第69页。

生产中一般与暴力、犯罪、神秘等特质联结在一起，是新闻商品化趋势的初期内容选择偏好。不过，随着新闻生产实践的不断发展，学界对趣味性也进行了更加具有普适性的定义，如杨保军在《新闻价值论》中提出，事实的利益关联、"非常态"、人情味、情趣性[1]都可以是新闻价值趣味性的内容。进一步讲，只要新近发生的事实能够展现、挖掘或捕捉人性特征并引起广泛共鸣[2]，其就具有成为新闻的可能性。由此可见，在学界对趣味性内涵进行扩充的过程中，其内涵范围触及了接近性、重要性甚至是显著性的边界，这意味着，新闻价值元素中的趣味性是一种额外的价值属性，能够对接和提升其他新闻价值元素的传播价值。

在融媒体语境下，新闻价值元素的趣味性不仅来源于事实本身，还存在于新闻产品的呈现方式中。在《人民日报》微博平台新闻海报集群中，除了图文并茂的海报形式，动图、二维码、新闻游戏等新媒介产物的加入都极大地提高了新闻产品的视觉吸引力，借形式让新闻产品比新闻事实更有趣，也降低了趣味性本身的判定门槛。与此同时，与新闻生产主体开掘新闻产品趣味性的生产实践相对应的，是新闻消费者对趣味性的长久需求，甚至可以说，在当前追求视觉奇怪和娱乐体验的媒介文化氛围里，趣味性是提升新闻产品乃至媒体机构吸引力的关键所在。但是，在更大规模的新闻海报生产实践里，新闻生产主体对趣味性的追求往往与带有批判意味的娱乐性混淆，在产品层面彻底将新闻海报沦为娱乐工具，空有形构，不见内涵，这也是其他媒体机构必须引以为戒的传播风险。此外，由于新媒介时代孵化了过多的媒介奇观，新闻生产主体与新闻消费者都面临着对创新产品"脱敏"的困境，尽管具有趣味性优势的新闻海报在当下能够成为新闻价值较高的新闻产品，变动着的大众传播空间仍然在对其深入挖掘新闻价值、进行产品创新提出了更高的期待。

二、新闻消费者：感性至上，需求逐步清晰

在新闻海报生产与传播实践中，新闻生产主体始终是进行新闻价值判断的发起者，因此，一般情况下对新闻价值的探讨大多围绕其进行。但是，当新闻商品进入"生产—消费"路径时，新闻消费者反身成为新闻价值的判定

---

[1] 杨保军：《新闻价值论》，北京：中国人民大学出版社，2003年，第141页。
[2] 杜骏飞：《网络新闻传播学》，北京：中国广播电视出版社，2001年，第148页。

第三章　新闻海报生产理念的能动转换：《人民日报》微博平台新闻海报生产流程

者，无论是单一的个体、具有显著特征的群体抑或想象中的受众共同体，皆有权利对新闻价值进行评价和选择，来确定新闻产品在传播过程中阐发出来的意义。在以产品思维进行新闻海报生产的融媒体语境下，对新闻消费者评价标准和信息需求的了解，同样是新闻生产主体需要考虑的因素。这种传受双方之间的互动，或者说生产者与消费者之间的对话，并不能被新闻价值的"五要素"标准简单厘定，而是一种由新闻生产与媒介市场规律、媒介文化空间实时协商的结果。

对于新闻海报产品的消费者个体来说，新闻价值往往是一个含混甚至陌生的概念，一般情况下会更直观地被浓缩为"我喜欢看什么"之类的感性描述，而且，在监视资本主义浪潮的影响下，新闻消费者对于这类问题的具体认知，在很大程度上受到新闻生产主体循序渐进的影响。但无论其能否对新闻价值提出条理清晰的阐释，在以受众需求为导向的新闻生产线上，他们始终是新闻价值的质检员，其间发挥效用的则是不同媒介环境下一直存在的"使用与满足"规律。在这一规律下，"受众被设想为主动的受众，受众对大众传播媒介的使用被认为是有目标导向的行为；在大众传播的过程中，受众将需求的满足与媒介的选择联系在一起；受众使用媒介是为满足自己的某些个人的、经验化的需求"[①]，其"从客体转变为主体，在研究中占据了主体地位"[②]。他们会在信息接收过程中主动衡量和选择自己的兴趣和喜好，并由此不断调整自身的信息需求，进而满足不同主体的个人目的。在新闻消费者视域下，新闻价值不是新闻事实本身的生产价值，而是其对受众的功能价值，也正是这种持续不断的信息需求，让新闻生产得以持续存在和发展，将新闻生产的核心明确为满足受众需求的信息交换活动。

对于新闻海报产品的消费群体来说，其所偏好的新闻价值则存在一种明显的群体意识，这种群体偏好往往在新闻生产与新闻消费的过程中被持续固化，并逐步成为新闻生产主体获取受众注意力的不二法门。从新闻本质出发，对新近发生事实偏好，是所有新闻海报消费者的共同出发点，在此基础上，女性可能关注妇女权益新闻海报，科研人员更关注科技新闻海报，政府工作人员更关注政策解读类新闻海报，即不同群体有不同的新闻偏好，他们因为兴趣、阅历或背景而形成具有不同信息取向的群体，以此对接各类主题的新闻海报，促成百花齐放、百家争鸣的新闻生产图景。对于以分众传播立

[①] 刘海龙：《大众传播理论：范式与流派》，北京：中国人民大学出版社，2008年，第266-293页。

[②] 廖圣清：《西方受众研究新进展的实证研究》，《新闻大学》，2009年第4期，第105–115页。

身的自媒体，这种兴趣共享的新闻消费者群体极为重要，是其进行垂直传播的立身之本。相反，对于拥有1亿粉丝的《人民日报》微博平台则重点在于如何统筹不同群体的共同偏好，这意味着，《人民日报》微博平台新闻海报生产面对的是一个更加整体的受众，该整体对新闻价值的判断不以新闻主题为分野，而以新闻产品满足受众需求的"获知性、激励性、实益性乃至娱乐性"①为主导。换句话说，当新闻海报被发布在一个足够大的媒介平台之上时，受众也随之从个体、群体再度凝结为一种整体性的概念，新闻生产主体所满足的不再是个人的信息需求，而是一种想象中共在的受众需求。以此作为理解新闻海报受众的新闻价值期待与范式，才是新闻生产主体所观照的新闻受众视域下的新闻价值。

在传统新闻生产时代以传者为主导的传播环境里，以上提及的具有整体性的受众新闻价值观并不能被新闻生产主体直观感受到，但在新媒介时代，完全开放的传受互动通道为此提供了便利，使原本被称为"受众"的整体逐步转身为"用户"，同时被赋予了更多的信息生产参与权。以《人民日报》微博平台的系列新闻产品为例，阅读量、转发量、点赞量与评论量是受众整体新闻价值观的直接表达，这些数据不仅简明扼要地展现出受众对新闻产品的偏好、兴趣与期待，还为新闻生产主体理解受众对新闻内容的态度和立场搭建了话语空间。这种清晰可见的大数据言说方式让受众需求变得具体可感，新闻生产主体则以之为标准推进新闻产品的改良与创新，持续优化新闻生产背后所依托的新闻价值判定标准。

由此可见，在从个体、群体到受众整体的新闻价值评判迁徙中，大数据成为当前新闻生产的暂时落点，尤其是计算便捷、数据丰富的网络媒体，已然将数据指标当作受众新闻价值判断的分析框架。在这一背景下，身处不同社会阶层、年龄阶段、文化水平的受众共同构成了得以描摹当前新闻价值判定标准的数据模型，一次次对自身的准确性进行验证，也一次次深化现有的新闻生产范式，为精准投放、吸引受众提供理性论据。但是，当新闻生产从整体回到群体乃至个体时，大数据的弊端也随之显现，因为数据无法真正代替复杂多变的个体，真正的需求是时刻变化的，也必须是一个长期抓取、不断调适的生态。因此，新闻生产主体一旦过度迎合以大数据为引导的受众新闻价值评判标准，便极有可能"将特定文化历史和政治环境中人们鲜活的技术体验和人与技术间多样化的关系形态'压减'到单一向度；另一方面又用

---

① 刘建明：《当代新闻学原理》，北京：清华大学出版社，2003年，第195页。

个人在标准化类别上自我表述的程度差异测量性质迥异的用户体验"①。面对这种来源于技术与人的主客体关系反思，对受众视域下新闻价值的探讨，本质上是在强调信息需求的多样性与多种可能。尽管在融媒体语境下的新闻海报生产仍旧沿袭了以时新性、重要性、接近性、显著性和趣味性为主体的新闻价值元素框架，但多变的受众需求正时刻提醒新闻生产主体，新媒介时代的新闻生产正在也将继续跳出传统媒介时代的框架，以一种"时刻成长中"的姿态调和生产目的与受众需求，并在不断提升现实针对性的过程中实现新闻产品在更广阔范围内的大众传播。

三、传受互动更新新闻价值观念

在融媒体语境下，新闻生产主体与新闻消费者视域下的新闻价值均发生了显著的变化，这也是重新解读新闻价值观、重塑新闻生产格局的关键。以新闻海报生产实例为牵引，从接续传统、理解选择、适应发展、顾及整体与考察创新的视角来审视新闻价值观，将为新闻生产进阶提供新的观念引导。

（一）一些传统：新闻海报生产中的新闻价值基石

从新闻生产主体与新闻消费者视域下的新闻价值互动来看，贯穿于新闻生产传受关系内部的新闻价值观，始终依附于传统新闻生产的基本原则——真实、客观与公正。在长期的新闻海报生产过程中，这些原则不仅成为新闻生产主体的工作原则，同样也对应着新闻消费者的基本价值期待，并与新闻传播的社会功能一一对应②。

真实是新闻产品的生命力，在新闻海报活跃的融媒体语境下探讨真实，其实是在讨论新媒介技术与新闻真实性之间的古老话题。在新闻海报生产中，能够生动复现新闻事实的重要元素是新闻照片，该视觉元素的核心价值是"利用技术手段来证明媒体所呈现的对象是即时的、在场的和真实的"③，即不断进步的新媒介技术为网络世界建构新闻事实提供了便利手段，能够轻松快捷地扩充新闻事实与观点的传播范围，将时效性的社会功用发挥到极

---

① 潘霁：《恢复人与技术的"活"关系：对"使用与满足"理论的反思》，《国际新闻界》，2016年第9期，第75-85页。
② [美]比尔·科瓦齐，汤姆·罗森斯蒂尔：《新闻的十大基本原则：新闻从业者须知和公众的期待》，刘海龙，连晓东，译，北京：北京大学出版社，2011年，第222-223页。
③ [英]格甫姆·伯顿：《媒体与社会：批判的视角》，史安斌，主译，北京：清华大学出版社，2007年，第228页。

致。但是，融媒体语境的另一个特征是传播速度过快引发的虚假新闻泛滥，此为"真实"的反身，也使真实作为新闻价值基础的重要性被进一步凸显出来。尤其是在媒介技术迅速发展的当下，专业技能门槛的降低让新闻生产主体的职业素养与受众的媒介素养成为新闻价值判定的新准绳，鞭策着以新闻海报为代表的新闻产品对新闻事实的再现尺度。

客观是融媒体语境下的"奢侈品"。互联网以极大的包容性为不同主体提供了表达意见、交流观点的广阔空间，这种"我认为"式的思考方式也将主观视野带入信息传播空间内，如倡议类、呼告类新闻海报的出现，正是新闻生产主体进行观点传递的实际操作行为。无论是《人民日报》微博平台所代表的传统主流媒体还是其他以商业效益为主导的新兴自媒体，诸多利益集团都试图在新闻产品中注入具有主观倾向性的价值观，新闻产品则由此成为展演主体倾向的微观界面，稀释了新闻生产客观性的初始浓度。但是，在对新闻客观性发出挑战的同时，带有主观倾向的新闻产品也在形成一种强调客观性的生产理念，如强调创新表达的新闻海报始终依附于新闻事实本身，并生成了一套与之相匹配的新闻海报生产原则。因此，即便新闻海报与文字报道一样存在主观倾向，但其作为新闻文体仍然保有多义性基础之上的客观性，而新闻照片、VR技术与视频直播等手段的加入则是在技术层面增加客观性的呈现形式，既创造了更加丰富的表意空间，也强调了新闻生产主体、新闻消费者与新闻事实之间"可望而不可即"的距离，为新闻客观性保留空间。

公正是新闻生产的道德尺度。从新闻生产主体出发，新闻公正性是职业伦理与职业操守的外在表现，只有抱持公平正义的姿态面对新闻事实与新闻生产流程，才能避免因为一己之私影响报道的倾向性。此外，融媒体语境下的新闻生产还包括受众参与部分，如新闻海报发布后收获的评论内容等，此类文本既是新闻价值判定标准的一种外显，也是新闻消费者参与新闻价值建构的一种渠道，时刻检验并塑造着新闻产品的互动效果，显现出对话式生产的身份公平。

（二）一种选择：新闻海报生产中的新闻价值比较

将新闻价值观具化为一种新闻生产中的价值取向，其实就是在探讨新闻生产主体在一定场合以一定方式采取一定行动的行为倾向，它来自行为主体的价值体系、价值意识，表现为政治取向、功利取向、审美取向、道德取向

第三章　新闻海报生产理念的能动转换：《人民日报》微博平台新闻海报生产流程

等不同方面[①]。无论是传统媒体还是融媒体语境下的新闻价值观，都会随着新闻事实与社会现实情境的演进发生变化，即新闻价值的判定标准始终是灵活的、相对的。这些标准适用于大多数新闻生产主体对主流新闻产品的制作过程，记录着具体新闻生产中对新闻事实与素材的选择，是对各类新闻事实的时新性、重要性、接近性、显著性与趣味性进行比较后得出的一种结果。从对同一新闻事件内部要素的权衡，到对整个版面、平台以及当时、当日、每月、每年发布信息的判断，都是通过横向比较来确认新闻价值的实践操作。与此同时，对新闻价值的选择具有偶发性，如在传统新闻生产中并不符合新闻价值判定标准的生活服务类资讯，往往能在融媒体新闻海报传播过程中收获极大的转发量和关注度，也正是这些意料之外的新闻生产选择一步步形塑着新闻生产的理念依托。

要科学理解融媒体语境下新闻海报生产过程中展现出的新闻价值观，就必须对新闻海报的生产流程进行综合考虑。与强调新闻采写过程的传统新闻生产阶段不同，融媒体语境下的新闻海报生产更注重对新闻素材的编辑过程，其对新闻海报主题的敲定与新闻素材的应用才是最为核心的选择。在此期间，新闻生产主体必须将新闻本身的价值、媒体自身的传播期待与受众的信息需求相结合，才能不断提高新闻海报内容的针对性，保持并继续提高新闻海报产品对新闻消费者的吸引力。

除了强调编辑过程的选择，来源于不同地域、媒介、媒体机构的新闻海报还被赋予了更多的选择框架。如地方性媒体会优先选择与本地关联度高的新闻内容进行编辑，而《人民日报》微博平台这种站位面向全国乃至全世界的综合媒体机构则会优先选择具有更广泛影响力的新闻进行编辑。即便在全民共享的融媒体语境下，这种选择偏向仍然存在，可见，哪怕是同一条新闻在不同情境下也面临着被选择与否的差异，大到整个新闻生产主体集群小到编辑个人都会影响这一内在的选择机制，并在优中选优的生产循环里逐步找到更恰切的可持续范式。比传统媒体时代更为宽容的是，融媒体环境为新闻海报生产提供了用之不竭的数字空间，新闻生产主体可以在其中进行多样化的内容选择与生产尝试，在一次次试错与纠偏中升级初始新闻价值框架，为新新闻生产开启内容创新的第一步。

---

① 袁贵仁：《价值学引论》，北京：北京师范大学出版社，1991年，第350页。

（三）一次发展：新闻海报生产中的新闻价值演进

与处于永恒发展与无限变化的现实世界一样，新闻价值观也是一个持续发展变化的标准体系。按照新旧事物发展的客观规律，在其作为一种理念整体进行演进的过程中，随着新闻生产主体、新闻生产工具与新闻生产产品等要素的变革，新新闻价值观会调整乃至替代旧新闻价值观。如融媒体语境下对新闻海报生产中的新闻价值演进的探讨，正是对其发展进程切片的观测，这种暂时的稳态发展既能承接旧媒介时代的海报特征，也能开启新媒介时代的新闻理趣，让新闻生产始终保持动态更新的演进活力。

回溯新闻价值理论的发展源头可知，新闻生产主体对新闻价值的关注是大众媒体商业化生产的结果，这种在西方引发恶意竞争的新闻生产理念同样对我国新闻生产产生了影响。如在新媒体崛起之前的晚报发展黄金时期，偏重猎奇新闻与广告收入的新闻生产方式也曾主导我国的媒体行业，但随着新媒体环境不断渗透、受众需求日益凸显，商业化的新闻生产路径又逐步内隐于纷繁的新闻产品家族背后，日常资讯等非传统新闻内容反身成为一种新的新闻生产对象，打开了新闻产品的内容边界，也拓宽了新闻价值的固有范畴。在此基础上，随着全民共享的消费主义嵌入社会生活，"新闻"从传受互动的媒介变成保证注意力经济持续发展的产品，商业逻辑名正言顺地融入信息传播逻辑之中，新闻价值观也因此再度发生转变。尽管不同的媒体身份会在新闻价值选择上有差异，但以产品思维进行新闻生产的操作逻辑已然被多种新闻生产主体认可，新闻海报等新型新闻产品所代表的大众化、视觉化价值取向也将继续深化新新闻价值的演进方向。

值得注意的是，新闻价值观中的"价值"，强调"主客体关系的一种内容，这种内容就是：客体是否满足主体的需要，是否同主体相一致，为主体服务"[①]。在新闻价值观持续发展演进的整体逻辑下，新闻海报生产中的新闻价值，正是新闻生产主体借新闻产品给予新闻消费者的一种持续性信息满足：如科普类新闻海报满足了新闻消费者的求知欲，公告类新闻海报满足了新闻消费者的现实权益，辟谣类新闻海报满足了新闻消费者的知情权，评论类、引导类新闻海报满足了新闻消费者的情感需求，等等。从传统媒介时代基本的资讯满足到融媒体语境下多样的信息满足，这是新闻价值在受众视域下的发展演进形态，也预示着在未来的新闻生产过程中，追求更高新闻传播

[①] 李德顺：《当代价值研究的新进路》，《马克思主义与现实》，2013年第12期，第1—2页。

效能的新闻生产主体与拥有更多信息需求的新闻消费者将继续推动新闻价值的多样化发展，在此期间形塑新媒介环境下的新闻价值观，为传受通路上的新闻生产提供整体性的协商式发展空间。

（四）一个整体：新闻海报生产中的新闻价值判定生态

新媒介技术的发展让方便快捷的新闻生产方式在全球范围内普及，移动化的信息生活则由此"改写了人类社会的交流方式与传播形态，形成了非结构化的生活政治，进而形塑了全球化时代以整体性、流动性、复杂性为基本特征的网络化社会"[①]。在此背景下，新闻生产也必然是一个强调整体性的过程，需要观照新闻生产主体、新闻产品与新闻消费者的新闻价值判定正是组成这一整体的生态系统，在该系统内部考察新闻价值观则需要全方位、立体化的研究视角。以新闻海报产品为例，在新闻生产主体视域下，时新性、重要性、显著性、接近性、趣味性以及其他附加价值都是生产者判定新闻海报选题与内容价值的标准，而新闻产品的传播目的则是对接新闻消费者的多样化需求。在此层面上，新闻海报生产主体、新闻海报与新闻海报消费者构成了最基本的传播通路，是传播整体观视野下的初级分析单位。这个初级单位存在于一张海报的一次传播过程中，也存在于新闻海报集群的多次传播过程中，最终构成了持续运转的新闻海报生产与传播整体，演绎着其作为新闻产品大类和传播要素的媒介生态。

从以上提及的新闻生产源头来看，融媒体语境为新闻生产提供了无数个偏好各异、取向不同的生产主体，其主体身份的复杂性注定会产生多样化的新闻价值观，但也正是这种多元开放的生产集合，催生了对新闻价值观整体性的考察，即从纷繁复杂的新闻产品类别与具体形态中提炼出适用于融媒体新闻生产的普遍逻辑。站在地方传播、国家传播乃至国际传播的整体视野下，这些普遍逻辑本质上是"一套适应社会实践需求的知识生产体系"[②]，"应当以有计划为归趋，与社会需求、现实问题进一步融合"[③]。这意味着，在联通更加便捷的融媒体语境下，作为媒介文化基石的新闻价值担负着更广泛层面上的沟通功能，并由此"倡导一种整体性思维、价值和生活方式，构

---

① 邵培仁，陈江柳：《人类整体传播学：人类命运共同体视阈下的传播研究》，《现代传播（中国传媒大学学报）》，2019年第7期，第13—20页。
② 邵培仁，陈江柳：《人类整体传播学：人类命运共同体视阈下的传播研究》，《现代传播（中国传媒大学学报）》，2019年第7期，第13—20页。
③ 邱林川：《多元、对话与有机的传播研究：基于2018年JoC新酵母专刊的反思》，《国际新闻界》，2018年第2期，第53—61页。

建类主体的新关系，引领人类开创相互依存的全球性新文明"①。

由此可见，新闻价值观的整体性是一种尊重多元、放眼国际与兼顾未来的价值取向，其既是一整套自成体系的价值逻辑，也与社会生活的方方面面相互联动，最终构成了涉及政治、经济、组织、文化与技术等社会元素的价值集合，指向媒介文化与社会文化的整体。与此同时，这种整体性始终与社会现实相互作用，其既在新闻生产价值判定生态链条基础之上建构社会生态，也会对照社会生态进行自我调节，二者相辅相成，共同推进媒介文化发展与演进。

（五）一场实验：新闻海报生产中的新闻价值融创

对于大众传播的媒介传统而言，"海报"并不是一种新的信息传播形态，但对于以互联网为主要沟通方式的融媒体时代，"新闻海报"仍然是一种新兴的新闻产品类型。此类新闻产品的出现表明，"互联网创新从来不是颠覆性的，而是一种渐进的创新，不是把原来的东西推倒重来，而是在原有基础上创造新东西，丰富和多样化互联网服务"②。由此可见，融媒体语境下的新闻产品创新，是一系列与新闻生产流程乃至大众传播历程的融合创新，其"不仅在于商业模式的转型，更在于社会效果的达成；不仅包括技术手段的革新，也包含对新闻生产和发布流程、记者工作常规、新闻产品的定位，及其品质和内涵的全方位改造"③，而对新闻价值的广泛融合与边界创新则是新闻生产的重要起点。

对于新闻生产主体而言，诸如新闻海报之类的新型新闻产品是新闻生产融创中的产品试验，而新闻海报之所以能够在融媒体语境下蔚然成风，是因为其作为融创产品凭借自身的媒介特征，经受住了新生事物的传播风险。以传受互动过程中日趋凸显的简明化、碎片化信息偏好来看，新闻海报所代表的新闻价值取向能够被广泛认可存在必然性，而新冠疫情的出现加速了这种必然性的发展趋势，也由此倒逼新闻生产流程的转型，进而推动新闻生产主体进行自身站位与产品定位的调整，最终以融媒体语境下的新新闻价值观牵动整个新闻生产范式的融合创新。值得注意的是，在这种融合创新的过程

---

① 蔡拓：《世界主义与人类命运共同体的比较分析》，《国际政治研究》，2018年第6期，第9–24页。

② 于洋，张婷樾：《互联网发展呼唤开放诚信融合》，《人民日报》，2013年7月4日，第14版。

③ 王海燕：《数字新闻创新的变与不变——基于十家媒体客户端新闻与纸媒报道的对比分析》，《新闻记者》，2020年第9期，第3–13页。

第三章 新闻海报生产理念的能动转换：《人民日报》微博平台新闻海报生产流程

中，以《人民日报》新媒体为代表的新闻生产主体摒弃了旧媒介时代新闻商品化中常见的性、暴力、色情等新闻元素，充分结合媒体站位进行新闻价值选择，这种演变也是新闻生产的一种试验，即如何在剔除极端素材的情况下实现日常新闻的创意表达，更自然流畅地对新闻内容进行再生产与创新传播。

当然，以上只是一种借鉴于媒体创新基本通路的理想情境，现实情况是，"由于对外在环境认知和未来前景感知的双重不确定性，媒体机构在采纳和发展创新性新闻实践时习惯性地处在欲扬又抑、既放又收的矛盾状态中"①。因此，即便是《人民日报》微博平台这样拥有广泛受众与丰富信息资源的媒体机构，对新闻海报的生产与传播也始终是一种带有实验性质的新闻生产实践，尤其是在我国以政策导向为牵引的媒介融合趋势下，新闻海报生产其实是刚刚从任务型新闻生产中觉醒的新闻融创产品，其所代表的融媒体新闻生产融合与创新不仅意味着新闻价值的进一步突破，更意味着行业范式与媒介文化的演进方向。

第二节 延伸系统优势的内容策划

"策划"一词在新闻生产领域中的早期应用并不光彩，以1835年美国《太阳报》的"天文学家发现月球人"系列报道为代表，在新闻商业化发展的19世纪，虚实难辨、抢夺眼球的"新闻策划"明显带有贬义。但是，随着社会整体的信息需求不断增加，如何发现新闻、报道新闻与呈现新闻成为新闻生产主体共同面对的难题，新闻策划也逐步演变为媒体机构进行内容扩充和打造品牌的生产方式。在我国，自1994年5月中国地市报研究会在河南省平顶山市召开了首届全国地市报"报纸策划"研讨会以来②，关于新闻策划的定义、尺度、伦理的讨论便从未停止，丰富的研究内容表明，即便有反对者认为"新闻根本就不能策划，凡是策划出来的也不能称之为新闻"③，曾经为业

---

① 李艳红：《在开放与保守策略间游移："不确定性"逻辑下的新闻创新》，《新闻与传播研究》，2017年第9期，第40–60页。
② 赵振宇：《新闻报道策划的发展历程及现实责任》，《中国记者》，2007年第12期，第27–28页。
③ 湛慧：《论我国社会新闻报道策划的失实与防治》，华中科技大学硕士学位论文，2008年。

界与学界质疑合法性的新闻策划已然正式投入新闻生产实践，其作为新闻生产方式的普遍性得到了整个行业的认可。

于是，有关新闻策划内涵与外延的各家之言开始在学界浮现，有学者认为"新闻策划就是新闻工作者在新闻传播过程中，围绕一定的目标主题对传播过程进行决策和谋划，从而制定报道计划作为指导传播活动有效开展的依据的动态过程"①；也有学者认为，"新闻媒体运作策划是对新闻传媒生存发展的战略规划，包括对传媒的受众定位，经营方针，产品（通讯社、新闻、报纸、杂志、广播电视节目等）设计、制作与营销，广告经营、员工构成、内部管理、资产资金，技术设备以及传媒的其它类经营活动和社会活动等进行统筹和规划"②；还有学者认为，"新闻策划是新闻传播工作人员对新闻传播活动最佳效益的谋划，即这是一种把看似孤立发生的客观事物，看似彼此没有内在联系的事物，看似零散与片断的事物，通过系统、思辨的手段及严密的设想和规划，从内涵上把它们联系、贯串成一体的活动过程"③。以上三种不同取向的新闻策划定义表明，新闻策划既存在于单篇报道或单独新闻事件的呈现过程中，也存在于媒体机构的整个运转体系内部，并能够被提炼为一种新闻生产过程中的思维方式，实现新闻产品与社会文化的密切联动。

在此基础上用新闻策划理念来观察融媒体语境下的新闻海报这一新型新闻产品，不难发现，从单张新闻海报的生产到新闻海报集群乃至文体的生成，正是不同量级新闻策划的展演形态，其表征着当前新闻生产的核心理念、选题偏好与多样联动。

一、社交媒体助推传播效能最大化

与所有新闻产品的生产理念与价值判定标准保持一致，真实、客观、公正始终是《人民日报》微博平台制作新闻海报的价值基础，但融媒体语境下的新闻海报并不是新闻传播的必备形式，此即新闻海报生产对新闻价值的选择过程，也是新闻生产主体对新闻传播效能的预期。对于《人民日报》微博平台而言，"通过海报把新闻点、情绪点传达出去"，实现海报"创意的传达效果"④比推送新闻事实更为重要。这意味着，在新媒介环境提供便捷信息通

---

① 熊忠辉：《新闻策划不同理解的焦点》，《新闻记者》，1997年第6期，第46–47页。
② 蔡雯：《对新闻策划的再思考》，《新闻战线》，1997年第9期，第28–30页。
③ 刘海贵：《中国新闻采访写作教程》，上海：复旦大学出版社，2009年，第132页。
④ 引自对《人民日报》微博平台视觉编辑A某某的访谈内容。

道的当下，诸如《人民日报》微博之类的传统媒体机构的新媒体平台更强调新闻产品的引导力，而新闻海报"一图胜千言"的文体特征恰好能够满足传播效果最大化的信息期待，由此推进了新闻海报集群的持续壮大。

为了更充分地实现新闻海报的传播效能，以《人民日报》微博平台为代表的新闻生产主体在进行内容策划过程中形成了许多可复制的操作范式：如2020年4月8日新冠疫情期间的"武汉解封"系列新闻海报（见图3-2），用多组新闻海报渲染受到疫情干扰的城市重新恢复活力的欣喜之情，并在多次转发、多媒介平台共同传播过程中形成强势传播，是一次目的明确、内容充实的新闻海报策划过程。具体来看，这次新闻策划起始于4月7日湖北省人民政府发布《湖北省新型冠状病毒感染肺炎疫情防控指挥部通告》之后，《人民日报》微博平台针对4月8日这个关键时间点设计了零点海报、早安海报、系列主海报等一系列新闻产品，分别在当日零点、清晨、白天和夜晚有计划地推送出来。这种从内容层次到时间节点的主动策划收获了不俗的传播效果，并在《人民日报》微博、微信、中英文客户端的内容联动中凸显了"武汉解封"的重大意义，也实现了《人民日报》新媒体与其他媒体机构的价值互动。在"武汉解封"新闻海报集群的策划、生产与传播过程中，仅有解封时间点这一条共享的信息是新闻本身，但由于新闻生产主体进行了多样化的内容策划与生产，其最终实现的传播效能是多层次的，可谓同步达成了传播核心新闻事实、在疫情期间振奋人心以及高站位引导社会舆论等效果。

图3-2 《人民日报》微博平台4月8日武汉解封系列新闻海报示例图

《人民日报》微博平台"武汉解封"系列新闻海报集群的内容策划实例表明，在新闻海报生产与传播过程中，新闻的重要性会被传播策划一步步凸显，尤其是在爆炸性传播的融媒体语境下，新闻产品的到达率能够轻易表征新闻的重要性。但是,新闻本身却面临着被弱化的风险。"武汉解封"系列新闻海报集群旗帜鲜明地宣导了武汉取得抗击新冠疫情阶段性胜利的社会情绪,但海报中却缺少对更多新闻细节的呈现,一方面,这是新闻海报本身的文体局限,另一方面,这也是一种"抓大放小"的新闻海报策划思路。当诸如"武汉解封"这种具有强烈社会影响力的新闻事实被反复强调后,新闻海报生产主体所关注的也不再是新闻事实本身,而是着力于将该新闻事实的社会价值传递给更多新闻消费者或者说社会公众。此情此景下,新闻海报内容策划"不单是一个真实性、时效性的问题,更是包含了受众的定位,受众心理分析,报道节奏的控制和报道手法的选择在内的统筹规划"①,换言之,相较于告诉人们该如何思考新冠疫情中的现实问题,"武汉解封"系列新闻海报更倾向于直白明确地告诉公众该感受些什么。在此思路下,新闻的客观性被消解,新闻事实则成为观点与情绪的论据,随着新闻海报的广泛传播持久而深入地影响着社会舆论的发展走向。

值得注意的是,《人民日报》微博平台新闻海报带有宣传、引导意味的媒介功能具有身份合法性,其作为宣传党和政府政策主张、记录中国社会变化的中央级媒体,始终承担着引导舆论、纾解情绪的社会责任。因此,尽管当前的新闻海报已经生成了"事实服务于观点、效能优先于内容"的内容策划理念,其始终与借夸大事实达成轰动效应的新闻炒作、违背新闻报道真实性传统的虚假新闻以及利益集团主动编排新闻线索的策划新闻不同,拥有丰富报道资源与媒体人才的主流媒体新闻海报生产主体,更倾向于通过从新闻事实本身寻找传播热点,将传播新闻事实升格为一种可持续、有影响力的媒介事件,以主观的新闻策划方式建构客观事实的传播效能。

这种对传播效能最大化的追求,不仅改变了新闻生产中新闻事实的位置,也相应改变了新闻生产主体的核心竞争力。在实现新闻生产主体传播期待与满足受众信息需求的双重效益框架下,除了"保持高度的社会责任感、按照新闻规律办事以及讲究科学方法和艺术"②,新闻从业者还需要不断提升"信息资源的发掘能力与新闻专题的策划能力,通过对信息资源的进一步挖掘"③,才能"为广大受众提供恰到好处的解读与引导,帮助他们更好地理解

---

① 马金平:《论新闻报道策划的实践意义》,《河北大学学报(哲学社会科学版)》,2002年第1期,第65-67页。
② 赵振宇:《新闻报道策划的发展历程及现实责任》,《中国记者》,2007年第12期,第27-28页。
③ 顾崴:《媒介融合背景下新闻采编的新特点》,《科技传播》,2012年第4期,第12-13页。

不断变化的外部世界"①。

二、软硬搭配强化新闻生产人情味

有别于传统媒介时代"因事而动"的新闻生产环境，新闻策划为新闻生产主体提供了极大的自主权，即便是行业共享的新闻事实，也能够在不同媒体机构的内容策划操作中被转换为不同的新闻产品。在此期间，新闻生产主体需要遵循可信性、创新性、变通性、可行性与实效性等新闻策划理念，并根据主客观情况和新闻事件的性质，灵活地采用相应的不同类型的内容策划方式②。在《人民日报》微博平台新闻海报生产实践中，对新闻产品的内容策划选题偏好，既被投射在新闻编辑人员个体身上，也见之于不同时间范围内的新闻海报产品中，并在生产主体与产品的互动互构里展现出一种能够推广至新闻海报文体以及行业整体的生产范式。

在《人民日报》微博平台新闻海报集群中，其最直观的内容策划选题偏好表现为"软硬搭配"。这种划分起源于20世纪二三十年代美国新闻业务中的软新闻与硬新闻，所谓"硬新闻是指较为严肃的重大公共事件性报道，与受众的切身利益有直接关系，软新闻是指较具人情味的趣味性新闻报道或非事件性报道，与受众的切身利害无直接关系"③。以2019年10月2日当天《人民日报》微博发布的三组新闻海报为例，时值举国上下欢庆中华人民共和国成立70周年，《人民日报》推出"70年后再出发"号外主海报，此即为强调重大事件的硬新闻海报。作为辅助产品，当日《人民日报》微博平台还配套发布了"穿越复兴大道70号"手绘新闻海报、"致敬每一个坚守岗位的平凡人"新闻照片海报，与传递核心事实的号外主海报相比，后两者明显是强调情绪、渲染氛围的软新闻海报。由此可见，即便是在同一天内围绕同一个主题，《人民日报》微博平台新闻海报也存在软硬搭配的内容策划规律。

当然，这种软硬搭配的新闻海报内容结构还会受到微博编辑个人喜好的影响。如2019年秋季到来时，《人民日报》微博平台于一天内连续发布了多组各地枫叶秋景的美图海报。一般情况下，是否发布此类软新闻海报产品是当班编辑的自主选择，但由于发布数量过多，编辑室主任会适时调整，即在

---

① 顾崴：《媒介融合背景下新闻采编的新特点》，《科技传播》，2012年第4期，第12-13页。
② 邵鹏：《媒介融合语境下的新闻生产》，杭州：浙江工商大学出版社，2013年，第77页。
③ 张滨铄、王军：《软、硬新闻不同播报语速的成因——以CCTV新闻频道实证研究为例》，《青年记者》，2018年第35期，第64-65页。

编辑室内部主动"控制新闻海报的发布频率和整体的内容平衡"[①]。可见，在具体操作层面，与所有新闻生产范式一致，新闻海报生产也遵循"把关人"理念："信息总是沿着含有门区的某些渠道流动，在那里，或是根据公正无私的规定，或是根据'守门人'的个人意见，对信息或商品是否被允许进入渠道或继续在渠道里流动做出决定。"[②]在生产主体内部，对新闻海报生产的把关还是一种监督机制，由于每个当班编辑的风格不同，编辑室主任负责调控各个编辑的发挥空间，一边保证新闻产品内容的多样化，一边维护符合媒体调性的整体框架。

对于《人民日报》微博平台新闻海报集群而言，不同类型新闻产品也体现着"软硬搭配"的内容策划理念。按照新闻策划对象的不同时态，《人民日报》微博平台新闻海报主要分为突发性新闻海报、周期性新闻海报与持续性新闻海报三种类型，由此产生了不同的内容策划方式。

突发性事件多指"会产生人员伤亡或者有重大影响后果的自然灾难、安全生产事故、重大的刑事案件、恐怖主义破坏活动以及重大的涉华外交事件"[③]，新闻生产主体一般无法提前得知此类事件的相关信息，围绕其进行新闻生产的过程往往是应急式的内容策划活动。自2012年正式进驻新浪微博以来，《人民日报》微博平台围绕H7N9禽流感、马航失联、长江客船沉没、巴黎恐怖袭击事件、女飞行员余旭折戟长空、四川九寨沟地震、重庆万州公交车坠江、四川木里火灾、利奇马台风、香港修例风波、新冠疫情等突发性事件制作了大量新闻海报。以2017年8月8日发生的四川九寨沟地震事件为例（见图3-3），在灾难发生初期，新闻生产主体掌握的信息量并不充分，该阶段的新闻海报往往只能进行事件公告，但随着各种媒体机构共同展开大规模的信息挖掘，四川九寨沟地震事件的全貌也开始在新闻报道中慢慢展现，《人民日报》微博平台按照事件发展时间线，以拼接式新闻海报及时发布相关信息，持续对灾难信息和后续事件进行追踪。

[①] 引自对《人民日报》微博平台视觉编辑A某某的访谈内容。
[②] 赵婷，李颖：《浅析新信息环境下信息把关人的工作职能》，《现代商业》，2014年第2期，第132—133页。
[③] 郎劲松：《新闻发言人实务》，北京：中国传媒大学出版社，2005年，第122页。

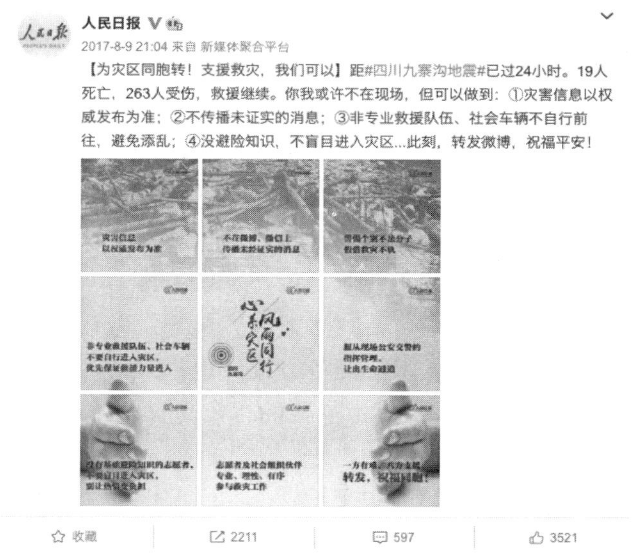

第三章 新闻海报生产理念的能动转换:《人民日报》微博平台新闻海报生产流程

图3-3 《人民日报》微博平台四川九寨沟地震事件系列新闻海报示例图

作为《人民日报》微博平台的前期新闻海报,四川九寨沟地震事件系列新闻海报并非完全意义上洞中肯綮的最新产品样式,但其所采用的内容策划形构已经相对符合新闻海报广而告之、独立于微博文字内容的身份特征。为了突出该新闻产品的时效性,新闻生产主体在多组海报中更换了图片背景和实时数据,展现出内容策划在时间上的纵深性,这意味着,"除了报道真相之外,媒体竞争的核心更多地还在于策划手法的高明、观点表达的鲜明与独特以及深层原因是否触及等"[①],唯有经过与新闻事件相匹配的内容策划,才能更完善地展现新闻全貌,并以此提升媒体本身的公信力和影响力,为新闻消费者提供干净透明的信息公开环境。

相较于以突发性事件为主的硬新闻海报,周期性新闻海报产品的身份较为模糊,其中既包括全国两会、博鳌经济论坛、香港回归、澳门回归、奥运会等重大公共事件,如2020年"两会"期间《人民日报》微博平台频繁发布的"金句"海报(见图3-4),也包括春节、二十四节气(见图3-5)、各类文化纪念日等非事件性报道,如《人民日报》微博平台于2020年7月22日发布的"大暑"系列新闻海报,可以说,周期性新闻海报内部就存在"软硬

---

① 王莉:《新时期新闻策划的选题特色——以〈南方周末〉和〈广州日报〉为例》,《青年记者》,2009年第21期,第50-51页。

123

搭配"的逻辑。不同于充满不确定的突发性事件，因为周期性新闻的可预见性，《人民日报》微博平台往往能够提前做好准备，并按照事件重要性的差异为其制作多种类型的新闻海报集群，如为全国两会制作"你好明天"预告海报、早安海报、主海报以及系列信息公开海报集群，而一般性的纪念日则基本对传统图片略做修改便可发布。这种产品层面的内容差异，也是内容策划重要性的直观表现。对于周期性硬新闻，《人民日报》新媒体中心会在年初选题会上提前进行策划，而周期性软新闻则大多属于《人民日报》微博平台的自主操作。尽管重要性不同，但自带"软硬搭配"逻辑的周期性新闻海报构成了《人民日报》微博平台新闻海报内容策划的基础框架，其不仅展现了媒体对可预知事件的策划意识与准备方式，也搭载着一种面向多种新闻事实的生产理念，是新闻生产"唯事件论"的时代转身。

图3-4　2020年全国"两会"期间《人民日报》微博平台金句海报示例图

第三章　新闻海报生产理念的能动转换：《人民日报》微博平台新闻海报生产流程

图3-5　《人民日报》微博平台二十四节气新闻海报示例图

除了对突发性新闻与周期性新闻进行海报内容策划，《人民日报》微博平台还会针对持续性新闻制作新闻海报，这是一种绝对意义上的软新闻产品。这里所说的持续性新闻是指长期发生、不强调时间点的潜在事件，从定义上看，持续性新闻海报并不符合新闻时效性的核心价值特征，但《人民日报》微博平台的新闻生产实践表明，所谓的潜在事件往往是某个新闻事件的瞬时片段。如每逢节假日便会发布的"致敬劳动者"系列新闻海报（见图

3-6），在事件层面上，新闻海报所选取的新闻人物是一种持续的状态，并不存在成为新闻事件的要素，但当这种常态能够在非常态的状况继续保持时，反而拥有了成为新闻元素的可能性。对非事件性新闻海报的生产与传播本身，就是一种由新闻生产主体主导的内容策划行为，尤其对于《人民日报》新媒体这种面向全社会受众进行舆论引导的主流媒体机构而言，如何将普通人的故事的新闻价值最大化，正是其新闻策划的要义所在。

图3-6 《人民日报》微博平台发布的"致敬劳动者"系列新闻海报示例图

在具体新闻海报生产过程中，突发性新闻、周期性新闻和持续性新闻还存在相互转化的可能，比如一开始作为突发性事件出现的新冠疫情，在后续新闻海报生产中演变成了每日固定更新资讯的周期性新闻。因此，由于新闻事件的多变性，新闻海报生产与传播也存在不确定性，但对以上三种新闻事件的内容策划方式却映射出新闻生产主体的选题偏好：其始终以新闻事实为出发点进行内容策划，但具体操作中只截取最重要、最有创新性或最有情绪号召力的新闻点进行反复强化，由此推动新闻海报传播效能的最终达成。由此可见，即便新闻海报产品的呈现形式与传统新闻产品大相径庭，但新闻生产主体始终在进行一种议程设置，试图"在公众对社会公共事务中重要问题的认识和判断与传播媒介的报道活动之间"，继续建构"一种高度对应的关系，即传播媒介作为'大事'加以报道的问题，同样也作为大事反映在公众的意识中"①。所谓的硬新闻与软新闻搭配，则是这种议程的情感表现特征，一边展现当前新闻生产主体建构的议程结构，一边提醒新闻生产主体跳出既有框架开拓更丰富的内容策划范式，以实现新闻生产传统与新闻传播环境的深入对接。

三、平台联动提升媒介融合影响力

在融媒体语境下，生产与传播一张静止的新闻海报已然是新闻生产的常态，如何在数量丰富的新闻海报集群中求新求变，则是新闻海报内容策划的进阶操作。随着媒介技术不断更新，愈来愈多的媒介形式被引入新闻海报生产过程之中，因为动图、VR技术、视频等手段的加入，新闻海报也走上了动态化的融合发展道路。事实上，这种文体创新正是一种融合新闻形态，与西方新闻业界所说的"多样化新闻"相似，新闻生产主体"根据不同媒体的信息形态集中到一个信息操作平台进行信息的采集、编辑和技术制作，然后根据传播策略有序分发新闻到特定的受众，即运用多媒体手段进行新闻传播活动"②。

在《人民日报》新闻海报生产与传播实践中，融合新闻形态所引发的内容策划联动，同样以媒介技术为首要表征。2018年10月26日，由《人民日报》新媒体中心发起的致敬改革开放40周年创意体验馆——"时光博物馆"空降北京三里屯③，《人民日报》新媒体中心综合使用视频直播、新闻海报、

---

① 郭庆光：《传播学教程》，北京：中国人民大学出版社，1999年，第214页。
② 冯艳丹：《媒介融合背景下的融合新闻》，《科技信息》，2009年第19期，第608–609页。
③ 刘少华、杨婧妍：《在时光博物馆穿越四十年》，《人民日报海外版》，2018年11月1日，第5版。

新闻照片等多种报道材料，对自身主导的文化活动进行了全方位的报道，是一次带有策划意识的多媒介技术融合新闻实践。在此期间，《人民日报》、《人民日报海外版》、《人民日报》微博、《人民日报》微信、《人民日报》中英文客户端皆成为"时光博物馆"活动的推广平台，借由主题采访、评论文章、短视频、H5等形式营造报道强势，形成了跨越媒介界限的业务融合。

作为《人民日报》新媒体架构的重要社交平台，《人民日报》微博平台早在活动开始前便进行了活动预热，并以《人民日报》新媒体中心为新闻生产主体发布了系列活动新闻海报。具体来看，自2018年10月21日活动预热开始，《人民日报》微博平台便发布了北京三里屯"时光博物馆"活动亮点海报（见图3-7），并在活动正式开始后发布配套的"时光博物馆"国博版海报、上海版海报与深圳版海报（见图3-8），以及"中国有我，时光有我"纪念改革开放四十周年系列主题海报（见图3-9），记录并展现了2018年10月至12月期间"时光博物馆"的流动路线与传播价值。以《人民日报》新媒体中心为主导的"时光博物馆"新闻海报集群的生产与传播，实际上也是媒体组织机构内部的一种生产融合，是媒体调动各部门生产积极性的内部联合。

图3-7　2018年《人民日报》微博平台"时光博物馆"活动预热新闻海报

第三章　新闻海报生产理念的能动转换：《人民日报》微博平台新闻海报生产流程

图3-8　2018年《人民日报》微博平台"时光博物馆"国博版、上海版、深圳版活动海报

图3-9　2018年《人民日报》微博平台"时光博物馆"活动主题海报

在2018年"时光博物馆"活动取得良好传播效果之后，《人民日报》新媒体中心再接再厉，于2019年全面升级"时光博物馆"，以高铁、大篷车、邮轮等为载体，以"流动的时光，行进的中国"为主题，开启全国巡展①（见图3-10）。这一次，"时光博物馆"分别于2019年8月13日在重庆站、8月23—27日在长沙站、9月6—10日在成都站、9月18—23日在厦门站、10月2—3日在西安站展览，《人民日报》微博平台也随之发布新闻海报与视频直播预告，在新中国成立70周年之际进行了更大规模的活动宣传与报道。除了流通的地

---

① 《2019时光博物馆全国巡展即将开启　四大看点引关注》，中国青年网：http://d.youth.cn/newtech/201907/t20190729_12023987.htm，引用于2020年11月15日，发表于2019年7月29日。

区更加多元，为增加"时光博物馆"活动的趣味性，《人民日报》新媒体中心还在各地举办各具特色的线下活动，如在重庆与《中国交通报》、重庆长江黄金游轮有限公司联合举办"时光邮轮"，在西安与网易云音乐合作举办"年代音乐秀"等。《人民日报》微博平台新闻海报作为传播相关信息的重要新闻产品，在活动过程中以移动的博物馆为媒介联结了不同地域，实现了政治与文化、线上与线下的多样联动。

图3-10 2019年《人民日报》微博平台"时光博物馆"活动海报

声势浩大的"时光博物馆"活动及其配套新闻海报产品表明，在融媒体语境下的新闻海报内容策划是一场全时性的新闻生产活动。为了增加新闻报道的现场感与感染力，这种与新闻事实同频互动的新闻生产方式需要综合使用多种媒介技术作为表现工具，并依据新闻内容和受众偏好选择最佳的组合方式。在此期间，以新闻海报为代表的内容策划产品聚合了新的新闻价值与新闻生产方式，对新闻事实乃至新闻产品本身进行多次编辑与再生产，不仅改变了新闻生产目的性，也推动产品和生产者的地位变质[①]。至此，新闻生产主体从传统的信息传播者身份中跳出来，转型成为凭借信息发布平台策划活动、生产新闻的新信源，新闻消费者也在见证新闻事件、参与议题讨论的过程中成为内容策划的一部分，在持续互动的文化空间内共同创造媒介与人的主动连接。

在以效能为先、借助软硬搭配实现新闻海报生产的媒介融合实践过程

---

① ［法］波德里亚：《象征交换与死亡》，车槿山，译，南京：译林出版社，2006年，第77页。

中，聚合不同新闻生产要素的新闻策划展现出新闻生产主体的三种能动逻辑："其一，报道的事实是不变的，事实的报道是可变的；其二，报道的事实是发展的，事实的报道是可测的；其三，报道的事实是客观的，事实的报道是能动的。"①依照如此灵活多变的新闻生产逻辑，融媒体语境下的新闻海报生产已然成为一种常态化的新闻产品，在其生产过程中，传统新闻生产强调的采访与写作环节逐步隐身于图像编辑、内容策划和产品创意背后，进一步凸显了新媒体平台内容产品的传播优势，由此重构新闻生产流程、策划路径乃至评价机制，最终触动整个新闻生产生态的自主进化。

第三节 协调"真"与"美"的视觉传达

在传统新闻生产过程中，从新闻事件到内容策划是最基本的新闻编辑流程，但在"视觉文化必将取代印刷文化"②的文化预言中，新媒介环境为融媒体语境下的新闻海报生产提出了新的生产要求——视觉传达——即"利用视觉符号来传递各种信息的设计"③。在媒介文化逐步转为世界的主要呈现方式后，信息传播的空间逐步走向海德格尔（Martin Heidegger）所说的"世界图像时代"④，大批量的媒介产品让"世界被把握成图像"⑤，也让生活在其中的个体、群体以及受众整体愈发沉浸于借助图像解读世界的文化空间内。具体到新闻生产题域，视觉传达本身的传播优势与受众的图像需求形成合力，推动新闻生产主体开始注重对新闻图像传播效能的深入挖掘，新闻海报正是这一背景下的融合新闻新产品。

一、"视"说"新"语：海报与新闻的视觉融会

融媒体语境下，读图时代的新闻生产逐步养成了"一图胜千言"的信

---

① 邵鹏：《媒介融合语境下的新闻生产》，杭州：浙江工商大学出版社，2013年，第81页。
② ［匈］巴拉兹·贝拉：《电影美学》，何力，译，北京：中国电影出版社，1986年，第8页。
③ 任悦：《视觉传播概论》，北京：中国人民大学出版社，2008年，第10页。
④ ［德］马丁·海德格尔：《海德格尔选集》，孙周兴，译，上海：上海三联书店，1996年，第299页。
⑤ ［德］马丁·海德格尔：《海德格尔选集》，孙周兴，译，上海：上海三联书店，1996年，第299页。

息传播理念,在新媒体平台上提供直观知觉感受的图像覆盖着现实社会的痕迹,导致媒介文化与生活方式发生转换,视觉文化风潮让人类的视觉系统在网络时代得到了最大化的延伸,并内化为一种感知和把握世界的思维方式[①]。

对于以视觉传达进行信息互动的新媒介时代,个体通过视觉感知世界的基本原理是"感觉",即"当前作用于人们感觉器官的事物的个别属性在头脑中的反映"[②],这些属性会通过知觉联动形成一个有关于事物本身整体认知,这也是视觉传达所依托的格式塔心理学认知机制。所谓"格式塔(Gestalt)"一般有两种含义,"一种是指形状或形式,亦即物体的性质;另一种是指一个具体的实体和它具有一种特殊形状或形式的特征,在这个意义上说,格式塔即任何分离的整体"[③]。"无论是什么样的视觉画面,在到达大脑认知之前,都是经过了知觉系统的组织,才形成物体的体态和轮廓,这些形成在大脑中的形象并不是组成形状的各个部分的整体相加。换句话来说,'格式塔'的理论认为:'整体并不能和部分的总和划等号,因此整体是不能分割的,而是由各个部分所决定的。反之,各部分也由整体所决定'。"[④]

具体到新闻海报的视觉传达,作为一种信息文本,新闻海报是个体认知中的整体性产品,无论是新闻生产主体还是新闻消费者,都倾向于从整体上把握该新闻图像的内涵,并在排除其他视觉干扰的过程中高效解读最核心的新闻元素。如在对关于新冠疫情信息的公告过程中,《人民日报》微博平台尽可能地简化新闻海报中的视觉元素,力图以最简明迅速的方式传递疫情资讯。与之形成鲜明对比的是,当新闻事件为主题活动或其他软新闻时,新闻海报的视觉元素会相对增加,以期通过丰富的视觉修辞增加文本的可读性与视觉美感。在此期间,数字、文字、新闻照片、手绘漫画统统成为新闻海报的视觉传达元素,在丰富多变的视觉组合中构成了一张张表达完整内容的新闻海报,成为实现新闻传播预期的视觉媒介。

事实上,新闻海报的生产与传播实践是以视觉设计逻辑组织新闻语言进行内容传达的过程,此即"视"说"新"语的关键所在。作为一种融媒体语境下图像叙事的具体产品形态,新闻海报"以多种传播媒介为载体,以影

---

① [美]保罗·M·莱斯特:《视觉传播——形象载动信息》,霍文利、史雪云、王海茹译,北京:北京广播学院出版社,2004年,第55页。
② 伍棠隶等:《心理学》,北京:人民教育出版社,2003年,第29页。
③ [德]库尔特·考夫卡:《格式塔心理学原理》,黎炜译,杭州:浙江教育出版社,1935年,第2页。
④ 任悦:《视觉传播概论》,北京:中国人民大学出版社,2008年,第71页。

视、绘画、摄影等图像符号为基本表意系统进行叙事表达"①，生成了具有可识别特征的新闻文体。在新闻海报进行视觉传达的过程中，以新闻生产主体为源头触动了一个复杂的新闻图像叙事结构：新闻海报生产主体掌握了一个需要被视觉化传达的新闻事实，并在解读事实的同时产生了需要进行广泛传播的观点和态度，其综合自身的视觉传达目的与新闻消费者的信息需求，通过对新闻海报视觉元素的编辑组合以及海报之间的组合，完成一次新闻图像的生产与传播。

这一新闻图像化的过程看似简单，实际上每个环节都对新闻生产主体提出了考验：首先，在媒体竞合的新媒介环境下，实现"视"说"新"语的前提是占有新闻资料，如《人民日报》微博平台所依托的人民日报社正是一个强大的信息资源库；其次，新闻生产主体必须明确新闻事实或观点具有生成新闻海报的传播价值与可视化潜力，如《人民日报》新媒体中心的选题会与具体的内容策划流程；最后，新闻海报承载着新闻生产主体的传播期待与受众的解读效果，其最直观的表现形式正是《人民日报》微博平台新闻海报内容下的转发、评论与点赞数量。随着生产环节的层层推进，"视"说"新"语的最终目的其实是桥接新闻生产主体与新闻消费者之间的对话，并通过海报这种视觉传达样态来简化对话方式、缩短对话时间、降低对话成本，利用新闻图像的传播优势在融媒体语境下持续占有内容传播空间，实现媒体站位与媒介技术的有机对接。

二、视觉说服：以海报之美传达新闻之真

对于《人民日报》新媒体中心而言，其作为媒介融合浪潮下与《人民日报》相对接的新媒体平台，本身具有极强的政治属性，并带有宣传思想、引导舆论等社会功能，而"海报"这种曾在不同历史阶段被广泛用作政治招贴的媒介形式，恰好符合机构本身的传播需求。换言之，在融媒体语境下以新闻海报进行信息传播，更像是一种对传统媒介时代的线上迁移，不过是将纸质版的政治张贴变成了虚拟的数字图像。但是，这种比喻更适合用来形容媒介融合初期"报纸上网"的"姿态性融合"阶段②，随着传统媒体开启数字化新闻转型进程，以《人民日报》新媒体中心为代表的新闻生产主体也正在持

---

① 刘琛：《图像叙事：当代文化的视觉转向》，北京语言大学博士学位论文，2006年。
② 尹连根，刘晓燕：《"姿态性融合"：中国报业转型的实证研究》，《新闻与传播研究》，2013年第2期，第99–112页。

续探索新闻产品本身的视觉说服效果,以期从新闻生产本身实现媒体机构的传播效能。

在《人民日报》微博平台常规的新闻海报生产中,"图片清晰、不遮挡主体形象"[①]是最基本的视觉传达要求,在此基础上,作为新闻产品的新闻海报不仅"传播、反映和连接着我们的世界,同样它也在说服受众并构建世界"[②]。值得注意的是,由于融媒体语境为受众提供了一种长期暴露于视觉说服环境中的媒介生态,新闻生产主体往往能够通过新闻海报等新闻产品所营造出来的真实感,"让受众忽略媒介操纵这一过程,忘记图像所暗含的说服语境"[③]。

当然,为了全方位地营造这种视觉说服语境,在具体操作过程中,《人民日报》微博新闻海报生产主体也必须遵守一些基本的视觉传达规则:第一条,以视觉传达规律进行生产的新闻海报必须符合基本的阅读习惯,为新闻消费者提供清晰的视觉动线;第二条,新闻海报中的视觉元素要呈现良好的视觉效果,保证新闻消费者的审美体验;第三条,新闻海报中不要出现过多冗余的视觉元素,时刻强调新闻海报作为视觉图像的传达效率。以此三条为生产理念,《人民日报》微博平台的新闻海报产品已经具备了海报的基本形构,更重要的一步在于,通过对视觉元素的重组为产品增加视觉吸引力。

在《人民日报》微博平台新闻海报生产与传播实践中,尽管新闻照片、手绘漫画、数据材料、动态图片等不同视觉元素的呈现方式各有特色,但其进行视觉说服的内在逻辑已经展现出一定的规律,本书将以2019年《人民日报》微博平台发布的"烈士纪念日"系列新闻海报为例进行解读(见图3–11)。

---

① 引自对《人民日报》微博平台视觉编辑A某某的访谈内容。
② [法]罗兰·巴特,让·波德里亚等:《形象的修辞:广告与当代社会理论》,吴琼,杜予,译,北京:中国人民大学出版社,2005年,第149页。
③ [美]保罗·梅萨里:《视觉说服——形象在广告中的作用》,王波,译,北京:新华出版社,2004年,第22页。

第三章　新闻海报生产理念的能动转换：《人民日报》微博平台新闻海报生产流程

图3-11　2019年《人民日报》微博"烈士纪念日"系列新闻海报

　　《人民日报》微博平台新闻海报进行视觉说服的第一种逻辑，是强调新闻海报的现场感。在传统新闻生产中，无论文字报道的描述多么详尽，都无法与一张构图精巧、选点别致的新闻照片相媲美，这种情况同样适用于新媒体时代，尤其是在动图、视频等媒介形式不断普及后，视觉传达的吸引力与日俱增。为了体现国家勋章与荣誉称号颁授仪式的现场感，《人民日报》微博于2019年9月29日发布了"国之耆宿，天下无双"系列动图新闻海报，用以记录授勋仪式最感人的7个瞬间。该系列新闻海报不仅通过新闻产品营造了一种超越新闻照片的现场感，还通过图片集群展现出逐层递进的庄重情绪，其凭借直观的图像情境与环境氛围，动态还原了授勋仪式这一新闻事件的高光时刻，为视觉感知与情绪引导提供了鲜活的刺激材料。

　　《人民日报》微博平台新闻海报进行视觉说服的第二种逻辑，是营造限定空间内的视觉美感。2019年9月30日，为配合"烈士纪念日"系列活动以及迎接中华人民共和国70岁华诞，《人民日报》新媒体中心推出动画《追梦者》，《人民日报》微博平台也发布了"追梦者"动画预告手绘新闻海报。不同于新闻照片"身临其境"的现场感，经过艺术加工与编辑转化的手绘漫画新闻海报与新闻本身有一定的距离，但这种距离恰恰是"新闻"与"海报"两种文体相互融合的结果。"追梦者"新闻海报中的手绘漫画巧妙地消解了政治宣传的显著意图，反而以更加亲近自然、符合大众审美的方式将受众熟悉的典型人物动画化，以艺术美感消解新闻内容的宣导意味，便于拉近传受双方的互动距离，也有助于新闻内容的持续推广。

　　《人民日报》微博平台新闻海报进行视觉说服的第三种逻辑，是借用视觉元素的象征性。这种象征性，"一是在生产与市场过程中，附着在商品之上的设计与形象有意采取的象征主义；另一个则是消费者在使用商品来建构各自有别的生活模式采用的象征性关联"①。以《人民日报》微博于2019年9月29日发布的视觉设计版"烈士纪念日"新闻海报为例，其以代表荣誉的"勋章金"为底色，用大小不一的名字组合为"英雄"二字的背景板，营造了一种看似简单又内涵丰富的视觉传达效果。其中，获得国家勋章和荣誉称号的七位国之耆宿的姓名被放大，用以切中授勋仪式的时事，但当其与更多英雄名字融合在一起时，就构成了一种想象中的英雄共同体，此时每个名字所代表的不再是英雄个体，而是新闻海报试图唤起的向英雄致敬的民族自豪感。对这种情绪的有效解读，离不开我国传统文化对金色、红色特殊内涵的持续赋义，同样也离不开一个个民众共享的英雄故事，新闻海报生产主体正是运用这些具有象征意义的视觉要素实现了简单直接的传受共情，进而达成新闻海报的情感说服。

随着新闻海报视觉元素的组合方式变化，以上三种逻辑也存在相互配合的情况，而手绘漫画与各种视觉设计元素的出现表明，尽管新闻始终以真实为立身之本，但新闻海报实现视觉说服的方式并不过多地强调真实感。新闻海报生产主体更倾向于以新闻真实性为基底，在关键信息共享的媒介空间里，利用从文化共识中提取的特殊符号传达观点与情绪，在更广阔的范围内获得对观点与情绪的认同，才是新闻海报进行视觉说服的最终目的。这意味着，在强调传播效果的新闻海报生产实践中，具有传播价值的新闻事实只是整个生产流程的起点，精巧的内容策划与准确的视觉传达才是新闻海报实现自身价值的重要环节。

三、美美与共：以海报之真成就新闻之美

从新闻生产商业化转型开始，受众需求的重要性与日俱增。尽管这种新闻生产理念在萌芽初期遭到批判，但其生发逻辑却与人本主义思想不谋而合，即"强调关注人的价值和生存状态，认为人一切活动的出发点和目的，都应当是人这个中心的本质观念"②。具体到新闻生产题域，"人本主义体现为媒介与新闻工作者的人文关怀，强调新闻报道应该将人的多层次需求作为

---

① ［英］迈克·费瑟斯通：《消解文化——全球化、后现代主义与认同》，杨渝东，译，北京：北京大学出版社，2009年，第29页。
② 陈虹：《试析马斯洛的人本主义心理学》，《铜陵学院学报》，2007年第5期，第83—84页。

核心内容和最常见、最实用的报道角度"①。在最直观的层面，这种需求对接的是受众赖以生存和发展的基本信息需求，然而，随着新媒介技术带来信息大爆炸，受众的信息需求能够轻易被实时互动的互联网环境满足，在注意力经济驱动下，新闻生产主体不得不转向对受众接近性的进一步挖掘，其中显要的一个角度是对新闻产品视觉美感的关注。

与受众对新闻价值的泛化感知相似，其对新闻产品美感的普遍表达可能更多地停留在"好看"层面，但在新闻生产过程中，所谓的"好看"至少包括两个层面：第一个层面是新闻产品的人情味，即"那些侧重于表现新闻中人性相关的内容，同普通人的思想情感紧密相连，人文意蕴较为浓厚"②的新闻形式；第二个层面是新闻产品的视觉美感，即新闻产品所带来的阅读体验与形式框架，是视觉设计与新闻生产相融合的跨界领域。事实上，以上两个层面正是新闻产品内容与形式的视觉传达，其中，人情味的"好看"大多来自内容策划，而视觉美感层面的"好看"则偏重于产品形式设计。对后者的探讨，相当于把新闻产品置入美学范畴进行考察，这种对美感的关注不仅仅局限于"以最吸引人的表现形式传播真实新鲜的新闻"③的传统新闻之美，更是已然在丰富多彩的新闻产品谱系中成为一种媒介艺术与信息审美偏好。

"人类社会发展过程中以及不断的美学研究显示，有一些元素是被公认为美的，大家能够达成共识的。例如构图上的平衡、色彩搭配的和谐、形式上的'简约合宜'。"④作为视觉传达形式的新闻海报同样在以上三个层面展现出属于"新闻"与"海报"文体互鉴的视觉美感：

首先是新闻海报构图中的视觉平衡美感。当视觉产品进入传受互动通路时，其中的视觉元素会呈现出"不同'重力'和不同'方向'"⑤上的扩张，如视觉元素的数量多寡、颜色深浅、所占空间大小等，进而影响整体意义的表达。以《人民日报》微博平台2020年7月1日发布的"党的生日"新闻海报为例（见图3-12），该新闻海报以红色党旗为背景，铺设了一种庄重的视觉基调，并将宣誓者的剪影一分为二，左侧为1921年的历史图片，右侧为2020年的新闻照片，二者在构图、色调与实际意义上都构成了相对应的平衡，进

---

① 何志武：《试析新闻传播中的人本主义倾向》，《新闻传播》，2003年第1期，第8—10页。
② 曾建雄，毛家武：《略论美国新闻特稿的人情味特色》，《新闻大学》，2004年第4期，第84—88页。
③ 杨健：《新闻审美》，北京：新华出版社，1999年，第17页。
④ ［美］鲁道夫·阿恩海姆：《艺术与视知觉》，滕守尧，朱疆源，译，成都：四川人民出版社，2001年，第238页。
⑤ 任悦：《视觉传播概论》，北京：中国人民大学出版社，2008年，第138页。

而构成了一种具有相对稳定性的视觉整体。这种能够为新闻海报消费者带来安全感的视觉平衡,不仅增强了这张新闻海报的视觉说服力,也奠定了同类新闻海报设计的视觉呈现范式,推动轴对称新闻海报以及整个文体的持续生产与传播。

图3-12　2020年《人民日报》微博平台"党的生日"新闻海报

其次是新闻海报设计中的色彩搭配美感。纵观图像媒介在大众传播领域的演进历程,作为视觉要素与文化载体的"色彩是表现力最强的,能够以最快的速度到达视网膜的视觉语言"[①]。由于色彩触发联想、进行象征的视觉传达功能,其常常能够"依靠冷暖、强弱、好恶等调动主体的对应情感"[②],比文字乃至具体图像更快速地达成传播效能。以《人民日报》微博平台于2020年持续发布的新冠疫情数据通报新闻海报为例,当疫情数据趋于稳定时,疫情数据通报新闻海报常采用绿色这种具有安全感和生命力的背景色;当疫情数据增加时,新闻海报常采用红色这种具有警示意义的背景色。对于单张新闻海报而言,主体色彩的选择具有偶然性,更像是一种艺术创作的偶发结果,但随着系列新闻海报逐步形成一个固定的产品集群,色彩则成为该系列内部的视觉语言,不仅能够为新闻消费者提供清晰流畅的视觉美感,而且能

---

①　[美]莫恩:《美国报纸组版和设计》,陆炳麟、江和平,译,上海:上海外语教育出版社,1988年,第105页。

②　庄克仁:《视觉传播概论》,台北:五南图书出版公司,2010年,第64页。

第三章　新闻海报生产理念的能动转换：《人民日报》微博平台新闻海报生产流程

够表达新闻生产主体内隐的观点与情绪，实现"观看产品"与"解读内涵"的双重期待。

最后是新闻海报设计中的简繁组合美感。"人们会习惯借助以前的经验，使自己能够更加便捷地获取信息。如果图像太过于复杂或者元素太多，人自身可能会弱化自己的知觉。"①这意味着，新闻海报消费者更倾向于解读简洁直接的图像信息，此类新闻图像更容易为其带来视觉美感，这也解释了为何新闻海报形构逐步从早期的招贴式海报转变为当前强调视觉重心的设计感海报。以2020年7月16日《人民日报》微博平台发布的批评美国干涉内政新闻海报为例（见图3-13），该海报以香港城市剪影为底纹，在寓意沉着冷静的蓝色背景之上置入隐喻美国大棒政策的棒球棒，并辅以"干涉香港事务玩什么把戏都没用"的明确观点，整张海报态度鲜明、视觉重心突出，用有限的视觉元素表达了坚定的立场，具有简化政治话语、突出主体态度的视觉传达效果。

图3-13　2020年《人民日报》微博平台批评美国干涉内政新闻海报

以上三种审美偏好更多见于单图新闻海报的生产与传播过程中，而新闻海报的视觉语言除了基本的文本，还需要图像在空间位置上的配合②，即多图新闻海报之间的组合关系。在视觉设计中，基本的构图关系为两种，第一种强调黄金比例，即"较大部分与整体部分的比值等于较小部分与较大部分的

---

① 曹晖：《视觉形式的美学研究——基于西方视觉艺术的视觉形式考察》，北京：人民出版社，2009年，第154页。
② ［美］查尔斯·科斯特尼克，戴维·罗伯茨：《视觉语言设计》，周勇，译，北京：中国人民大学出版社，2007年，第119页。

比值，比值约为0.618"①，《人民日报》微博平台批评美国干涉内政新闻海报基本是按照这个比例进行视觉元素编排的；第二种强调视觉中心，即图像中心往往是最自然的注意力落点，如前文中提及的多组《人民日报》微博平台九宫格新闻海报，正是利用这一点进行多张新闻海报的组合设计。在此类多图新闻海报的视觉传达中，新闻消费者往往"会把图片连起来阅读，产生新的意义"②，整体性理解图片组合的"第三种效果"。在这种有意为之的视觉传达过程中，新闻海报超越了新闻照片片段式呈现事实的形态，如同蒙太奇手法，"将事实与复杂的侧面联系在一起"③，为新闻消费者提供关于既有新闻事实但又耳目一新的视觉体验。正是新闻生产主体对新闻海报结构、色彩与组合方式的深入探索，展现出一种以人为本的新闻生产偏向，尤其是在融媒体语境下，"贴近受众"不再仅仅是新闻生产商业化的代名词，也代表着新闻生产主体主动向新闻消费者、媒介人以及人本身的靠近，昭示着信息之真与信息之美在媒介文化中相辅相成的重要地位。

---

① 司志本：《黄金分割——神圣的分割》，《湖南第一师范学报》，2003年第1期，第60-62页。
② 任悦：《视觉传播概论》，北京：中国人民大学出版社，2008年，第183页。
③ ［日］重森弘淹：《西方摄影艺术流派及其大师们》，吕琳，译，北京：中国摄影出版社，1984年，第223页。

第四章 新闻海报生产内容的符号融合：《人民日报》微博平台新闻海报文本表意

在凯尔纳（Douglas Kellner）看来，依照大批量生产模式组织与不同类型生产出来的媒介文化中，始终流通着作为商品的文化产品。在工业文化与商业文化共通的传播背景下，作为新闻生产理念的具象化载体，以产品身份出现的新闻海报拥有内涵丰富的阐释空间：在新闻生产视域，新闻海报是新闻生产者与新闻消费者之间的互动媒介，其在自身演变历程中呈现出丰富多样的产品形态，进而建构起属于特定媒体机构乃至整个传媒行业的产品框架与问题结构；在符号传播视域，新闻海报是一种借助特定符形、符构实现传播效能的符号集合体，其从新闻海报生产素材到新闻海报产品的生产过程，同样是生产主体综合运用不同符号进行意义转化的过程。正是新闻产品生产与符号意义生成的持续互构，从符号表意、符号互动与符号叙事逻辑等方面为新闻生产提供了与时俱进的内在运转机制，尤其是在媒介融合大趋势的助力下，新闻海报以信息产品和文化产品的双重身份展现出互联网泛在时代的社会融合样态，持续巩固着人、媒介与社会三者的联结。

第一节 浓缩与扩容中的产品呈现样态

在长期报道实践与近几年的媒介融合适应过程中，身为文化交流重要窗口的《人民日报》新媒体平台创作了大批量的新闻海报产品，由此在人民网、《人民日报》微博、《人民日报》微信、《人民日报》中英文客户端等不同平台建立起庞大的新闻海报样本库。随着微博元年集中展现出微博平台的信息分享优势之后，人民日报社将《人民日报》微博平台作为主要的新闻传播阵地，于此进行了丰富的新闻图像与文字生产活动，新闻海报则是其中不可或缺的重要新闻产品类型之一，其于不同阶段在内容与形式上展现出各具特色的产品样态。

一、内容浓缩与主题扩容：从尝试到常态的产品流变

接续前文对《人民日报》微博平台新闻海报生产要素的系统分析，下文将其于2012年7月23日至2020年7月22日发布的海报型新闻图像作为研究对象，按照是否含有"5W"要素析出4104组新闻海报。8年间，《人民日报》微博月均发布微博1246条、新闻海报42组，具体发布数量趋势见图4-1和图4-2。

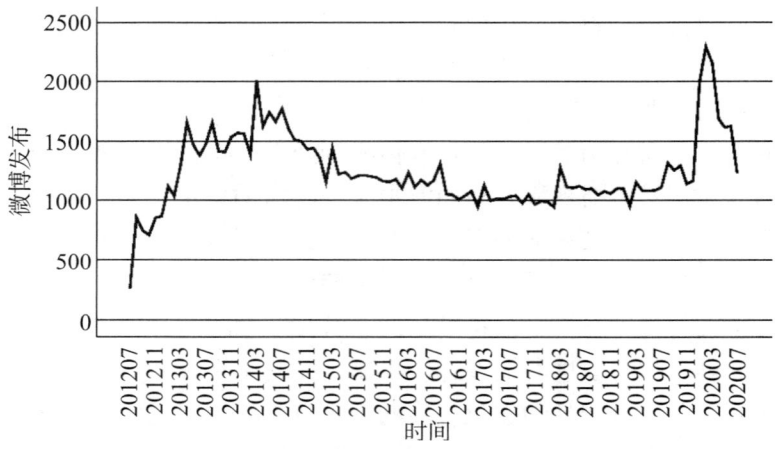

图4-1　《人民日报》微博平台内容发布数量统计图（2012—2020）

由图4-1可知，《人民日报》微博平台的内容发布量经过了三个比较显著的演变阶段：

第一个阶段为微博图片向新闻海报的转化期（2012—2014），该阶段为《人民日报》微博创办初期，也是微博新闻生产的探索期，内容生产数量不断增加，并在其间进行了许多适应融媒体新闻生产的内容尝试，具体产品形态为网络新闻报道链接、科普类新闻配图等；

第二个阶段是新闻海报生产常态期（2015—2019），该阶段为《人民日报》微博内容输出的稳定期，发布内容数量较为平均，产品形态已经愈发多

元化，各式各样的新闻图像与短视频等逐步占据主要地位；

第三个阶段为新闻海报井喷期（2020），《人民日报》微博平台发布内容数量激增，产品形态基本与上一阶段保持一致，但更加注重新闻产品的传播效能与情绪引导能力。

在以上三个阶段的发展演变过程中，作为新闻图像具体分支的新闻海报数量也在发生变化。与《人民日报》微博平台内容发布数量的演变趋势不同，其新闻海报数量仅在2020年进入井喷式爆发期，2012年至2019年期间基本保持了较为平稳的数量趋势，最大值基本出现在固定时间段。

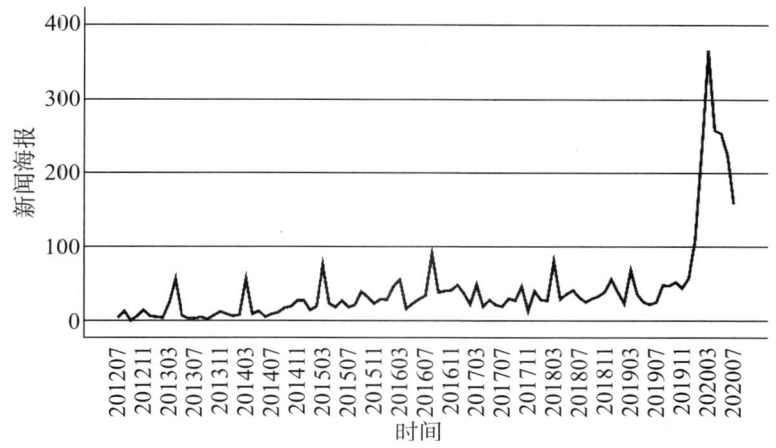

图4-2　《人民日报》微博平台新闻海报发布数量统计图（2012—2020）

从图4-2的折线趋势来看，每一年最显著的高峰一般出现在3月，主要对接中华人民共和国全国人民代表大会和中国人民政治协商会议的召开，《人民日报》微博平台以新闻海报形式发布了许多重要的政策解析与政治观点。在近8年相对平稳的新闻海报生产周期过后，新冠疫情的暴发导致新闻海报数量激增，其以每日发布的疫情数据新闻海报、致谢医护人员新闻海报以及鼓舞民众全力"战疫"新闻海报等为主体，形成了数量庞大的新闻海报集群。这两种新闻海报数量的异动表明，新闻海报产品的产出率与新闻事件息息相关，其中既包括如全国"两会"的周期性新闻，也包括如新冠疫情的突发性新闻，并有可能在突发新闻发展演进中成为一种常态化的新闻表达形式。

因此，本书在统计初期对新闻海报的新闻由头进行初步分类发现，周期性新闻海报有2041组，占比高达49.7%，突发性新闻海报紧随其后，共1518组（37.0%），持续性新闻海报最少，共545组（13.3%）。（见表4-1）前文提及的全国"两会"系列新闻海报正是标准意义上的周期性新闻海报产品，新冠疫情系列新闻海报则是突发性新闻海报，尽管二者在时间性上存在显著差异，但新闻生产主体一般会备有基础的新闻海报产品形构，以便对相关新闻内容进行及时转化与传播。与占比较高的突发性新闻海报和周期性新闻海报不同，持续性新闻海报往往缺少明确的新闻由头，但其仍然以海报形式被频繁发布，如我国航天事业的持续探索、对平凡劳动者的真挚感谢、对法律法规的日常科普等，此类新闻海报不似前两种新闻海报具有较强的时新性，但其关注和反映的新闻事件往往正在且将继续发生，具有广阔的言说空间与共情基础。

表4-1 《人民日报》微博平台新闻海报新闻类型统计表（2012—2020）

		数量	百分比（%）	有效百分比（%）	累积百分比（%）
有效	突发性新闻	1518	37.0	37.0	37.0
	持续性新闻	545	13.3	13.3	50.3
	周期性新闻	2041	49.7	49.7	100.0
	总计	4104	100.0	100.0	

具体来看，在《人民日报》微博平台长期的新闻海报生产实践中，其于2012年至2019年基本保持了较为稳定的新闻海报产品结构，新闻海报的常规发布时间节点统计见表4-2：

表4-2 《人民日报》微博平台新闻海报常规时间节点统计表

时间	事件
1月21日	日本窃取钓鱼岛
1月（非固定时间）	腊八、小寒、大寒、春节、上一年GDP数据、亚洲杯、考试年表、十大经济年度人物评选
2月4日	世界癌症日
2月28或29日	国际罕见病日
2月（非固定时间）	立春、春节、雨水、考研成绩、元宵节、感动中国人物
3月1日	艾滋病零歧视日、国际海豹日
3月3日	世界野生动植物日、国际爱耳日

续表4-2

时间	事件
3月6日	世界青光眼日
3月8日	妇女节
3月12日	植树节
3月15日	消费者权益日
3月18日	全国爱肝日
3月21日左右	春分、世界睡眠日
3月22日	世界水日
3月（非固定时间）	惊蛰、全国"两会"、地球一小时
4月1日	国际爱鸟日
4月2日	世界自闭症日
4月5日左右	清明节
4月7日	世界卫生日
4月8日	全国爱鼻日
4月16日	世界噪音日
4月17日	世界血友病日
4月22日	世界地球日
4月23日	世界读书日、人民海军成立纪念日
4月24日	中国航天日
4月25日	全国儿童预防接种日
4月26日	全国疟疾日、世界知识产权日
4月30日	国际不打小孩日
4月（非固定时间）	谷雨、博鳌亚洲论坛
5月1日	劳动节

续表4-2

时间	事件
5月3日	五三惨案纪念日
5月4日	青年节
5月8日	世界红十字日
5月12日	国际护士节、汶川大地震纪念日、全国防灾减灾日
5月22日	国际生物多样性日
5月20日	世界计量日、中国学生营养日、世界陌生人日
5月25日	世界预防中风日
5月28日	全国爱发日
5月29日	国际维和人员日
5月30日	全国科技工作者日
5月31日	世界无烟日
5月（非固定时间）	母亲节、立夏、高考倒计时、小满、全国助残日
6月1日	儿童节、全球父母节
6月5日	世界环境日
6月7日	高考
6月8日	世界海洋日
6月14日	全国低碳日
6月15日	全国爱眼日
6月17日	世界防治荒漠化与干旱日
6月21日左右	夏至
6月26日	国际禁毒日
6月（非固定时间）	芒种、南方汛期、父亲节、端午节、毕业季、高考分数线
7月1日	党的生日、香港回归纪念日

续表4-2

时间	事件
7月4日	98抗洪纪念日
7月7日	七七事变
7月22日	《人民日报》微博生日
7月25日	甲午战争纪念日
7月28日	唐山大地震纪念日、世界肝炎日
7月（非固定时间）	CBA联赛、入伏、小暑、大暑、上半年GDP
8月1日	建军节
8月8日	全民健身日
8月13日	国际左撇子日
8月14日	八国联军攻陷北京
8月15日	日本投降纪念日
8月（非固定时间）	大学英语四六级成绩、处暑、立秋
9月3日	中国人民抗日战争胜利纪念日
9月10日	世界预防自杀日
9月14日	中国网民节
9月15日	世界清洁地球日
9月16日	国际臭氧层保护日
9月18日	九一八事变纪念日
9月21日	世界阿尔兹海默病日
9月22日	世界无车日
9月23日左右	秋分
9月28日	世界狂犬病日
9月29日	世界步行日

续表4-2

时间	事件
9月30日	中国烈士纪念日
9月(非固定时间)	白露、中秋节
10月1日	国庆节、国际老年人日
10月4日	世界动物日
10月8日	全国高血压日
10月10日	世界精神卫生日
10月11日	国际女童日、世界镇痛日
10月12日	世界关节炎日
10月13日	国际减灾日
10月15日	国际盲人节、全球洗手日
10月16日	世界粮食日
10月17日	国际消除贫困日
10月22日	长征胜利纪念日
10月25日	抗美援朝纪念日
10月26日	环卫工人节
10月28日	世界男性健康日
10月29日	世界卒中日
10月31日	世界勤俭日
10月(非固定时间)	寒露、霜降、世界互联网大会、重阳节、中国共产党全国代表大会
11月8日	记者节
11月9日	全国消防日
11月11日	天猫双十一、中国空军建军纪念日
11月21日	世界问候日

续表4-2

时间	事件
11月25日	国际消除家庭暴力日
11月（非固定时间）	中国共产党中央委员会全体会议、中国国际进口博览会、立冬、金砖会议、小雪、国考、APEC会议
12月1日	世界艾滋病日
12月4日	国家宪法日
12月5日	国际志愿者日
12月13日	国家公祭日
12月20日	澳门回归
12月21日	国际篮球日
12月22日左右	冬至、考研
12月31日	新年贺词
12月（非固定时间）	中央经济工作会议、大雪、年度盘点

由表4-2可知，《人民日报》微博平台已经打造出了一个以时间为驱动、内容丰富、主题突出、结构分明的新闻海报产品集群，并通过持续探索和不断完善使这一集群内部框架愈发完整清晰，不仅为新闻生产主体存档了系统化的生产规划，也为受众通过新闻海报认知文化社会提供了结构化的认知文本。对表中的时间节点进行初步分类发现，《人民日报》微博平台新闻海报主要围绕四种新闻事件搭建基本的产品架构：第一种是特定日期类新闻海报（见图4-3），其中既包括诸如妇女节、植树节、青年节、国庆节之类常见的节日海报，也包括诸如世界癌症日、国际罕见病日等冷门纪念日，还包括一年中的二十四个节气海报，每年定时定点发送，是《人民日报》微博平台新闻海报最基本的内容配置；第二种是新闻生产主体主动策划的特定时间段，如每年年初、年末的辞旧迎新系列海报（见图4-4），此类产品往往会对前一年的重大新闻事件进行回溯、对新的一年进行展望；第三种是围绕重要社会事件设计的新闻海报（见图4-5），包括全国"两会"、高考、体育赛事等常规系列海报；第四种是非官方的"历史上的今天"新闻海报（见图4-6），如甲午战争、日本投降、唐山大地震等历史事件的周年海报等。

图4-3 《人民日报》微博平台特定日期类新闻海报示例图

图4-4 《人民日报》微博平台辞旧迎新新闻海报示例图

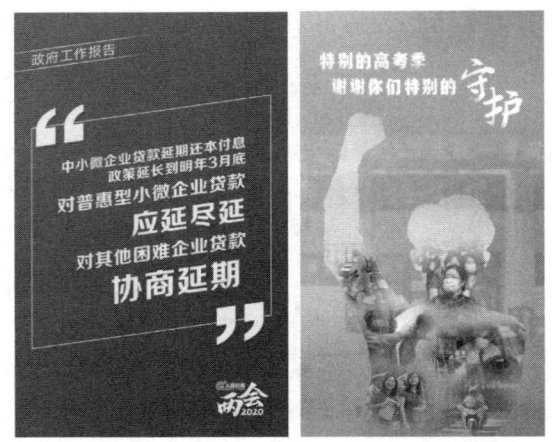

图4-5 《人民日报》微博平台社会事件类新闻海报示例图

第四章 新闻海报生产内容的符号融合：《人民日报》微博平台新闻海报文本表意

图4-6 《人民日报》微博平台"历史上的今天"新闻海报示例图

以上四类新闻海报共同构成了《人民日报》微博平台每年最基本的内容框架，并在持续变化中保持着简洁、庄重的图文基调，是一种具象化的新闻生产探索历程，也以新闻产品形式记录了社会生活的方方面面。

由《人民日报》微博平台新闻海报主题统计表可知，社会新闻（27.4%）、医疗新闻（25.6%）与政治新闻（21.6%）是新闻海报产品的呈现重点。（见表4-3）具体来看，基于《人民日报》微博的身份站位，社会新闻与政治新闻必然是其内容产品的关注重点，因此新闻海报必须持续追踪诸如木里火灾（2019年4月）、九寨沟地震（2017年8月）、马航失联（2014年3月）等具有重大社会影响的突发性事件，由此实现对实时信息的权威发布与社会情绪的适时纾解，进一步深化媒体本身的社会影响力与舆论引导力。与此同时，在题域相对固定、内容丰富多变的产品框架中，还有许多突发性新闻带来的内容变量，如2020年暴发的新冠疫情，通报疫情、科普知识、致敬医护、鼓舞公众的"战疫"海报本身也是社会新闻的一大分支，但随着疫情持续，此类新闻海报以绝对的数量凸显为重要的新闻海报产品集群，常态化发展为重要的主题类别。

表4-3 人民日报微博平台新闻海报主题统计表（2012—2020）

		数量	百分比（%）	有效百分比（%）	累积百分比（%）
有效	政治	887	21.6	21.6	21.6
	经济	124	3.0	3.0	24.6
	法律	19	0.5	0.5	25.1
	军事	49	1.2	1.2	26.3

续表4-3

	数量	百分比（%）	有效百分比（%）	累积百分比（%）
科技	89	2.2	2.2	28.5
文教	361	8.8	8.8	37.3
体育	148	3.6	3.6	40.9
社会	1123	27.4	27.4	68.2
医疗	1050	25.6	25.6	93.8
环境	117	2.9	2.9	96.7
其他	137	3.3	3.3	100.0
总计	4104	100.0	100.0	

紧随其后的文教（8.8%）、其他（3.3%）、经济（3.0%）与环境（2.9%）四大类别，共同构成了新闻海报内容主题的第二梯队。其中，以文化教育为主题的新闻海报多涉及国内重要考试、教育部新政策、支教故事、文化盛事与文艺界活动等，是观照社会文化活动的重要窗口，简明直白的新闻海报形式更有助于发挥此类新闻主题的社会感召力；其他主题新闻海报是《人民日报》微博平台新闻海报的独特类别，此类海报以二十四节气为时间节点，每年当日如期推送节气海报，是一种强调时令感的周期性新闻海报；以经济信息为主题的新闻海报多涉及油价涨跌、宏观经济情势预判、周期性GDP数据、减税政策等，此类新闻海报多借助关键数据和重点政策解读向公众传播时下热点经济事件，具有较强的科普功能；以环境信息为主题的新闻海报产品多为世界地球日、地球一小时、世界爱鸟日、世界噪音日等环保纪念日海报，与此同时，为了强调日趋严重的雾霾问题，《人民日报》微博平台还推出了周期性发布的全国范围内的空气质量排行榜海报，借此实时强调环境问题的严峻性与其对公众日常生活的恶劣影响。

除了以上七种主题的新闻海报，《人民日报》微博平台新闻海报还涉及科技（2.2%）、军事（1.2%）和法律（0.5%）三种内容，如2016年9月15日发布的"天宫二号飞天成功"科技新闻海报、2015年11月11日发布的"中国空军66周岁"军事新闻海报以及2014年12月4日发布的"首个国家宪法日"法律新闻海报等，尽管占比不高，却仍然与其他主题新闻海报搭建了相对完整的新闻产品共同体，也展现出新闻海报形构对接多元社会事实的表达潜力。

第四章　新闻海报生产内容的符号融合：《人民日报》微博平台新闻海报文本表意

从2012年至2020年间《人民日报》微博平台新闻海报的产品结构与内容框架可知，新闻海报产品是同时代接轨、与社会互动且长期存在的新闻产品形式，其通过海报形构与新闻内容的有机互动，在媒介演进中形成了一整套属于媒体机构、传媒行业乃至整个社会媒介文化的信息网络，不仅为传统媒体机构适应融媒体语境提供了新闻生产的创新落点，也为更多新闻生产主体进入新的大众传播空间铺设了跨平台、跨媒体、跨媒介与跨文化的实践理路。

二、形构浓缩与数量扩容：从单一到多样的形态演绎

以产品思维考察新闻海报，中观层面涉及内容采集、渠道运营与用户反馈整个流程，是对新闻海报生产机制的全面回溯，具体将其聚焦到微观层面的产品之上，则主要关注新闻产品的意义生成机制，窥探这一机制的重要信息源便是新闻产品本身。因此，本书试图通过观察新闻海报的基本样态与流变特征，深入理解其文本形构和文体特色，进而触碰融媒体语境下的新闻生产脉络。

（一）《人民日报》微博平台新闻海报的基本样态

从新闻海报的基本呈现方式来看，融媒体语境下此类新闻产品强调一种传播语境。如下图所示，《人民日报》微博平台新闻海报的初始发布状态为与微博文字内容相对应的新闻图像，无论是电脑端还是手机客户端，其产品界面基本包括发布主体、发布时间、微博话题、文字内容、新闻链接、新闻海报与转评赞等几部分，分别对应着新闻生产主体、新闻产品与受众三个关键要素在产品界面定格新闻生产的暂时样态，自成一个结构完整、动线清晰的传受互动空间。

图4-7　《人民日报》微博平台新闻海报产品基本样态示例图
（左侧为电脑端，右侧为手机客户端）

153

在上图所示的新闻海报发布空间内，作为新闻产品的新闻海报存在多种多样的呈现方式，通过对《人民日报》微博平台4104组新闻海报的前期观察，本书将按照海报数量与视觉元素两种视角来分析新闻海报的基本样态。

1. 《人民日报》微博平台新闻海报的数量组合模式

从各组海报的图片数量来看，初步得出统计数据如下表：

表4-4 《人民日报》微博平台新闻海报数量统计表（2012—2020）

		数量	百分比（%）	有效百分比（%）	累积百分比（%）
有效	1	2105	51.3	51.3	51.3
	2	61	1.5	1.5	52.8
	3	51	1.2	1.2	54.0
	4	27	0.7	0.7	54.7
	5	12	0.3	0.3	55.0
	6	36	0.9	0.9	55.8
	7	7	0.2	0.2	56.0
	8	11	0.3	0.3	56.3
	9	1723	42.0	42.0	98.3
	10	35	0.9	0.9	99.1
	11	5	0.1	0.1	99.2
	12	8	0.2	0.2	99.4
	13	3	0.1	0.1	99.5
	14	5	0.1	0.1	99.6
	15	3	0.1	0.1	99.7
	16	2	0.0	0.0	99.8
	17	2	0.0	0.0	99.8
	18	7	0.2	0.2	100.0
	19	1	0.0	0.0	100.0
	总计	4104	100.0	100.0	

由表4-4可知,《人民日报》微博平台新闻海报主要有两种数量组合形式,第一种是常见的单图新闻海报,占比高达51.3%,第二种是由9张海报组成的九宫格系列新闻海报,占比42.0%。其中,单图海报分为两种基本形态,包括40.0%的普通单图新闻海报与11.3%的长图新闻海报。

单图新闻海报是新闻生产对海报形构最基本的应用形态,此类产品往往围绕新闻事实进行海报化的简单视觉设计,是"新闻"与"海报"的直观结合体。在《人民日报》微博平台进行新闻海报生产初期,"海报化"的新闻生产实践仍然属于探索阶段,新闻海报几乎可以被直接理解为"新闻中的海报",如《人民日报》微博平台于2012年8月29日发布的"强国社区征文启事"海报,在有限的新闻图像界面内,铺满了征文的详尽内容,呈现出一种非常经典的活动海报形态。在随后的新闻海报生产过程中,过度借鉴实体海报的产品样态转化为有意识的模板式新闻海报,如自2012年11月至2014年3月作为常规海报出现的"听政"系列,其以人民大会堂灯光、红黄底色与人物照片为基本元素构成海报模板,传递丰富多样的政界声音。(见图4-8)

图4-8 《人民日报》微博平台单图新闻海报示例图

以上两种单图新闻海报都是新闻海报生产的早期形态,多致敬传统的海报样式,有一定的设计思维在其中,却始终缺乏对新闻内容的过滤与强调意识。随着新闻生产主体的表达侧重点愈发集中、受众的信息需求愈发明确,在单图新闻海报的有限界面内,许多新闻内容被舍弃,只留下最核心的事实与观点作为设计素材,如《人民日报》微博平台于2020年2月20日发布的"对口支援汇聚决胜之力"新闻海报,其以简明的对口支援分布地图公告新闻事实,并辅以"我们在一起""武汉加油"两句口号,直接准确地完成了信息发布与舆论引导的双重功能。这种产品简化最直观的对比是同题海报的不同样态,以对H7N9禽流感与新冠疫情进行通报的新闻海报为例,于2013年4月每日发布的H7N9禽流感疫情通报海报强调图表思维,2020年2月起每日发布的新冠疫情通报海报强调数字思维,后者通过放大数字、只强调重点数字实现了对新闻事实的进一步挑选,是在前期新闻海报产品基础之上更具有针对性的信息呈现样态。(见图4-9)

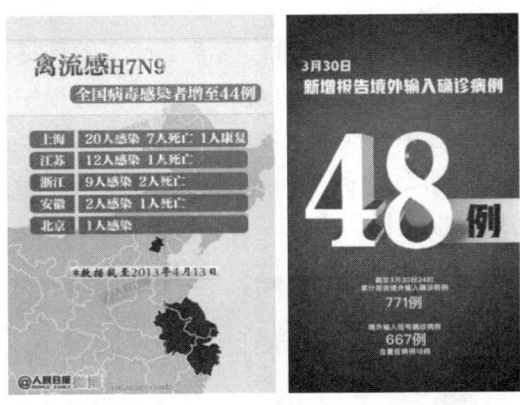

图4-9 《人民日报》微博平台的禽流感通报海报(左)与新冠疫情通报海报(右)

所谓"长图"是指超出了微博界面的基本预览大小,于右下角自动生成橙底白色"长图"二字,借此预告了新闻海报内容的篇幅。事实上,这一设计源于移动网络普及初期流行的"长图预警""流量预警"之类的技术预告习惯,但随着新媒介环境下的新闻生产持续发展,"长图"逐步变成了一种篇幅标准,既为新闻生产主体提供了主动设定内容体量的自由,也为受众展现了更加多元的新闻海报形态,是传受双方在产品界面的共同适应。与此同时,长图新闻海报的出现还是"新闻"与"海报"的身份调和,"新闻"内容延展海报的基本尺幅,"海报"形式允许新闻生产的微观创新,二者相辅相成构成了愈发适应融媒体语境的新闻产品,也在文体跨界中创造了新的媒介形构。

形态各异的单图新闻海报为多图新闻海报提供了组合基础,但触发新闻海报数量由少变多的动因始终是技术性的。在2014年之前,新浪微博平台只提供转发新闻链接、单张图片与短视频的技术框架,因此,最早的一组多图新闻海报是《人民日报》微博平台于2014年2月10日发布的"向《感动中国》人物致敬"系列海报(见图4-10)。

第四章　新闻海报生产内容的符号融合：《人民日报》微博平台新闻海报文本表意

图4-10　《人民日报》微博平台多图新闻海报产品示例图

该组新闻海报以感动中国人物照片、感动中国奖杯红色底纹与人物颁奖辞为设计元素，简明扼要地介绍了2013年感动中国人物的先进事迹，9张图片共同发力形成强势传播。随着技术限制不断降低，《人民日报》微博平台于2020年2月16日发布"风雪战疫人"11张图新闻海报、2019年12月31日发布"55个瞬间回顾即将过去的2019"12张长图新闻海报、2020年2月16日发布"防护服上的字句句戳心"19张图新闻海报等，作为新闻产品的新闻海报不断在数量上扩充内容容量，将图片数量变成新的篇幅载体。

与单图新闻海报的基本样态一致，多图新闻海报也由单幅的正方形、长方形或长图新闻海报组成，但数量优势为其提供了生成各种新闻海报集群变体的可能性。在长期新闻生产实践中，《人民日报》微博平台多图新闻海报共形成了三种不同组合模式。

第一种是强调统一形构的同型多图新闻海报集群，如《人民日报》微博平台于2020年9月8日发布的"抗疫战斗的平凡英雄"系列海报（见图4-11），该组新闻海报以新冠疫情期间的医护照片为基底，配以突出职业特色的简短感谢题字，成为突发公共卫生事件中引导情绪、鼓舞公众的强势新

157

闻海报组合。此类多图新闻海报重在突出图片本身的影响力，以重复的形构和细微的差别服务于同一个主题，是多图新闻海报中最基础且最常见的新闻产品样态。

图4-11 《人民日报》微博平台同型多图新闻海报示例图

第二种是围绕一张中心图片进行发散的中心型多图新闻海报集群，如《人民日报》微博平台于2015年3月22日发布的"世界水日"系列科普海报（见图4-12），此类海报往往以九宫格形态出现，在视觉中心放置最简明核心的新闻内容，环绕其编排的其他八张海报则多为细节补充或相关知识科普。中心型多图新闻海报在视觉传达过程中形成了非常明确的观看中心，往往能一步到位地传递当时当地最重要的信息，营造出"众星捧月"般的海报集群内部关系，相当于在编辑手段上对新闻海报之间的重要性进行筛选，提升新闻海报的传播效能。

第四章 新闻海报生产内容的符号融合：《人民日报》微博平台新闻海报文本表意

图4-12 《人民日报》微博平台中心型多图新闻海报示意图

第三种是由九张海报组成同一张图片的组合型多图新闻海报，剔除重复发送的内容后，2012年至2020年间《人民日报》微博平台共发布此类组合海报44组（1.9%），证明其是数量较为丰富的创意类多图新闻海报类型。如《人民日报》微博平台于2018年5月12日发布的"汶川大地震10周年"新闻海报（见图4-13），其以一图一字的形式共同构成"汶川大地震十年祭"，并用破碎的时钟、红白黑三色渲染庄重肃穆的缅怀之情，样式简明、情绪直接，具有极强的情绪引导效能。除了这种九图组合的基本形态，有些组合式多图新闻海报还会在每张图上进行隐藏设计，如改造为长图或动图等以便增加整组海报的趣味。相较前两种，此类多图新闻海报更强调整体感，用切割式的呈现方式扩大每个部分的曝光面积，进一步突出了新闻海报的核心内容。值得注意的是，在新闻生产主体以单图、长图、同型、中心型、组合型不断丰富新闻海报产品样式的过程中，不同形构的新闻海报产品之间并不存在替代关系，尤其是在技术支持更加多样化之后，以上提及的新闻海报产品样态逐步成为新闻生产的素材库，推动新闻海报产品的内容简化与形式创新。

融媒体语境下的新闻海报及其生产机制

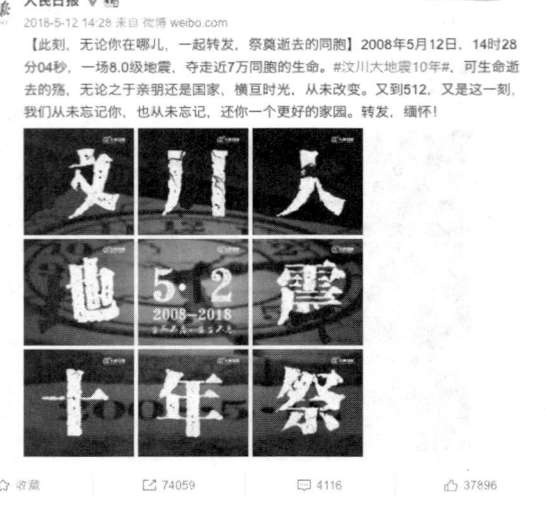

图4-13 《人民日报》微博平台组合型多图新闻海报示例图

2. 《人民日报》微博平台新闻海报的视觉元素

按照《人民日报》微博平台每组新闻海报呈现的主体视觉元素,本书将其初步分为视觉设计、新闻照片与漫画手绘三种主要类型,其中有3277组(79.8%)视觉设计新闻海报、761组(18.5%)新闻照片新闻海报与66组(1.6%)漫画手绘新闻海报。三者在数量上的差异,很大程度体现了不同视觉元素的制作难度,在强调新闻时效的融媒体语境下,拥有固定模板的视觉设计新闻海报天然具有制作流程短、推送速度快的传播优势,因此相较于后两者数量更多。

具体来看,三种类型的新闻海报形构各有千秋:如《人民日报》微博平台于2020年1月22日发布的"防控疫情多助力莫添乱"单图新闻海报就是典型的视觉设计海报(见图4-14左),其以黑灰色的涌动人潮与抽象化人际网络为图片底纹,于前景使用实体口罩照片突出加强防护的重要性,并在此基础上用红字发出强烈号召——"保护自己也是保护他人",即便没有实时的新闻照片和具体内容,仍然表达了当时当地该如何应对疫情的具体观点,进而形成一种简明应景的社会引导。再如《人民日报》微博平台于2020年8月19日发布的"2020年中国医师节"致谢版单图新闻海报(见图4-14中),该海报以新冠疫情前线的医护人员背影为主体,选取其全副武装、准备奔赴战场的动作,将突发公共卫生事件与中国医师节这一时间节点相结合,用"英雄就是普通人拥有一颗伟大的心"赞颂医护人员的辛苦和无畏,自然而然地烘托

160

出"谢谢你为我们拼过命"的感激之情，意蕴简明不简单，十分具有情绪感染力，是新闻照片类海报的经典样式。又如《人民日报》微博平台于2020年6月16日发布的"CBA全力以复"新闻海报（见图4-14右），整张海报以手绘漫画为主体，描摹了医生、运动员、护士、快递小哥等不同职业，结合CBA联盟即将回归的赛事热点对应疫情后复产复工的社会情境，借体育赛事之热调动公众投入生活生产的热情，既是一种主题上的联动，也是漫画手绘形式与新闻海报文体的优质互构。

图4-14 《人民日报》微博平台新闻海报视觉元素示例图

在以上三种基本类型的基础上，强调视觉感染力的《人民日报》微博平台新闻海报还借和多样化的媒介技术手段对新闻产品进行了适应改良，即借鉴不同的信息产品形构，不断丰富新闻海报的视觉表达元素。

第一种较为显著的借鉴来自新闻文体内部——数据新闻。作为一种信息技术，数据可视化和图表化的主要目标就是信息沟通，通过将数据设计成为功能与审美并重的图形、图像、地图、动画等形式，让信息的沟通交流更为直观、清晰和高效[1]。"生理学也证明，人的大脑皮层当中，有40%是视觉反应区，人类的神经系统天生就是对图像化信息最为敏感。而数据可视化的技术，可以通过图像在逻辑思维的基础上进一步激发人的形象思维和空间想象力，吸引、帮助用户洞察数据之间隐藏的关系和规律。"[2]这一诉求与新闻海报强调核心信息、突出根本逻辑的传播诉求不谋而合，自然为二者之间的互动互构提供了借鉴基础。在2012年至2020年间《人民日报》微博平台发布的

---

[1] 邵鹏：《媒介融合语境下的新闻生产》，杭州：浙江工商大学出版社，2013年，第172页。
[2] 涂子沛：《大数据》，桂林：广西师范大学出版社，2012年，第102页。

新闻海报中，共有905组（22.0%）以数据为主体的新闻海报，主要包括单独强调某一数据的数字类新闻海报，常见如疫情期间的全球新增病例海报（见图4-15），以及数字化展现持续性新闻事件内部逻辑的数据类新闻海报，如对全球疫情形势进行实时跟踪的统计图片新闻海报。此类新闻海报产品的持续输出表明，在以视觉化为核心理念的新闻海报产品创新过程中，流行于新闻生产领域的大数据思维正在"攻城略地"，尽管以数字为核心的新闻表达面临缺少观点、碎片化传播的传播偏差，但大量且持续的数据描摹却能够让系列新闻产品集群合力营造一种宏观的认知体系，同样有助于新闻生产主体的信息传播与新闻受众对内容的有效解读。

图4-15　《人民日报》微博平台数字类新闻海报与数据类新闻海报示例图

　　第二种桥接是新闻海报对动图技术的广泛应用。常见于新媒体平台的动图往往被简称为GIF（Graphics Interchange Format），即图形交换格式，其以超文本标志语言方式显示彩色图像，GIF基本的工作原理是由多个像素将简短的动态瞬间截取为图片模式并进行重复播放，其在新闻生产中多被用以定格重要事件。在《人民日报》微博平台的新闻海报生产实践中，本书所关注的样本集群内共有103组（2.5%）动图新闻海报，如于2020年5月发布的"珠峰测量登山队站上世界之巅"动图新闻海报，海报截取了珠峰测量登山队登顶的重要瞬间，并辅以《人民日报》报头的重大事件号外模板，一边突出了事件本身的重要性，一边用动图循环展现新闻事件的关键节点，这种用报纸框架对接融媒体元素的动图新闻海报同样也是非常典型的媒介融合新闻产品。对动图传播效能的重视，在多图新闻海报中也有所体现，如《人民日报》微博平台于2019年9月29日发布的"授勋仪式最感人的7个瞬间"系列动图海报,专门截取习近平总书记为农村先进模范、两弹一星元勋、志愿军一级英雄、战斗英雄、杂交水稻之父、我国第一代核潜艇总设计师、中医药科技创新优秀代表授勋的庄重瞬间,统一的版式和红色背景带来极强的视觉冲击,着重渲染了授勋仪式的重要地位。动图元素在新闻海报产品中的频繁出现表明,新闻海报是一种与媒介技术实时对接的新闻产品,其擅长通过使用媒介技术的显要特征进行信息传播,动图无限循环构成的视觉幻影恰好能够助力强势新闻的传播,推动新的信息消费习惯与审美偏好的养成,为新闻产品体系不断注入新鲜血液。

第三种相对常见的视觉元素是二维码。二维码又称Quick Response Code,是用某种特定几何图形按一定规律在平面(二维方向上)分布的、黑白相间的、记录数据符号信息的图形,其以与二进制相对应的几何图形表示文字信息,常常能够将很大的信息量凝聚在一张图之内[①]。本书所关注的《人民日报》微博平台集群内共有40组(1.0%)新闻海报包含二维码,如2020年5月22日发布的"十三届全国人大三次会议开幕会"预告海报(见图4–16左),该海报以包含人民大会堂实景的红色界面为背景,用二维码连接会议视频直播网址,成功从海报跳跃至视频空间,为不同媒介之间的互动提供信息桥梁,方便快捷地扩展了新闻海报的信息含量与传播功能。再如2020年2月26日发布的"奇妙漫游云逛展"新闻海报(见图4–16中),海报整体呈现为方形的盒子,寓意向内探索,并通过二维码提供多家博物馆、美术馆的VR体验入口,为疫情期间无法出行的受众提供了足不出户也能联动古今的线上文化活动。又如2019年10月1日发布的"今天我们都是升旗手"活动海报(见图4–16右),二维码链接"14亿粉丝升国旗"活动H5界面,既营造了实时互动的受众体验,也通过简单的新闻游戏调动公众共同投入到欢度国庆的热烈氛围中来。由此可见,得益于二维码的空间延展功能,包含二维码元素的新闻海报大多成为一种预告式的信息展板,是引领受众进入深层次信息互动的一扇大门,具有独特的引介效能。

---

① 郭波涛,陶为铭:《二维码在电视和报刊中的应用》,《声屏世界》,2014年第12期,第47–48页。

融媒体语境下的新闻海报及其生产机制

图4-16 《人民日报》微博平台二维码海报示例图

除了以上三种视觉元素，融媒体语境下的新闻海报产品还在不断吸纳视频等新的新媒介元素作为信息传播工具，但由于技术与体量限制，其他元素的应用数量远不如数据新闻、动图和二维码。与此同时，这些视觉元素还存在丰富多变的组合关系，如《人民日报》微博平台于2017年4月20日发布的"首架货运飞船天舟一号成功发射"号外海报是"动图+二维码"、2018年11月11日发布的"天猫双十一"破纪录海报，是"数据新闻+动图"、2020年4月30日发布的"为鄂下单湖北团圆专场"活动海报是"数据新闻+二维码"，多种多样的新闻海报视觉元素已经成为《人民日报》微博平台必备的新闻编辑手段，并结合其他平台不断扩充视觉新闻产品的基本形构，不断推动融媒体视域下新闻生产创意的多样化表达。

（二）《人民日报》微博平台新闻海报的流变特征

通览以上《人民日报》微博平台新闻海报的产品结构、内容框架与基本样态可知，新闻海报产品始终存在"不变"与"变"两种力量博弈，保持不变的是"新闻之本融创海报之形"的基本构成理念，持续演变的则是新闻产品的具体形态和创意传播方式：在2012年至2014年的新闻海报应用初期，新闻海报更多的是"新闻+海报"的直观对接，即以传统张贴、告示形态为框架，向其中填入简明的新闻内容，是一种具有探索意义但略显机械化的创作尝试；2015年之后，尤其是在媒介融合大趋势逐步深化的过程中，产品结构与内容框架趋于稳定的新闻海报产品开始出现形态变体，如数据新闻、动图、二维码以及视觉设计、新闻照片、手绘漫画元素的大量出现，一步步拓宽着新闻海报产品的适用领域与传播范围。在此过程中，新闻生产主体往往用"一增一减"的方式来达成新闻海报产品的演变，由此产生了不同阶段的

第四章 新闻海报生产内容的符号融合：《人民日报》微博平台新闻海报文本表意

形态流变。

首先，数量增加，变化减少。《人民日报》微博平台新闻海报的数量流变趋势表明，在传统媒体应对媒介融合浪潮的过程中，其对新闻产品样态的挖掘是一种动态的过程。在适应新闻生产新环境的探索初期，具有实验性质的新闻产品数量会不断增加，其间，新闻生产主体用多样化形态试错、调整，进而逐步确定一种相对固定的产品样态，由此进入可复制的稳定阶段。这一现象背后，往往是被媒介技术驱动的生产力变革，也意味着在技术环境相对稳定的情况下，新闻产品的形构将在一定阶段内生成相对固定的生产范式，该生产范式在持续输出类似产品的同时，也促成了文体形构的确定。于是，尽管新闻产品的数量会随着诸如新冠疫情之类的突发公共事件增加，但现有的生产范式并不会被冲击，如同新闻海报一般的新闻产品也将继续保持现有的生产样态，按部就班地传递信息。

其次，渠道扩充，容量缩减。作为重要的新闻海报产品生产工具，各种各样的新媒介技术手段与表达方式为新闻传播提供了便利，其不仅延展了新闻生产主体截取信息资源的渠道，也扩容了信息消费者获取信息与二次传播的渠道。在信息传受网络逐步打通的过程中，"便于传播"成为时代赋予新闻产品的新要求，这一点在新闻海报形构上突出表现为信息容量不断减少，即其从事无巨细的活动公告版式转变为只强调重点内容的设计版式，尽管缩减了海报空间内的信息容量，却用减法大大提高了核心信息的表达质量与传播速度。在此期间，被淘汰的往往是冗余的文字而非重要的信息，也反向推动编辑策略与新闻生产理念的转型升级。

再次，强化仪式，削弱事实。融媒体语境孵化了新的信息传受模式，传统的传者主导站位被消解，受众更是在新技术裹挟下迅速培养起一套强调传播效率与视觉吸引力的视听习惯。新闻海报正是这一背景下借助传统媒介形构进行内容复兴的新闻产品，其以同型、中心型、组合型多图海报形成传播集群，并通过多种图片组合方式在社交媒体平台营造出具有视觉传达张力的仪式感。这种仪式感体现了"互动性、移动性、跨越时空性的表现特征，为消费者和用户提供仪式再现化分享"[①]，并在类似形构的重复与大量传播中继续深化新闻产品的接受度与认可度，强化当下新闻生产范式的适用性。在此期间，新闻事实也成为一种言说工具，导致其不再是新闻产品的核心卖点，

---

① 肖辉馨，谭超杰：《融媒产品思维下新闻评论节目的转型——以〈闪电舆论场〉为例》，《青年记者》，2019年第35期，第90-91页。

反而在大部分情况下以背景姿态出现，成为观点和情绪的背景板，被用以调动传受双方的文化共情和媒介互动。

接着，空间扩充，时间缩短。随着新闻海报产品被传受双方普遍认可，该文体随之扩充了信息的传播空间，也扩充了新闻产品的展示空间。这一特征常见于互动类新闻海报的跨媒介设计，如在新闻海报中通过二维码链接H5、VR以及新闻游戏等，将新闻从平面上的静止文本激活为虚拟空间中的动态内容，为受众提供了一步到位的视听体验。空间扩展的直接结果，正是信息获取时间的迅速缩短，受众从实体在场转化为虚拟在场，节约了信息获取成本却同样能接触相对丰富的内容。在此层面上，融媒体语境下的新闻海报以浓缩空间、缩短时间的方式达成自身表意效能的时空扩容，预示着未来新闻生产亟须大力挖掘的发展方向。

最后，策划增多，理念精简。《人民日报》微博平台的新闻海报产品结构表明，新近发生的事实并非新闻海报唯一的内容核心，新闻生产主体会有意识地结合社会情绪、经济需求与政治号召进行特定的新闻策划，尤其是在当下信息获取速度不断提升的当下，观点往往比事实具备更高的传播价值，因此，随着新闻生产主体的自觉意识不断增加，此类产品的数量也必然持续增加。这一发展趋势意味着，新闻产品背后不再是传统媒体机构强调的传受理念，而是一种适应新媒体环境的产品思维，即"新闻单位的一切生产和报道活动，都以读者以及用户需要获得什么内容、需要什么方式的报道、看到报道后能获得多大的满足为中心来进行"[①]。与之相适配，新闻海报的流通空间与传播渠道等也将相对应的场景特征、组织协同等要素纳入媒介产品生产过程中，共同精简为一种对新闻事实、观点与受众需求之间的平衡机制，推动新闻产品及其背后生产运作的不断升级。

第二节　符号化的产品表意理路

丰富多样的新媒介渠道与技术手段为新闻海报产品持续创新提供了传播空间和技术支持，但是，在海量产品与基本样态之下，其实是一种新闻生产视域下以符号为基础单位的视觉传达实践，这一实践过程既涉及新闻生产主

---

① 李富宁：《探析主流媒体产品思维的打造》，《新闻潮》，2020年第6期，第38—40页。

体对符号元素的综合运用,也涉及新闻产品消费者对新闻海报这一符号集合体的具体解读,最终,作为新闻产品的新闻海报则是以符号集群的姿态流入信息沟通与文化交流空间,在一次次符号互动中展现新闻生产的基本样态与社会文化的媒介切片。

一、以洞中肯綮的符号结构突出核心

从新闻海报产品向新闻海报文体的析出,是一个对具体符号集合体内容框架进行归纳的过程。以《人民日报》微博平台新闻海报的基本样态与流变特征来看,尽管新闻海报产品的内容议题、数量组合与视觉元素各有差异,但其基本形成了一种相对固定的符号结构(见图4-17):

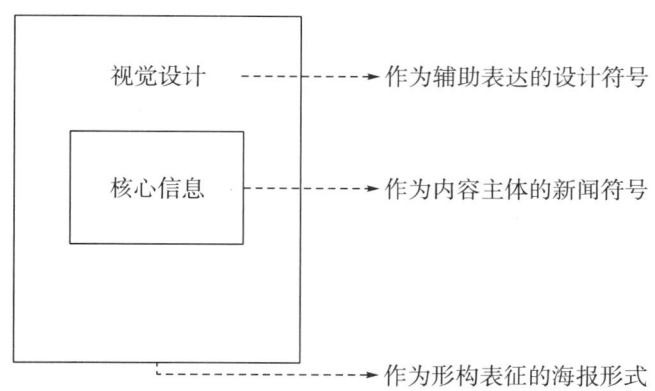

图4-17 单图新闻海报符号结构示意图

如上图所示,浓缩后的新闻海报符号结构非常简明,仅仅包括作为内容主体的新闻符号、作为辅助表达的设计符号以及作为形构表征的海报形式,但三者之间形成了一种和谐共生、由点及面的符号关系。其中,传递核心信息的新闻符号是整张海报最想突出的"点",即题眼,承载着传递信息、纾解情绪和引导舆论的关键作用,如疫情速报新闻海报中的新增病例数量、时间节点海报中的主题文字、突发事件新闻海报中的关键信息摘要等,都试图用最少的文字表达最核心的内容,让新闻产品一步到位地完成信息传播的根本任务。但是,这种主体地位需要通过视觉设计来加以强调和烘托,此即视觉设计元素存在的必要性:如果疫情速报海报中没有固定的对比色背景进行强调,新增数字便不具备相应的视觉冲击力,所谓的新闻海报则与一般的新闻报道无异;如果时间节点海报没有主体人物或节日氛围元素的烘托,主题文字的感染力便会被大幅度削减；如果突发事件新闻海报缺少新闻照片，新闻海报必然缺少现场感与说服力，会影响新闻真实性与媒体公信力。由此可见，作为"点"的新闻题眼与作为"面"的视觉元素相辅相成，正是二者之间的有效合作，共同组成了作为形构表征的海报形式，为新闻海报文体析出提供了基础模板与符号结构。与此同时，所谓的新闻海报形构也是一种框架与鞭策，其以无形的文体压力规定新闻符号与设计符号的展演空间，促使新闻海报文体不断深化，为具体形态创新制定愈加清晰的文本规则。

随着每组新闻海报数量的不断增加，这种流通于单图新闻海报中的符号结构延伸至多图新闻海报则转换为以下三种形态（见图4-18、图4-19、图4-20）：

图4-18 同型多图新闻海报符号结构示意图

第四章 新闻海报生产内容的符号融合：《人民日报》微博平台新闻海报文本表意

图4-19 中心型多图新闻海报符号结构示意图

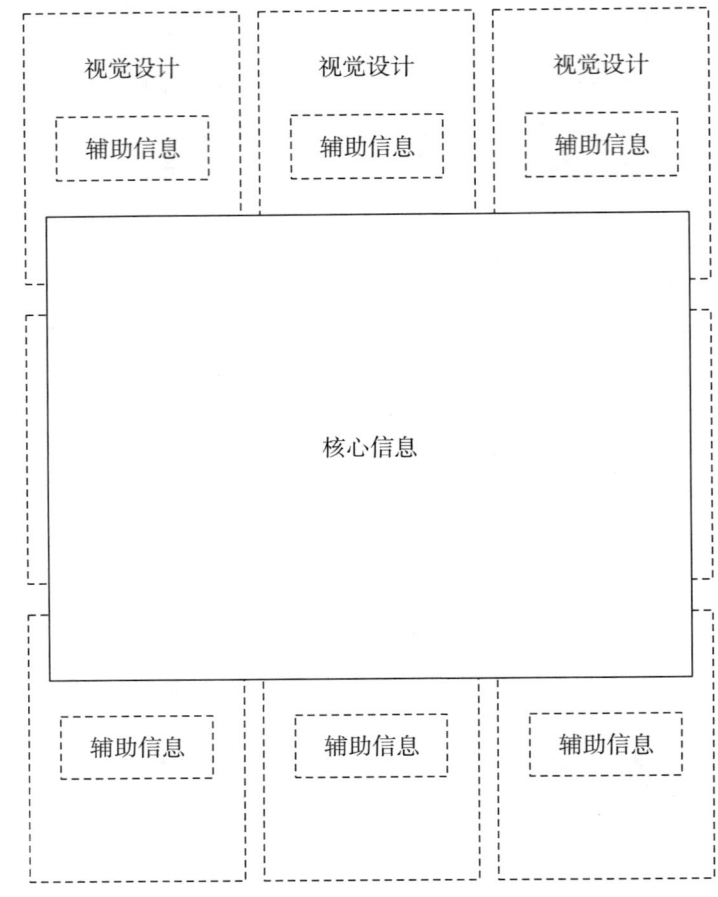

图4-20 组合型多图新闻海报符号结构示意图

如以上三张图例所示，实线代表整组新闻海报突出强调的主要内容，虚线代表辅助新闻海报表意的次要内容，单图新闻海报的符号结构在多图新闻海报组合中发生了形变。对于同型多图新闻海报，如用同一张模板进行人物介绍的"感动中国"系列海报，每一张新闻海报都保留了单图新闻海报的基本符号结构，即通过多图复制形成带有强势传播意味的新闻图像集群，每张海报都能够单独成为表意载体，能够清晰完整地传递独立信息内容。对于中心型多图新闻海报，如将活动时间、主题集中在中心位的"地球一小时"活动海报，位于中心点的新闻海报天生具有视觉优势，在具体产品呈现中其又通过增大字体、简化设计元素的方式被人为突出，是中心型多图新闻海报的题眼，其他海报则多发挥辅助表达的功能。对于组合型多图新闻海报，如一图一字的"汶川大地震10周年"纪念海报，每张新闻海报之间的文本界限被打开，核心信息也从单图新闻海报中"走"出来，成为九宫格图片共享的新闻符号。在这个层面来看，相较于各自表意的同型多图新闻海报，中心型多图新闻海报与组合型多图新闻海报更像是将一张新闻海报拆分开来，其中，中心型新闻海报将新闻符号置于中心位置、组合型多图新闻海报将新闻符号打散在整个界面，始终遵循强弱对比、由点及面的符号结构。在此基础上，新闻海报产品会由于具体新闻内容体量不同，在尺幅上出现变长、变宽等形态，对符号结构的基本公式进行多样化演绎，但新闻海报集群进行传递信息、纾解情绪和引导舆论的符号结构却日渐清晰化，从而推动新闻海报文体的析出，既为新闻生产主体提供了便捷简明的产品蓝本，也为新闻海报消费者预设了直观的视觉识别机制。

需要强调的是，当前这种新闻海报符号结构并不是新闻海报产品的早期形态，此类符号结构的演变是一种经历持续探索而来的符号组合公式，在具体新闻产品的生产与传播中，这一公式同样有可能发生形变，但新闻符号与视觉设计相辅相成的理念将始终影响新闻海报产品的形构，并由此支撑其作为一种新闻文体继续在融媒体语境下发挥传播效能。当然，面对各类新闻产品持续创新的大环境背景，新闻海报日渐凸显的产品地位也随时可能会被新的爆款产品撼动，但这种催促新闻产品进行实时调整的不确定语境，恰恰是推动新闻海报符号结构趋向稳态的外部压力，新闻海报产品也必然会在博采众长的过程中持续升级产品符号结构，为融媒体语境下的传受互动提供更好的交流体验。

二、以循序渐进的符号系统调度感知

在融媒体语境下，作为媒介的新闻海报与语言符号相似，需要"为思考方式、表达思想方式以及抒发情感方式重新进行定位，并在这基础上创作出独特的话语符号"[①]。新闻海报文本跨越以上思维过程逐步完成符号表意，自然而然地在新闻生产体系内部建立了一系列符号关联，并借由各类符号在不同文体、不同媒介乃至不同机构之间生成自身文体的符号表意系统。对新闻海报符号系统的划分，首先可以追溯到皮尔斯对符号学内部分支的考察，他认为"符号学的第一个分支属于纯语法学，即探明什么东西必然相符于每一

---

① 舒超逸：《尼尔波兹曼〈娱乐至死〉中的现代性倾向批评研究》，《新闻传播》，2016年第3期，第29+31页。

种科学心智所使用的再现体，从而使符号可以体现任何意义"①，这一点指涉新闻海报文本得以表征世界的基本逻辑，是符号参与意义表达的理论源头；符号学的"第二个分支是逻辑学本身，关注什么东西必然地相符于科学心智所使用的再现体，从而使它可以适用于任何对象"②，即新闻图像与新闻事实或观点建立符号关联的合法性；"第三个分支是在保留词的既有联想方式上为新概念命名，把它称之为纯修辞学"③，这一取径关注新闻海报符号系统的言说方式，是强调符号表意效果的起点。将以上三个符号学分支与"引起注意—建构—意义判断"的符号获意过程相结合，可以得出新闻海报符号系统的基本构成如下：

（一）激活符号系统的获意起点：新闻海报中的知觉符号

知觉符号理论强调认知加工过程中的具身机制，其以环境中的事物或事件的某些特征的信息为基础，这些信息往往来自视觉、味觉、嗅觉等对不同情境的感知以及情绪、想象、动机和认知等有意识体验的内省通道，并经过"典型化"形成知觉符号④。作为知觉符号系统的信息获取渠道之一，视觉是个体借助符号获取信息的重要来源，融媒体语境下以新闻海报产品为代表的新闻图像正是一个具象化的视知觉符号展板，其借由受众个体记忆中的知觉符号框架进行概念输出与内容解读。值得注意的是，直观知觉符号引发的意义追寻是意识与符号世界建立关联的应有之义，其不以具体时空进行内容限定，只凭借事物或事件与意识的符合程度而自然关联，新闻海报中的关键文字与新闻照片能够准确对接特定的新闻事实本身，即是视知觉符号的形式直观效能。

新闻海报这一视知觉符号产品在进行事实与观点传播时，主要通过三种模式激活符号系统表意：第一种是同模态视知觉符号引发的认知惯性，以新闻海报中常见的视觉设计、新闻照片与手绘漫画表现元素为例，视觉设计突出文字或数字、新闻照片指示新闻事件现场、手绘漫画浓缩事实与观点，尽管聚焦于不同的具体事实，但三者都能作为建立意识与事实关联的媒介，调动新闻产品与新闻事件的针对性；第二种是类框架视知觉符号引发的表意一

---

① ［美］皮尔斯：《皮尔斯：论符号》，赵星植，译，成都：四川大学出版社，2014年，第5页。
② ［美］皮尔斯：《皮尔斯：论符号》，赵星植，译，成都：四川大学出版社，2014年，第5页。
③ ［美］皮尔斯：《皮尔斯：论符号》，赵星植，译，成都：四川大学出版社，2014年，第5页。
④ 卢凤，朱传林，张嫡嫡，刘电芝：《具身知觉符号理论视角下的情绪启动效应》，《心理学探新》，2020年第4期，第296-301页。

致性，单幅新闻海报、长图新闻海报与同型、中心型和组合型多图新闻海报的多样变体表明，尽管数量和尺幅不同，但新闻海报产品始终存在可识别的组合模式，能够直接表明新闻内容的重要性，并启动相对应的视知觉刺激助推信息传播；第三种是由认知惯性与表意一致性触发的视知觉符号表意的可延续性，虽然融媒体语境下的新闻海报也是一种快新闻产品，且视知觉符号与个体的接触时长有限，但其符号内涵引发的意识关联会因为辨别与思考延续一段时间，促进新闻产品内容的持续发酵，进而达成传受双方在文本含义上的进一步沟通。由此可见，作为新闻海报符号系统中的基础性存在，视知觉符号不仅能够影响新闻产品被识别与感知的传播效率，也将进一步影响受众参与产品识别和内容感知的具体模式，为形塑融媒体语境下的新型传受关系提供直接鲜活的符号互动载体。

（二）强化符号识别的表意集群：新闻海报中的风格符号

如果说知觉符号偏重符号形式带来的直观冲击，那风格符号则是驱动符号表意的内容载体，是新闻海报集群达成表意功能的关键所在。所谓风格，"似乎应当是任何上乘之作共有的特质。根据皮尔斯的符号定义，上乘之作应当具备的共同特质，是一种可以使文本接受者面对世界，所产生一种陌生化效果的意义能力。强大的符号，不仅止于'再现'所指对象，而是令人尽可能'跃过'对象，深入永无止境的意义空间"[①]。由《人民日报》微博平台发布的新闻海报产品来看，当前普遍流通于融媒体语境下的新闻海报不仅是一种具有特定图文风格的新闻产品形构，还通过形态多变的内容谱系创造了属于特定媒体机构以及媒介平台的言说风格，进而凭借引人注目的视觉效果和新闻设计实现新闻内容的有效传播。由此可见，从新闻海报到新闻海报文体的演变离不开文本自携元语言对文本意义的建构[②]，当"独特的审美风貌在读者中产生相对稳定阅读期待和审美反应"[③]时，风格符号则成为新闻产品乃至生产主体的独特身份符号，能够"作为一种抽象之物荷载意义和象征他物"[④]。

[①] 文一茗：《叙述还是所述？——作为"风格"的电影蒙太奇》，《符号与传媒》，2019年第2期，第175-185页。

[②] 冯月季：《符码与元语言：媒介文本意义生成的符号学阐释》，《江汉大学学报（社会科学版）》，2017年第4期，第110-114页。

[③] 葛红兵，肖青峰：《小说类型理论与批评实践——小说类型学研究论纲》，《上海大学学报（社会科学版）》，2008年第5期，第63-74页。

[④] 黄春玲：《论苏珊·朗格"艺术作品的'他性'"》，《当代文坛》，2014年第6期，第39-41页。

在此期间，新闻海报中的风格符号展现出游走于新闻和海报两个概念之间的特殊性：首先是引申于新闻本质的真实性，在视觉元素的选择上，仍然有大部分新闻海报以新闻照片为创作素材，极尽所能地通过现实镜像展现海报内容与新闻现实的有效联结；其次是借鉴于海报创作的艺术性，新闻海报中的视觉设计与手绘海报已然脱离了传统新闻生产对报道文字与新闻照片的绝对框架，一切围绕新闻事实与观点进行的二次创作都不可避免地存在一种设计美感与艺术意蕴；最后是新闻与海报结合产品在信息消费浪潮中获得的消费性，除了预告直播带货这类绝对意义上的经济类新闻海报，作为新闻产品的新闻海报本身始终都在消费受众的注意力，具有强烈视觉冲击力的风格符号本身就是触发注意力消费的直观落点。以风格符号稳定文体特征的新闻海报，不仅凭借真实性、艺术性与消费性形成了视觉表征的特殊性，还在不同新闻题域、媒体机构与媒介平台上尝试改造或创建新的风格符号变体，不断丰富新闻海报表意符号集群的元素体系，将新闻产品与新闻生产路径紧密相连，以保证该文体始终拥有旺盛的内容传播生命力。

（三）延展符号内涵的互动载体：新闻海报中的修辞符号

所谓视觉修辞，"是非语言修辞学的一部分，视觉修辞被认为是一种修辞技术，它是指一种借助图片、影像等视觉符号以实现人类传播意图的修辞方式"[①]，其涉及"修辞者、交际对象、修辞手段、修辞方法、修辞规律、修辞效果，包括了视觉修辞文本的理解和认知过程"[②]。关注新闻海报修辞符号，其实就是在图像时代背景下考察视觉媒介存在与表意的基本逻辑，即探讨以新闻海报为代表的新闻产品"视觉话语建构的劝说意义和修辞策略"[③]，理解其实现说服与认同的符号互动机制。与传统媒介时代新闻生产涉及的修辞符号不同，融媒体语境下新闻海报中的修辞符号具有极强的时代特征，其以当下时空的社会事实为基底进行符号表意，将传受双方共在的现实语境作为修辞基底，既存在加速社会特有的不确定性，也存在碎片化传播时代的精简特征。尤其是在新闻海报这类以视觉图像为主要形式的新闻产品不断流通时，融媒体技术将新闻事实浓缩于视觉图像的有限空间内，视觉图像以及那些并

[①] 陈汝东：《新兴修辞传播学理论》，北京：北京大学出版社，2011年，第78页。
[②] 陈汝东：《论视觉修辞研究》，《湖北师范学院学报（哲学社会科学版）》，2005年第1期，第47–53页。
[③] 刘涛：《何为视觉修辞——图像议题研究的视觉修辞学范式》，《湖南师范大学社会科学学报》，2018年第6期，第1–11页。

不必然具有视觉性的事物的视觉化在戏剧性地加速发展，以致图像的全球流通已经达到了其自身的极致，通过互联网在高速运转[①]。在此过程中，诸如新闻海报产品借鉴的数据新闻、动图、二维码等成为一系列相互交织、共同表意的综合修辞符号，将物理空间完整地平移至虚拟空间中，即便人的实在与物的实在均不在场，仍然能够实现新闻海报传播信息、纾解情绪与引导舆论的核心目的。

事实上，在修辞符号进行表意的过程中，新闻海报这一符号集合体正是凭借不同像似关系沟通了多种符号互动关系：第一种是像似性修辞符号对新闻事实的生动复刻，新闻海报中的新闻照片是再明显不过的像似符号，它联通了新闻海报文本与新闻事实；第二种是指示性修辞符号对社会热点的提喻，如新冠疫情期间"热干面"成为武汉的代名词，出现于大量手绘漫画类新闻海报之中，成为全国人民与武汉人们的情感纽带；第三种是象征性修辞符号对社会情境的共情，如国庆节、党的生日系列新闻海报中的红色、国旗等必备设计元素，是长期文化实践中积累而来的社会文化符号，它们以海报为展板调动了整个中国媒介社会语境内部的文化共情。此外，既是新闻产品也是视觉设计产品的新闻海报符号体系中还存在无意义符号，如新闻生产主体为了美观而加入的线条、渐变与几何图形等。正是这些符号共同构成了新闻海报的符号系统，以内隐于新闻海报集群之中的宏观形态始终存在，并在新闻海报设计与传播实践中外显为一张张内容精简、形式独特的新闻海报产品，持续不断地将现实社会转化为媒介社会，由此搭建起图文并茂的社会信息展示空间。

三、以层次分明的符号意义聚合文化

奥地利学者冯·贝塔朗菲（Ludwig Von Bertalanffy）和美国学者A·拉威奥莱特（Laviolette）认为，人所特有的、能将人和别的事物截然分开的独特的行为，就是在思想和语言中创造符号宇宙的能力。除了直接满足生物需要，人不是生活在事物的世界中，而是生活在符号的世界中。[②]与琳琅满目的商品符号、内涵鲜明的政治符号、多种解读的文化符号一样，新闻海报也是

---

① ［美］尼古拉斯·米尔佐夫：《视觉文化导论》，倪伟，译，南京：江苏人民出版社，2006年，第9页。

② ［奥］冯·贝塔朗菲，［美］A·拉威奥莱特：《人的系统观》，张志伟等，译，北京：华夏出版社，1989年，第56页。

符号世界中的一员，想要探讨新闻海报产品的呈现理路，就必须从其以符号集合体再现社会事实的根本表意机制出发，明确新闻海报的符号意义。从传播符号学来看，融媒体语境下的新闻海报是一种符号互动媒介，其通过诸如文字、图像等符号要素传播与社会现实相关的新闻事实与观点，并在传受双方编码、解码的过程中实现新闻生产产品的信息服务功能。在此过程中，新闻海报创建了四层符号意义：第一层属于新闻海报文本本身，是各种符号汇聚之下形成的视知觉形构，即图文并茂的新闻海报产品；第二层属于新闻生产主体，是其对新闻海报的传播期待，即传播主体对新闻海报符号意义的预判式解读；第三层属于新闻消费者，是其对新闻海报文本的理解与认同，即受众个体的直观理解；第四层属于当前的媒介与社会环境，是由前三层融合而来的、代表社会整体共同认知的符号意义。

基于以上对新闻海报层次的划分，其符号意义也存在相对应的阐释方式：

第一层是新闻海报的符号集合体本质，强调文本传达意义过程中的能指与所指。在索绪尔（Ferdinand de Saussure）的结构语言学中，"能指"强调语言的词形或词音，"所指"是语言所表示的对象或意义。将其置换为具体的新闻海报，能指首先是构成新闻海报图像的各种视觉元素，其组合生成作为新闻图像文本的新闻海报所指，此二者结合生成新闻海报符号，这一符号又成为新闻海报所对应事实与观点的所指。在此基础上，表现形式恰当的能指与内容清晰的所指结合成意指，共同实现符号产品的表达功能。在新闻生产视域下，具象化为新闻海报的符号产品始终携带着完整的能指与所指，并从新闻生产主体流向新闻消费者，其能够在一定规约下达成共通的意义传播，尽可能地实现新闻产品的信息传播功能。作为想象的集合体，新闻海报的能指与所指相互依存，由此强化符形与阐释意的对应性，进而按照罗兰·巴尔特（Roland Barthes）所说的多层次符号系统[①]进行意义表达，在不同意指中丰富着对象主体的符号意义。

第二层是新闻海报符号意义的生产过程，即新闻海报生产主体通过双轴关系编辑文本、生成符号与传达信息。所谓组合轴，就是一些符号组合成一个有意义的文本的方式，聚合轴则是一种联想关系，是凭记忆而组合的潜藏的系列[②]，或者可以将组合轴理解为进行邻接黏合的结合轴，将聚合轴理解为

---

① ［法］罗兰·巴尔特：《符号学原理：结构主义文学理论文选》，李幼蒸，译，生活·读书·新知三联书店，1988年。

② 赵毅衡：《符号学：原理与推演》，南京：南京大学出版社，2016年，第156页。

第四章　新闻海报生产内容的符号融合：《人民日报》微博平台新闻海报文本表意

进行比较的选择轴。对于新闻海报文本而言，海报中出现的基础设计元素与新闻内容属于组合轴，而这些元素所属的选材范围和新闻题域则是聚合轴，新闻海报生产主体将其认为最具传播价值的元素置入新闻海报之中，并通过这些元素的联想意义开拓新闻海报文本的表意空间。在此过程中，蕴藏于新闻海报产品之中的双轴关系始终存在，既能展现新闻生产主体的表意思路，也在一定程度上规定了信息消费者的联想范围。与此同时，双轴关系不仅存在于具体的新闻海报产品之中，同样是新闻海报文体的存在理论，可以说，正是双轴关系内隐的广阔创新空间使分属于新闻和海报聚合轴上的表意元素得以重新组合，为新闻产品提供了图文并茂的信息呈现方式。

第三层侧重新闻海报符号意义的解读过程，即新闻海报产品如何在受众处实现无限衍义与理据性的矛盾调和。在皮尔斯（Charles S Peirce）的符号表意模式中，符号被拆解为再现体、对象、解释项三个部分，之于新闻海报产品分别对应新闻海报文本、新闻海报内容设计的事实与观点以及不同主体对新闻海报内容的解读。恰如"一千个读者就有一千个哈姆雷特"一样，由于符号本身具有无限衍义性，不仅不同解释者对新闻海报的理解存在差异，哪怕是同一个解释者也有可能受到时间、地点和心态的影响，对同一符号解读出不同的意义。这意味着，受制于新闻海报消费者的文化背景和认知图式等个体差异，其对同一张新闻海报极有可能朝着不同的方向延伸，这也是对符号进行解读的潜在风险，即同一符号可以产生各种各样不同的解释项。针对这一问题，面对新闻海报这一组合型图像，诸如视觉设计、手绘漫画与新闻照片之类的视觉传达元素使其与新闻事实之间存在不同程度的像似性，即皮尔斯符号三分法涉及的形象相似的图像符号，图表像似的指示符号与隐喻相似的象征符号[①]等。其中，新闻照片与手绘漫画类新闻海报凭借自身与新闻事实之间较强的像似度具有极强的理据性，而视觉设计类新闻海报则在长期的社会规约中获得比较固定的阐释空间，由此推动受众形成具有相对一致性的解释项，实现新闻事实或观点的有效传播。

第四层是新闻海报文本背后的文化符号共享，这既是新闻海报生产的社会文化基础，也是新闻海报传播的最终目的。恰如罗兰·巴特对神话建构过程的描述："直接意指的符号转为含蓄意指的能指的过程，就是在保持直接意指的能指不变的情况下，扭曲、改变直接意指的所指的过程，使同样的能

[①] 胡易容：《论图像的符号性——驳米切尔图像转向论的"后符号学"命题》，《社会科学战线》，2012年第10期，第146–151页。

指形式负载不同的所指意义,而这所指意义与社会文化、知识、历史密切交流,得到集体的认同后就成为意识形态。"①无论是新闻海报生产主体还是新闻海报受众,个体对新闻海报符号意义的解读皆离不开其对社会共有文化符号的基本认知,因为解释新闻海报这一符号文本必然需要更多的符号参与其中,这种符号对符号的解释最终必然延及整个文化。比如,在个体对《人民日报》微博平台新闻海报文本的解读过程中,文本内容只是最基础的表意层面,新闻海报的来源、传播的时空与引入的文化符码等都是文本之外的辅助内容,正是这些在特定社会文化中的共享符号提供了传受双方产生共情的互动基础,助推意义的有效表达。与此同时,这种文化符号共享还是一种可以持续循环的意义互动过程,其在自身语义的不断凝练与内涵范围的持续细化中生成新的文化规约,不仅让特定内容的新闻海报成为常态化的新闻产品,也让新闻海报形构逐步成为大众习以为常的新闻文化符号。

  实际上,从新闻海报文本、新闻海报生产主体、新闻海报受众与新闻文化四个层面解读新闻海报的符号意义,正是对具体新闻产品符号传播的多重考察。依照传受互动规律与符号互动逻辑进行生产与传播的新闻海报,始终处于当前媒介社会环境的文化空间内,其既受制于媒介演化的客观规律,也时刻展现着符号表意的基本范式。后者内嵌于不同媒介类型的新闻生产实践之中,从新闻海报文本的微观层面渗入新闻生产的中观层面,在模仿传统海报形构与传播理念的过程中实现新闻生产创新,既超越了早期新闻产品图文分离的固定样态,也突破了海报内容的固定边界,最终以融合互构的符号形式更新着意义传播载体的符号系统。

---

① [法]罗兰·巴尔特:《神话修辞术:批评与真实》,屠友祥,温晋仪,译,上海:上海人民出版社,2009年,第19页。

第五章　融媒体语境下的新闻海报认知：对《人民日报》微博平台新闻海报的调研

伴随着互联网以及信息技术的快速发展，"各种新兴媒体不断出现，导致信息源日趋多元化、精分化"[①]，这种信息大爆炸环境既为新闻消费者提供了丰富的消费对象，也将个体送到进行信息选择的广阔平台面前。在新闻生产主体视域下，这种多元化趋势推动了生产理念的不断调整与新闻产品的持续创新，相应的，以上变化也会投射在新闻消费者群体之中，形成具有当下时空特征的新闻产品接受文化。得益于互联网技术提供的互动环境，对新闻产品的"评论、转发、点赞、点击跳转等互动行动"[②]成为最显著的产品接受指标。因此，在对新闻海报产品呈现进行样本统计的同时，本书也关注了每组新闻海报微博的转发、评论与点赞数量，以此作为对新闻海报产品接受生态的直观考察数据。

在此基础上，为了深入了解互联网受众对新闻海报的认知情况，本书借助问卷星平台在全国范围内随机发放《融媒体语境下新闻海报认知调查问卷》，问卷共分为三个部分：第一个部分为1至7题，主要内容为人口统计学特征录入，包括调查对象的性别、年龄、职业、受教育程度、媒介使用习惯等；第二个部分为8至16题，该部分从海报类型出发，以《人民日报》微博平台系列新闻海报案例调动调查对象关于新闻海报文本、接触媒介、选题类型、呈现形式与疫情期间新闻海报发布数量的经验记忆；第三个部分为17至22题，以矩阵单选分别了解调查对象对新闻海报视觉体验、内容联想、具体感受、互动行为与文体形态的综合认知。

[①]　王冠宇：《封闭与开放：社交媒体环境下青年群体的网络舆论引导策略探究》，《探索》，2018年第4期，第179–186页。

[②]　王海燕：《数字新闻创新的变与不变——基于十家媒体客户端新闻与纸媒报道的对比分析》，《新闻记者》，2020年第9期，第3–13页。

本书期望通过调查问卷探讨以下问题：
- 人口统计学因素是否影响受众的新闻海报认知？
- 融媒体语境下的新闻海报的普及概况？
- 融媒体语境下受众视域中的新闻海报传播价值为何？

本次调查共回收有效问卷662份，人口统计学因素具体数据如下（见表5-1至表5-3）：

表5-1 《融媒体语境下新闻海报认知调查问卷》调查对象受教育程度统计表

受教育程度	个案数	百分比（%）	有效百分比（%）	累积百分比（%）
小学及以下	4	0.6	0.6	0.6
初中	11	1.7	1.7	2.3
高中	19	2.9	2.9	5.1
专科	110	16.6	16.6	21.8
本科	262	39.6	39.6	61.3
研究生及以上	256	38.7	38.7	100.0
总计	662	100.0	100.0	

表5-2 《融媒体语境下新闻海报认知调查问卷》调查对象职业统计表

职业	个案数	百分比（%）	有效百分比（%）	累积百分比（%）
学生	399	60.3	60.3	60.3
党政机关、事业单位领导干部或职员	120	18.1	18.1	78.4
企业、公司管理者或职员	82	12.4	12.4	90.8
农、林、牧、渔等行业劳动者	3	0.5	0.5	91.2
工人、服务人员	9	1.4	1.4	92.6
个体户或自营	5	0.8	0.8	93.4
自由职业者	18	2.7	2.7	96.1
军人	1	0.2	0.2	96.2
无业	7	1.1	1.1	97.3
其他	18	2.7	2.7	100.0
总计	662	100.0	100.0	

表5-3 《融媒体语境下新闻海报认知调查问卷》调查对象浏览网络新闻时长统计表

时长	个案数	百分比（%）	有效百分比（%）	累积百分比（%）
1小时以下	205	31.0	31.0	31.0
1-2小时	259	39.1	39.1	70.1
3-4小时	107	16.2	16.2	86.3
5-6小时	58	8.8	8.8	95.0
7小时以上	33	5.0	5.0	100.0
总计	662	100.0	100.0	

根据统计结果可知，调查对象中有469位女性（70.85%）、193位男性（29.15%），年龄跨度为8至80岁，主要集中在18至31岁，受教育程度主要为本科（39.6%）与研究生及以上（38.7%），职业涉及学生（60.3%）、党政机关、事业单位领导干部或职员（18.1%）、企业、公司管理者或职员（12.4%）等活跃在互联网平台（97.6%）的新闻消费者，每日浏览网络新闻的时长为1~4小时左右。

其中，有55（8.3%）位调查对象表示未接触过新闻海报，具体原因包括"不知道在哪里出现"（49.1%）、"没听说过"（21.8%）、"分不清新闻海报和插图"（18.2%）等（见表5-4），这意味着，在融媒体语境下，新闻海报这一新型信息产品尚未实现文体形式的全面普及，甚至在一定程度上存在产品形构不够突出的传播风险。但是，607（91.7%）位接触过新闻海报的调查对象较好地预测了其作为新兴新闻文体持续发展的可能性，因此，本书将以这607位调查对象为主要样本，进行融媒体语境下新闻海报认知情况分析。

表5-4 《融媒体语境下新闻海报认知调查问卷》调查对象未接触新闻海报原因统计表

原因	个案数	百分比（%）	有效百分比（%）	累积百分比（%）
没听说过	12	21.8	21.8	21.8
不知道在哪里出现	27	49.1	49.1	70.9
分不清新闻海报和插图	10	18.2	18.2	89.1
看不懂	5	9.1	9.1	98.2

续表5-4

原因	个案数	百分比（%）	有效百分比（%）	累积百分比（%）
其他	1	1.8	1.8	100.0
总计	55	100.0	100.0	

第一节 接受主体的流变特征

在新闻生产所处的"生产—产品—消费"路径下，新闻海报这一新闻产品的接受主体是新闻消费者，而在"传者—信息—受众"传播通路中，新闻产品接受主体的本质仍然是普遍意义上的大众传播受众。作为特定社会环境与媒介文化的产物，受众在消费新闻产品与解读文本内容的过程中，会带着属于该媒介文化圈层的知识预设与传播期待介入，并由此赋予媒介以重要性。在此过程中，受众可以因为接触的媒介形态不同，被分为线下与线下两个集群，也可以在具体的信息接收过程中形成个体或群体两种互动单位。

一、从线下受众到线上用户的位移

《融媒体语境下新闻海报认知调查问卷》数据显示，调查对象最初接触新闻海报的渠道多种多样，既包括微博、微信、QQ等社交软件（53.9%）、新闻客户端、新闻网站等媒体平台（31.6%），快手、抖音等短视频软件（3.1%）、弹幕网站（1.3%）之类的新媒介渠道，也包括报纸或杂志（7.1%）之类的传统媒介乃至经由身边人介绍和推荐（2.5%）的人际传播。（见表5-5）

表5-5 《融媒体语境下新闻海报认知调查问卷》调查对象新闻海报最初接触渠道统计表

最初接触渠道	个案数	百分比（%）	有效百分比（%）	累积百分比（%）
身边人介绍和推荐	15	2.5	2.5	2.5

续表5-5

最初接触渠道	个案数	百分比（%）	有效百分比（%）	累积百分比（%）
报纸或杂志	43	7.1	7.1	9.6
新闻客户端、新闻网站等媒体平台	192	31.6	31.6	41.2
微博、微信、QQ等社交软件	327	53.9	53.9	95.1
快手、抖音等短视频软件	19	3.1	3.1	98.2
弹幕网站	8	1.3	1.3	99.5
其他	3	0.5	0.5	100.0
总计	607	100.0	100.0	

形式各异的早期新闻海报接触渠道意味着，新闻海报并不是融媒体语境下特有的信息产品，其早在诸如报纸、杂志一类的传统媒介中进行过类似形构的实体文本生产，如新闻杂志的封面封底海报、报纸版面中的整版事件海报等。而且，这种对新闻海报形构的认同，并不是新闻生产主体的自我想象，也在大众传播中得到了受众的认可与识别。但是，从新旧媒介渠道相差悬殊的比例来看，传统媒介中的新闻海报始终处于弱势，当前新闻海报能够形成一种显著可感的强势新闻产品，主要还是得益于新媒介技术的广泛普及。这一点，显见于调查对象对如今接触新闻海报平台的选择中，如表5-6所示，微博、微信、新闻客户端是融媒体语境下受众接触新闻海报最频繁的新媒介平台，三者不约而同地都承担着信息发布的功能，尤其是在原本属于社交领域的微博成为舆论对话空间、微信凭借公众号晋升为媒介平台后，拥有广泛受众的二者甚至超越了新闻客户端对新闻海报的传播效能。

表5-6 《融媒体语境下新闻海报认知调查问卷》调查对象新闻海报接触平台统计表

接触平台	个案数	百分比（%）	个案百分比（%）
报纸或杂志	108	6.5	17.8
微博	409	24.7	67.4
微信	396	23.9	65.2
QQ	138	8.3	22.7

续表5-6

接触平台	个案数	百分比（%）	个案百分比（%）
新闻客户端	259	15.7	42.7
快手	29	1.8	4.8
抖音	114	6.9	18.8
弹幕网站	57	3.4	9.4
新闻网站	135	8.2	22.2
其他	9	0.5	1.5
总计	1654	100.0	

相比较而言，处于第二梯队的QQ、新闻网站、抖音和报纸杂志则展现了当前新闻海报传播环境的复杂多变。作为一种视觉新闻产品，新闻海报需要能够进行内容传达的视觉场，既可以是强调物质形态的线下视觉场，也可以是依赖虚拟技术的线上视觉场。于是，作为媒介融合早期元老级的信息传播平台，QQ、新闻网站仍然占有一席之地，而作为短视频社交旗舰的抖音则处于引入新闻资讯的探索阶段，与前三者相比，最凸显媒介演进规律的新闻海报传播平台则是报纸与杂志。当新媒介技术势不可挡地侵略传统媒介领地时，"报纸必亡""报纸已死"的悲观论调一度甚嚣尘上，但随着媒介融合的操作实践与理念内涵不断扩容，始终挣扎在"生死边缘"的纸质媒介仍然与新媒介共同生存，即便其无法与互联网便捷迅速的传播效率相媲美，但也保持着新闻产品与生产范式的更新频率，是必不可少的新闻海报传播平台。

除了以上提及的接触率相对较高的媒体平台，由于主流媒体机构在多个平台开设了官方账号，弹幕网站、快手等平台也是新闻海报的传播界面。此外，选择"其他"项的调查对象还补充了诸如知乎、百度、Facebook等其他平台以及地铁广告等户外形式。这些补充答案同样存在线上与线下两个新闻海报认知空间，受众则在每次与不同传播空间内的新闻海报进行互动时，被分为了线上与线下两种状态。当然，在受众与新闻海报产品的长期接触过程中，该信息媒介与解释主体之间的互动始终是全方位、立体化的，即便是物质空间也存在虚拟屏幕上的新闻海报，而虚拟空间中的新闻海报也能够对接物质空间的实体信息。在信息形态不断转化的过程中，所谓的线上与线下、物质与虚拟更倾向于相互联动的合作机制，它们创造了媒介融合时代的新闻产品，也持续影响着新媒介时代的受众信息接收方式与认知习惯。

二、从消费个体到兴趣群体的聚集

对于一组新闻海报产品的信息传播与接受而言，一切视觉传达与意义解读的起点都是个体的"观看"行为，意味着主体要着力"捕捉眼前事物的某几个最突出的特征"[1]，为后续形成记忆、互动交流提供信息基础。人的视觉从生理上来说是这样一个过程："人眼的光学系统将景物清晰地成像在视网膜上，视网膜上的视细胞把光信号转变成电信号，再通过由逐级的神经细胞和神经纤维组成的视觉通路，将信息传递到位于后脑的视觉皮层（视中枢），最终形成视觉。"[2]在以上这个生理过程的基础上，个体以大脑中"所存在的那种向最简单的结构发展的趋势"[3]来简化视觉对象，并将"新的经验图示与过去曾知觉到的各种记忆痕迹联系起来"[4]，最终形成一次完整的、属于受众个体的视觉传达。

值得注意的是，尽管作为新闻海报产品接受主体的受众个体共享同一种视觉传达路径，但其在解读信息过程中调动的经验材料与采用的思维方式皆是主观的，即个体将以自我喜好、个性经验对搜集到的视觉材料进行排列处理，拥有独立主观能动性的信息解码者始终按照各自的认知图式来阐释新闻产品，观看活动的实质是"外部客观事物本身的性质与观看物体的本性之间的互相作用"[5]。由此可知，视觉互动具有极强的主观性，"每个人在观看时所采用的适合自己的方式、方法"[6]以及年龄、受教育程度、职业、媒体使用习惯等皆有可能影响个体对同一张新闻海报的内容解读，众人都试图看见自

---

[1] ［美］鲁道夫·阿恩海姆：《艺术与视知觉》，滕守尧，朱疆源，译，成都：四川人民出版社，2001年，第50页。
[2] 章海军：《视觉及其应用技术》，杭州：浙江大学出版社，2004年，第2页。
[3] ［美］鲁道夫·阿恩海姆：《艺术与视知觉》，滕守尧，朱疆源，译，成都：四川人民出版社，2001年，第73页。
[4] ［美］鲁道夫·阿恩海姆：《艺术与视知觉》，滕守尧，朱疆源，译，成都：四川人民出版社，2001年，第58页。
[5] ［美］鲁道夫·阿恩海姆：《艺术与视知觉》，滕守尧，朱疆源，译，成都：四川人民出版社，2001年，第6页。
[6] 黄万获：《"视觉方式"在文化研究中的意义》，《柳州师专学报》，2009年第4期，第19–22页。

己希望看见或与自身认知方式相符合的内容,而新闻生产主体的作用正是在纷繁复杂的个体个性之中合并同类项,进而用同一个或同一类新闻海报产品切中受众的信息需求,实现新闻生产的传播预期。

但是,《融媒体语境下新闻海报认知调查问卷》数据显示,在拆解受众个体对"新闻海报"文体的整体认知时,问卷涉及的年龄、受教育程度、职业、媒体使用习惯等与一系列新闻海报认知要素皆不存在高度相关关系(相关系数绝对值大于0.8)。这意味着,在面对新闻海报概念的过程中,作为个体的受众演变为一个融媒体语境下共同进行信息消费的受众群体,其以相似的新闻海报认知情态展现出新媒介时代正在发生着的媒介文化变动,即"那些被我们视为个人特性的因素,彻底——虽然是暂时的——消失了",转而追求"群体行为特有的属性"[①]。事实上,这种群体化的变动早在新闻海报传播过程中初见端倪,以《人民日报》微博平台发布的新闻海报为例,评论区被不同的观点支持者集群化,新闻海报集群被不同的兴趣爱好者集群化,新闻生产主体被不同的媒体偏好者集群化,在人们试图通过个体审美意向让自己有别于他人的过程中[②],个体不过是走进了与自己更为相似的群体之中。于是,新的群体文化认同开始形成,人们依托一种与生俱来的秩序感,将这些文化认同分门别类,推动新型新闻产品集群持续壮大。

实际上,融媒体语境下新闻海报接受主体从个体到群体的转变,是一种受众适应视觉文化转向的发展趋势。新型新闻产品为受众提供学习素材,由此建立起初步的视觉媒介认知环境,基础情况有别的受众共同在其中不断适应新媒介技术的文本形式与技术操作,进而孵化出一种对接特定媒介文化的群体审美偏好。无论受众群体被大众文化细分为多少个层次、喜好、量级不同的群体,在融媒体语境的新闻生产惯习下,作为"受众"整体概念的想象共同体将始终遵循这个共享的视觉审美偏好,与新闻生产主体保持同频互动。

---

① [法]古斯塔夫·勒庞:《乌合之众:大众心理研究》,冯克利,译,北京:中央编译出版社,2005年,第7—12页。
② [英]尼克·史蒂文森:《认识媒介文化:社会理论与大众传播》,王文斌,译,北京:商务印书馆,2016年,第312页。

第二节　逐层深入的产品认知形式

视觉传播学者保罗·M.莱斯特（Paul M. Lester）阐述视觉的重要性时提出："今天的现实是，我们周围的世界以视觉为主要媒介，我们对世界的理解不是通过文字，更多的是通过视觉信息。"[①]在这种媒介主导的视觉文化圈层里，"观看者"作为文化生产者的主体身份[②]进一步确立，受众对媒介产品的观看方式以及接受形式逐步成为研究重点，被用以解释信息传播到达端的心理活动与群体认同。在此过程中，无论是线上的受众群体、线下的受众个体，还是作为"受众"概念的大众传播参与主体，都在视觉文化浪潮里，借助"媒介"这种表意工具实现意义建构，而多样化新闻产品的生产与流通则是"共享意义和空间的建构过程"[③]，影响着新闻生产目的的最终实现。

一、互动行为：兴致各异的转发、评论与点赞

与传统新闻生产不同，基于新媒介技术的实时互动特征，《人民日报》微博平台新闻海报生产主体能够直接在微博界面看到新闻产品接受主体的及时反馈，这种互动方式直接让传受双方建立起一种对话关系，并让受众从单纯的接受者变成内容产品的一部分，将新闻海报传播从单纯的"新闻产品–新闻消费者"互动转变为新闻消费者即受众之间的信息共享与观点表达活动。

具体来看，在《人民日报》微博平台新闻海报产品界面最直观的传受互动形式是转发、评论与点赞，围绕这三种虚拟世界的交互行为进行数据统计发现，点赞与评论（0.741，$p<0.01$）、转发与评论（0.727，$p<0.01$）、转发与点赞（0.365，$p<0.01$）均存在相关关系，尤其是前两组存在强相关关系，即评论数量牵引着转发与点赞的数量。这意味着在新闻海报产品的互动界面上，携带观点与情绪的受众评论在一定程度上影响着线上用户的态度表达，即便其不发表观点，也会借用转发和点赞的行为来进行虚拟参与。与此同

---

① ［美］保罗·M.莱斯特：《视觉传播：形象载动信息》，霍文利，史雪云，译，北京：北京广播学院出版社，2003年，第446页。
② ［英］约翰·伯格：《观看之道》，戴行钺，译，桂林：广西师范大学出版社，2015年，第18页。
③ ［美］伦斯·格罗斯伯格等：《媒介建构：流行文化中的大众媒介》，祁林，译，南京：南京大学出版社，2014年，第21页。

时，受众虚拟参与的程度还会受到新闻性质、新闻主题、新闻海报数量、设计元素与传播目的影响，呈现出不同的互动量级。

在1518组（37.0%）突发性新闻海报、545组（13.3%）持续性新闻海报与2041组（49.7%）周期性新闻海报中，持续性新闻对受众互动积极性的调动能力有限，而周期性新闻的转发量极值较多，如关于年节时令、风俗习惯的新闻海报产品往往能得到受众的广泛转发，而突发性新闻的点赞量极值较多，如关于人民群众对抗自然灾害的暖新闻海报获赞颇多等。这意味着，作为新闻海报产品集群主体的周期性新闻海报，不仅在新闻生产主体的生产框架中占有绝对优势，也是调动受众参与媒介互动的重要新闻产品集群，是新闻海报产品谱系的中坚力量。

在不同主题新闻海报中，有1123组（27.4%）的社会新闻海报集群与887组（21.6%）的政治新闻海报集群在转发、评论和点赞量上都出现了较为显著的极值，如三八妇女节、致敬英雄、重大纪念日系列新闻海报产品，都获得了较高的互动热度。处于第二梯队的医疗新闻海报集群与文教新闻海报集群则在评论与点赞量上出现了较为显著的极值，如围绕新冠疫情、高考、文化活动设计的系列新闻海报，尽管转发数量基本保持稳定，但受众倾向于在其中发布个人观点与感受，并对新闻产品所表达的观点积极表态。由此可见，在互动过程中，新闻海报内容的新闻价值主要体现在重要性与接近性方面，关注国家社会生态与贴近人民群众日常生活的新闻海报更容易调动受众参与互动、进行自我表达的积极性。

除了新闻类型与主题，每组新闻海报的数量也会影响受众的互动量级，《人民日报》微博平台发布的单图新闻海报（2105组，51.3%）与九图新闻海报（1723组，42.0%）在转发、评论与点赞量上都出现了显著的极值，其中既包括与《人民日报》新媒体中心全面联动的重大事件或新闻策划系列海报，也包括《人民日报》微博平台自身主导的热点新闻海报。事实上，频繁出现的热门单图或九图新闻海报产品，是新闻生产主体与新闻消费者之间的体量协商，一边是新闻生产主体在根据受众反馈调整新闻海报的组合方式，另一边是新闻消费者在适应新闻生产主体提供的视觉传达范式，最终形成了《人民日报》微博平台乃至整个微博新闻海报集群相对固定的排列组合形式，使得单图新闻海报与九图新闻海报成为最适应平台特色与媒介环境的新闻海报形构。

在表现形式方面，与新闻海报数量共同发挥作用的还有新闻海报中的设计要素，与漫画手绘新闻海报（66组，1.6%）和新闻照片新闻海报（761组，

18.5%）相比，视觉设计类新闻海报（3277组，79.8%）在转发、评论与点赞量上都出现了较为显著的极值。这种现象表明，在受众视域下，新闻海报产品的感染力与传播力不再以新闻照片提供的现场真实感为依托，强调创意思维的视觉设计海报反而能够强有力地传播事实、传达观点，并已经得到了传受互动参与主体的普遍认可。

在长期的新闻海报生产与传播互动实践中，新闻海报生产主体与新闻海报消费者在新闻产品性质、主题、数量和视觉元素等方面达成了一种传受默契，并彼此牵引着创造了融媒体语境下的新闻海报生产偏好与接受习惯。但在整个互动框架下，真正检验互动形式效果的是新闻生产主体是否实现了内容生产前期预设的传播效果。

以《人民日报》微博平台新闻海报为例，本书将新闻海报产品的内容分为科普、辟谣、公告、互动、故事、评论与引导几大类别，实际上也阐明了不同内容的传播期待，其中，公告类新闻海报（2433组，59.3%）与引导类新闻海报（493组，12.0%）在转发、评论与点赞量上都出现了较为显著的极值，评论类新闻海报（256组，6.2%）在点赞量上出现了较为显著的极值，而样本数量仅次于公告类新闻海报的科普类新闻海报（541组，13.2%）以及以活动策划为核心的互动类新闻海报（67组，1.6%）并未展现出与其他内容的显著差异。由此可见，在新闻海报传播过程中，公告类新闻海报所代表的绝对的事实与引导类新闻海报、评论类新闻海报所代表的绝对的观点，更容易调动新闻产品消费者的参与积极性，这意味着新闻生产主体的传播期待能够以内容为驱动得以实现，但是，当新闻产品内容缺少共情点或仅仅以效能为先时，受众的参与积极性将很难被调动。从《人民日报》微博平台新闻海报互动效果所展现出来的目的与效果之间的偏差也表明，在受众视域下，新闻海报的立身之本仍然是"新闻"，新闻内容只有具备绝对的传播价值，才能借助"海报"形构实现传播效能最大化。

与庞大的《人民日报》微博平台转发、评论、点赞数量相映成趣的是，《融媒体语境下新闻海报认知调查问卷》显现出的互动参与意愿并不强烈。如图5-1所示，在"我会参与新闻海报互动，如扫描二维码、VR互动、新闻游戏等"选项中，仅有28.83%的调查对象为积极互动者，面对这样的互动意愿，新闻生产主体策划的融合新闻海报产品到达率或将不足三分之一。在点赞、转发与评论三种具体的互动形式上，调查对象的评论意愿最低，仅有21.91%表示经常或总是发表评论，而更多的调查对象有时会选择通过点赞（29.65%）或转发（31.63%）的方式来参与互动。这一调查数据表明，即便媒介平台提供了一种开放式的互动界面,新闻消费者始终处于一种半开放的状态,尽管其中不乏积极表达、主动评论的少数个体,但大多数新闻消费者仍旧更倾向于用非观点性的互动行为来参与互动。与之相对应,在融媒体语境下平衡各方观点的新闻生产主体也是一种半开放的状态。显然,互动双方的半开放状态影响了新闻海报产品的互动机制,但这种"不互动"或者说"不主动互动"也是一种互动形式,意味着在全面开放、观点混杂的互联网空间里,新闻生产主体与新闻消费者都保持着一定的信息传播理性,共同处于探索良性互动边际的实践过程。

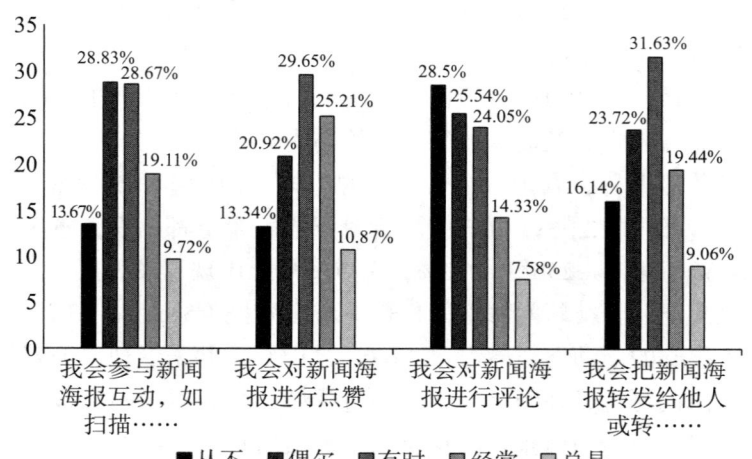

图5-1 《融媒体语境下新闻海报认知调查问卷》调查对象接触新闻海报的互动行为柱状图

恰如巴赫金在"对话理论"中所强调的,"真理来自于不同主体之间的对话交际过程"[①],大众媒介提供的"互动就是一种与受众主体性的协商,是在知识教化与自我经验实践中架起一道可以逾越的桥梁"[②]。融媒体语境下,以新闻海报为代表的新型新闻产品及其生产与传播机制,正是新闻生产者与新闻消费者之间的互动协商,尽管不同的产品样态影响着受众对产品的接受程度与互动形式,但以新闻产品为媒介的大众传播互动却始终存在,其正在也将继续形塑传受双方的信息接触习惯、形塑媒介文化形态,为信息传播提供越来越广阔灵活的意义建构与共享空间。

---

① [苏]巴赫金:《陀思妥耶夫斯基诗学问题》,白春仁,顾亚玲,译,北京:生活·读书·新知三联书店,1992年,第160页。
② 潘峰:《"同根同源"的文化展演》,中央民族大学硕士学位论文,2008年。

二、感知方式：潜移默化的观看、联想与记忆

马克思、恩格斯在探讨物质与意识关系时提出，"那些发展着自己的物质生产和物质交往的人们，在改变自己的这个现实的同时也改变着自己的思维和思维的产物。不是意识决定生活，而是生活决定意识"①。作为当前社会生活的重要组成部分，尼尔·波兹曼（Neil Postman）用"媒介即隐喻"这一观点阐释了媒介对个体思维的影响方式，尽管媒介所搭载的信息产品是用来展现世界样态的资讯，但媒介本身更倾向于借助隐蔽的、潜移默化的手段来对现实世界进行定义和影响②，其最为独特的地方在于，虽然它能指导我们了解事物的具体方式，但这种作用却常为人们所忽略③。简言之，大众媒介总能通过信息产品影响受众对社会情态的认知，并借此提升"个体对某一社会群体价值观的了解程度"④，促成社会认同的逐步达成。这种媒介运转形式投射到融媒体语境下的新闻生产中，即表现为大众媒介对新闻消费者认知范式的涵化，也映射着新型新闻产品在受众视域下的接受流程。

以新闻海报为例，《融媒体语境下新闻海报认知调查问卷》数据表明，在接触新闻海报之前，大部分调查对象都接触过"海报"媒介，其中，522位调查对象接触过文化海报、427位调查对象接触过商业海报、175位调查对象接触过政治招贴，基本覆盖了本书对海报形构历史溯源的三种主要类型（见表5-7）。这意味着，融媒体语境下的新闻海报受众对基本的海报形构有一定的了解，此即为受众能够识别出海报的视觉感知前提，也是展开新闻海报认知调查的基础。

表5-7 《融媒体语境下新闻海报认知调查》调查对象接触海报类型统计表

海报类型	个案数	百分比（%）	个案百分比（%）
商业海报	427	38.0	70.3
政治招贴	175	15.6	28.8
文化海报	522	46.4	86.0
总计	1124	100.0	

---

① 中共中央编译局：《马克思恩格斯选集》（第1卷），北京：人民出版社，1995年，第73页。
② ［美］尼尔·波兹曼：《娱乐至死》，章艳，译，北京：中信出版社，2015年，第45页。
③ ［美］尼尔·波兹曼：《娱乐至死》，章艳，译，北京：中信出版社，2015年，第46页。
④ 贾林祥：《社会认同：和谐社会构建的社会心理保障》，《江苏师范大学学报（哲学社会科学版）》，2011年第4期，第143-147页。

承接调查对象接触海报类型的基本情况，如表5-8所示，607位接触过新闻海报的调查对象对不同主题新闻海报的接触数量也较为可观，其中政治新闻海报（350位）与医疗新闻海报（314位）接触数量最多，社会新闻海报（278位）、经济新闻海报（268位）、文教新闻海报（266位）次之，基本与《人民日报》微博平台新闻海报主题类型分布结构相似。由此可见，面对数量庞大、种类丰富的新闻海报集群本身，新闻生产主体建构出来的产品谱系已然在新闻消费者群体中得到了印证，前者不仅为后者提供了认知文本，也为二者深入持续展开传受互动扩充了对话空间。

表5-8 《融媒体语境下新闻海报认知调查问卷》调查对象接触新闻海报类型统计表

新闻海报类型	个案数	百分比（%）	个案百分比（%）
政治新闻海报	350	16.1	57.7
经济新闻海报	268	12.3	44.2
法律新闻海报	170	7.8	28.0
军事新闻海报	118	5.4	19.4
科技新闻海报	190	8.7	31.3
文教新闻海报	266	12.2	43.8
体育新闻海报	95	4.4	15.7
社会新闻海报	278	12.8	45.8
医疗新闻海报	314	14.4	51.7
环境新闻海报	124	5.7	20.4
其他海报	4	0.2	0.7
总计	2177	100.0	

"受众对同一条新闻有不同层面的认同，形成事实认同、观念认同、价值认同和话语认同四个梯度"[①]，结合新闻海报的视觉传达特征，以受众对海报形构的普遍认知及其对不同主题新闻海报的接触频率为基础展开新闻海报认知形式研究，需要按照视觉体验、内容联想、认知感受与价值认知四个逐层深入的步骤进行考察。

---

① 刘建明：《新闻引导力的受众认同理论》，《新闻爱好者》，2019年第12期，第4-8页。

第五章 融媒体语境下的新闻海报认知：对《人民日报》微博平台新闻海报的调研

首先，从最基础的视觉体验出发，新闻海报的视觉体验认知被分为两大部分：第一部分为单张新闻海报的视觉传达特征，其中包括新闻海报中的数字、文字、手绘漫画、新闻照片、动图等基本视觉元素；第二部分为新闻海报文体比较，包括其与文字报道、短视频新闻以及单图新闻海报与多图新闻海报的吸引力对比。具体计算时，将"非常符合"和"比较符合"占比相加计算积极认知比例，对不同元素的吸引力进行初步比较。

由图5-2可知，在单张新闻海报视觉传达要素中，调查对象对其吸引力排序为新闻照片（82.87%）、数字（80.89%）、手绘漫画（78.91%）、文字（67.38%）和动图（62.93%）。这种吸引力顺位表明，在受众视域，能够还原新闻现场与新闻事实的新闻照片始终具有较强的视觉吸引力，具有信息传达功能的数字能够简明迅速地抓住受众注意力，脱胎于新闻漫画的手绘漫画新闻海报能够以艺术化的形式传达信息。出人意料的是，具有融媒体特征的动图新闻海报吸引力略逊一筹，究其原因，一是现阶段动图新闻海报数量有限，普及率不高，二是当前广泛传播的动图新闻海报产品存在图像模糊、新闻瞬间抓取不到位等技术问题，尚未形成一种成熟的信息表现范式。

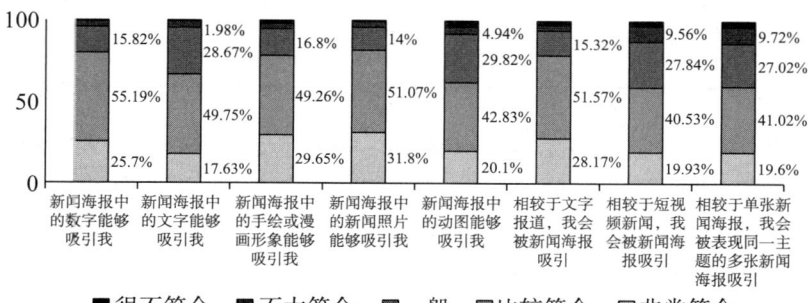

图5-2 《融媒体语境下新闻海报认知调查问卷》调查对象接触新闻海报的视觉体验柱状图

在对新闻海报与其他新闻文体进行比较时，得益于图像传播的视觉优势，大部分（79.74%）调查对象认为新闻海报的视觉吸引力明显高于文字报道，这种优势在新闻海报与短视频新闻的对比中并不明显，有60.46%调查对象认为新闻海报吸引力更胜一筹，与之相似，在单图新闻海报与多图新闻海报吸引力对比中，有60.62%调查对象认为多图新闻海报吸引力更强。该结果表明，在新闻海报挑战文字报道媒介权威的同时，其也经历着其他新闻产品的竞争和比较，尤其是短视频内容的广泛传播，势必会孵化出更具有融媒体时代特征的新型新闻产品。结合调查对象对不同形式新闻海报的接触数量可知（见表5-9），调查对象接触的多图新闻海报数量明显多于单图新闻海报，但其对多图新闻海报吸引力的评价显然与该数量差不匹配，这意味着，尽管每组新闻海报数量会对产品吸引力产生一定的影响，这种影响却仍然以新闻价值、内容策划和视觉传达样态为前提。

表5-9 《融媒体语境下新闻海报认知调查》调查对象接触新闻海报形式统计表

新闻海报形式	个案数	百分比（%）	个案百分比（%）
单图新闻海报	326	14.2	53.7
多图新闻海报	508	22.1	83.7
文字新闻海报	244	10.6	40.2
数字新闻海报	307	13.4	50.6
动图新闻海报	144	6.3	23.7
新闻照片海报	337	14.7	55.5
手绘漫画新闻海报	262	11.4	43.2
二维码新闻海报	171	7.4	28.2
总计	2299	100.0	

其次，按照视觉传达流程，视觉产品将唤起受众对相关内容的经验和记忆，并在此过程中贮存新的经验和记忆，不断修正个体对具体事实或观点的认知及其基本的认知图式。在《融媒体语境下新闻海报认知调查问卷》中将其分为过程导向的内容联想以及结果导向的认知感受两部分，同样以"非常符合"和"比较符合"占比相加计算积极认知比例，对不同认知效果进行初步比较。（见图5-3）

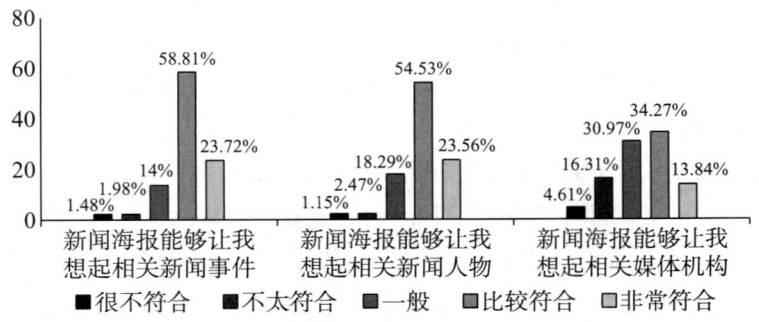

图5-3 《融媒体语境下新闻海报认知调查问卷》调查对象接触新闻海报的内容联想柱状图

第五章　融媒体语境下的新闻海报认知：对《人民日报》微博平台新闻海报的调研

在以认知过程为导向的判断中，如上图所示，82.53%的调查对象表示新闻海报能够让自己想起相关新闻事件，78.09%的调查对象表示新闻海报能够让自己想起相关新闻人物，表明新闻海报具有明显的认知唤起功能，一来得益于合理追踪当下新闻热点的新闻价值判定方式，二来得益于简明易懂、符号化的内容转化形式，即新闻海报在传递事实与观点的过程中并不存在抽象表现与具象事实之间的解读距离，这也是其作为新闻产品能够持续大量产出的关键所在。与前两者相比，仅有48.11%的调查对象表示新闻海报能够让自己想起相关媒体机构，这意味着在新闻海报生产与传播过程中，即便如《人民日报》微博平台、新华社海报突击队等新闻生产主体会在产品中置入标识媒体身份的名称，但这种从产品到媒体机构的联想机制尚未全面形成，新闻产品的信息传播效能明显高于媒体品牌建构效能。这一结果也侧面证明，《人民日报》微博平台强调新闻海报质量、弱化媒体品牌身份的新闻海报生产理念更符合当前的受众认知形式，但随着媒介竞争参与主体越来越多，这种操作范式也有可能面临新的挑战，尤其对于以分众传播为主的商业媒体来说，强化信息产品的品牌建构效能不容小觑。

在以认知结果为导向的判断中，如图5-4所示，75.45%的调查对象认为自己能够通过新闻海报理解新闻事实或观点，73.15%的调查对象认为自己能够记住新闻海报中的核心内容，64.58%的调查对象认为自己相信新闻海报中的事实或观点，60.79%的调查对象认为自己能够从新闻海报中学习到新知识，54.7%的调查对象认为自己的情绪和态度会被新闻海报影响。事实上，这五个维度分别对应了受众认知效能中的新闻理解、新闻记忆、新闻信任、新闻学习与新闻情绪，从数据可知，由于新闻海报本身与新闻实时的同频互动，受众对新闻理解的认知效能普遍较高，与此同时，得益于新闻海报洞中肯綮的视觉传达方式，受众对新闻记忆的认知效能也相对较高。

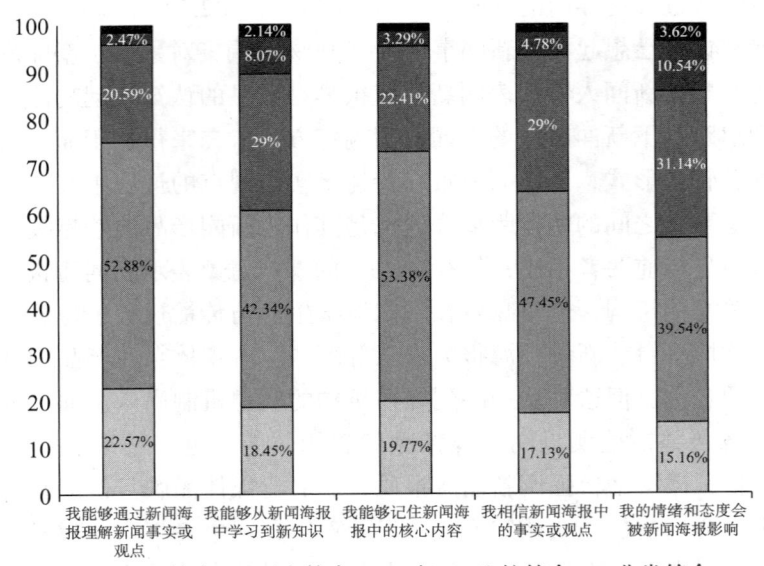

图5-4 《融媒体语境下新闻海报认知调查问卷》调查对象接触新闻海报的认知感受柱状图

与之形成对比的是，受众对新闻海报的信任度、学习效能以及情绪效能主观评价稍低，这意味着在对事实进行解读和记忆的过程中，受众个体往往能够迅速做出主观判断，而在涉及信息产品对自身心理状态的引导时，其多数情况下会采取一种防御式的反应机制，即前文所提及的半开放状态。尤其是在"知识没有边界，也没有形状"[①]的新媒体时代，以新闻海报为代表的新闻产品"突破了传统纸媒下时间与空间的限制，和其他各类知识共同在互联网空间中碰撞，重新组合产生新的知识或价值"[②]，其本身的知识再构机制是始终保持运转的。更进一步讲，因为当前"以科学知识向其一切生活领域的渗透为基础的知识社会"[③]具备通过新闻产品影响个体认知的互动条件，所以受众即便存在一定的个体差异，却由于共享知识社会的交流空间而不可避免地被"媒介制约着观念、价值和意识形态，并越来越依赖媒介所创建的交往情境"[④]，将新闻生产与传播变成了一种"物质不在场，心理在场"的虚拟认

---

① [美]戴维·温伯格：《知识的边界》，胡泳，高美，译，太原：山西人民出版社，2014年，第17页。
② 王辰瑶：《未来新闻的知识形态》，《南京社会科学》，2013年第10期，第105-110页。
③ [加]尼尔·斯特勒：《知识社会》，殷晓蓉，译，上海：上海译文出版社，1998年，第18页。
④ 周宪：《视觉文化的转向》，北京：北京大学出版社，2008年，第349-350页。

第五章　融媒体语境下的新闻海报认知：对《人民日报》微博平台新闻海报的调研

知活动。

最后，在经由视觉体验、内容联想与认知感受三个视觉传达流程后，受众个体也将形成一种对新闻海报整体的价值认知，调查问卷按照新闻价值要素进行题目设计，其中"新闻海报报道迅速，跟进热点"对应新闻时效性，"新闻海报关注国家大事，上传下达"对应新闻重要性，"新闻海报通俗易懂，拉近与读者之间的距离"对应接近性，"新闻海报展现社情民生，讲述百姓故事"对应显著性，"新闻海报形式多样，具有创新活力"对应趣味性，并结合文体特征补充了一项"新闻海报增加了新闻报道的美感"来对应新闻审美。结合图5-5数据，以"非常符合"和"比较符合"占比相加计算积极认知比例发现，在传统新闻价值框架内，调查对象对新闻海报接近性（83.2%）、时效性（82.2%）、重要性（81.22%）与趣味性（78.75%）的价值认知情况基本相似，证明新闻海报在文体上具备了新闻产品的大多数价值属性，且具备较高的审美认同度（81.38%），但显著性（63.76%）的认知数据明显较低，即从关注重要人物到普通民众的新闻价值判断转向并未得到普遍感知。这意味着，在传受双方的互动过程中，新闻产品的价值流变存在生产与接受的时间差，从产品样态逐步成型到受众对此普遍接受需要一个渐进的过程。

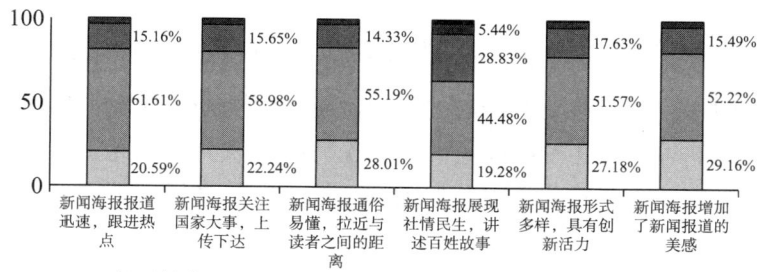

图5-5　《融媒体语境下新闻海报认知调查问卷》调查对象新闻海报价值认知情况柱状图

除了对新闻海报样式与问题价值的基本认知，针对当下新闻海报生产与传播的现状，还存在特殊的案例文本——疫情新闻海报。由《人民日报》微博平台新闻海报数量统计可知（见表5-10），2020年新冠疫情发生后，新闻海报数量发生了井喷式增长，《融媒体语境下新闻海报认知调查问卷》中也有87.5%的调查对象表示明显感受到了这一转变趋势。面对新冠疫情期间最显著的新闻海报样本，大部分受众对该系列新闻产品的新闻时效、视觉传达、社交分享与产品美感表示认同，少有调查对象认为其存在显著的信息传播缺陷。由此可见，在特殊时期的新闻海报产品彰显出更广泛的内容接受度，其作为信息展板的核心传播功能得到认同，对信息需求的急迫性一定程度上掩盖了文体本身的片面性。

表5-10 《融媒体语境下新闻海报认知调查问卷》调查对象对疫情新闻海报特征认知统计表

疫情海报特征	个案数	百分比（%）	个案百分比（%）
动态呈现疫情资讯，发布及时	463	30.7	76.3
核心信息直观醒目，识别度高	489	32.4	80.6
图片形态便于社交分享	292	19.4	48.1
综合使用多种视觉元素，有设计感	232	15.4	38.2
截取新闻片段，缺少连续性	30	2.0	4.9
其他特点	2	0.1	0.3
总计	1508	100.0	

三、概念解读：受众认同的新闻、图片与形式

从一般新闻海报与特殊时期案例的认知形式来看，媒介会影响人观察与理解事物的习惯，新型新闻产品的出现也意味着受众个体及群体对媒介概念的又一次延伸思考。《融媒体语境下新闻海报认知调查问卷》最后一题邀请调查对象提出关于"新闻海报"的理解，调查结果显示主要观点如下（见表5-11）。

表5-11 《融媒体语境下新闻海报认知调查问卷》调查对象的"新闻海报"定义观点统计表

类型	编号	定义
文本形式	7	一张图片上有文字，图片和文字都是与新闻有关的内容。
	8	以直接的数字、文字以及拍摄的真实照片，简明准确地传达要表达的核心内容。
	88	通过直观的图片、突出的数据，结合内容与趣味性，起到吸引观众兴趣、传递实时新闻等的作用的图片。
	338	运用海报的形式，通过设计将新闻事件中的重点信息予以强调，让新闻更直观，同时也能在设计中无声地传播观点。
	389	时事经济类对重要时间、重要节日、重点人群等进行的以图片为主文字为辅的形象展示，有时可通过二维码扫描或点击链接进入相关新闻，对新闻海报的内容展示做了扩张。
	430	用最简洁的文字，配以最生动的视觉效果，呈现最重要的新闻。
	434	以图片为载体，兼具文字等符号，具有传播新闻功能的载体。
	486	用生动形象的图片、简明扼要的文字体现所表达的事件，让人更直观明了地知道所要传达的主旨。
视觉美感	140	以醒目、有艺术感的图片形式将新闻的核心内容直观展现出来，比文字更让人印象深刻。
	231	将新闻事实中的重要信息（文字及图片）提炼出来，以具有美感和更能吸引受众注意的方式进行排版和艺术塑造所产生的海报。
新闻生产	11	媒体融合发展的时代背景下，媒体选取新闻事件中适合简化与转化的关键文字、数字和图片信息置于海报外壳的一种新闻生产与表现手段。
	81	媒体发布的集纳关键文字与重要图像的再创作图像。
	313	新闻传播中对图片、二维码等形态的综合运用，重要目的是给新闻客户端引流。
	501	将新闻的核心重点信息以最直观且美观的形式展示出来的一种新的新闻生产方式。
新闻可视化	39	对新闻主要事实，特别是重大政策内容进行的可视化表达。
	75	一种煽情化、戏剧化的对新闻事件或人物的可视化表达。

续表5-11

类型	编号	定义
传播效果	53	新形势下，新闻报道根据受众需求不断变化的一种形式，更具有社会性、直观性和主动性。
	84	信息传递更加快捷化和普遍化。
	155	用文字简介概括的关键性新闻，辅以图片等增加视觉效果，强化读者记忆，使读者更能带入情绪。
	300	以更加形象化的方式对信息进行传播。理想状态下，它可以拉近受众心理距离，达到更好的传播效果。
	307	为了传达某一观点，表达某种情感，或是号召人们做某事的以简单易懂、宣传力强的文字图片等信息元素构成的图片。
反思类	372	新闻海报是一种配合快时代而产生的新闻产品，从原来的文字性报道（报纸等）变化为现在以图片、视频形式的新闻报道模式，是由于人们在快节奏生活中需要快速抓取新闻信息的结果，但也会存在断章取义等问题。
	413	新闻海报是新闻中重要信息的呈现形式，简短精练，但对于一些我想了解更多信息的报道来说，缺乏全面性。

上表中截取的新闻海报定义基本囊括了文本形式、视觉美感、新闻生产、新闻可视化、传播效果与文体反思等多个角度，充分体现了受众群体对新闻海报的丰富认知。大部分定义与当前学界对新闻海报的理解相映成趣，展现出新闻生产实践与新闻研究的理念互文。当然，其中也不乏一些感性评论：如乐观者直抒胸臆，认为"天下苦方块文章久矣，是时候让新闻更方便传播了，感谢新闻海报（编号20）"；悲观者无奈唏嘘，认为"目前国内新闻海报普及率低，且内容质量低下，起不到新闻传播作用（编号98）"。

对于一个处于发展期的信息产品而言，希望与风险并存是常态，在更广阔的层面上，《融媒体语境下新闻海报认知调查问卷》调查对象对"新闻海报"定义的探讨更倾向于一种观点实验，对所有观点进行词频分析发现，"新闻"一词出现频率最高（316次），其次分别是"图片"（109次）、"形式"（105次）、"海报"（100次），见图5-6。

第五章 融媒体语境下的新闻海报认知：对《人民日报》微博平台新闻海报的调研

图5-6 《融媒体语境下新闻海报认知调查问卷》调查对象的新闻海报定义词云图

这一词条析出频率表明，尽管调查对象的表述方式丰富多变，但在受众视域下，新闻海报作为一种以海报形式传递信息的新闻图片，其新闻属性得到了认可，已经是融媒体语境下具有广泛认同度的新闻产品。从以视觉形式为起点的文本认知到以文体内涵为落点的价值认同，不仅展现了新闻海报产品建构意义传播空间的过程，也记录着新型新闻产品在传受互动过程中的认知范式，为后续新闻产品创新与传播提供了借鉴范本。

第三节 从信息消费走向文化认同的认知预示

在大众传播空间内，受众的媒介接触行为是一个"社会因素＋心理因素—媒介期待—媒介接触—需求满足"的过程[①]，其对新闻产品的接受涉及个体、群体与社会生活的方方面面。在此过程中，作为价值交换物的新闻将发挥信息消费视域下的产品效能，作为情绪载体的新闻将发挥联动主客体的情感效能，作为知识载体的新闻将发挥知识传播的文化效能，作为意识形态建构要素的新闻将发挥营造认同的社会效能，最终构成一种属于新型新闻产品的接受效能体系，对新闻生产主体与新闻消费者的生产活动及认知行为产生持续影响，呈现出融媒体语境下特有的信息消费与文化消费图景。

---

① 郑兴刚，徐锋：《使用与满足理论视阈下的马克思主义大众化路径探析》，《理论月刊》，2011年第10期，第16–18页。

一、聚合注意力：新闻海报切中新闻信息速读需求

第46次《中国互联网络发展状况统计报告》显示，"疫情下我国社会的数字化进程加速，形成了平台经济、服务经济、共享经济等多元化的创新业态，为经济发展注入了新动能"①。样态丰富的信息消费形式"不仅是消费的组成内容，而且对满足人民群众生活需求、提高经济发展质量、推动国内市场发展具有重大作用"②。因此，在融媒体语境下，无论是作为宏观信息消费空间内的一个产品组件，还是作为微观信息传播过程中的一种媒介，以新闻海报为代表的新型新闻产品都是信息消费的参与者，正活跃在"增长最快、创新最活跃、辐射最广的消费领域"③之中。

得益于新媒介技术的迅速普及，"原本处于不同消费阶层的人们加速了对话和互相模仿"④，流通于其中的新闻产品则推动着新兴信息消费文化的蓬勃发展。依照消费文化研究传统，人们往往以资本主义主导的大批量商品生产为讨论前提，认为正是这种生产端主导的产品量变触发了个体消费活动的持续增长。在新闻海报所处的融媒体语境下，新闻生产主体的确是新闻产品数量增长的发起者，但在媒介为传受双方同时赋权的技术贡献环境中，信息消费中兴起的新型消费文化不再是传统批判视角下的资本主义弊端，反而是传受双方共同建构起来的消费空间。尽管新闻生产主体不可避免地进行了以信息为表现形式的商品交换活动，但受众同样具有自主选择消费与否的自由。这种自由投射到新闻消费者个体身上，则内化为两种不同的心理满足机制：第一种是"使用信息来进行佐证个人所属群体地位、寻求认同的身份满足"；第二种是"倾向于获取个性化、具备审美价值的信息来实现个性满足"。⑤受众在信息消费过程中的转发、评论与点赞等行为，即是其通过新闻产品寻找身份认同的社交语言，分别被用以满足不同个体的信息消费需求，也由此养成了对媒介产品的长期依赖。

在此基础上，围绕事实和观点进行内容生产的新闻海报还承载着反映社会关联与展现情绪欲望的产品效能。在传统的消费文化研究中，个体对产品

---

① 中国互联网络信息中心：《第46次中国互联网络发展状况统计报告》，2020年，第74页。
② 矫立军：《信息消费升级为经济发展蓄势》，《人民论坛》，2020年第29期，第82–83页。
③ 矫立军：《信息消费升级为经济发展蓄势》，《人民论坛》，2020年第29期，第82–83页。
④ 寇佳婵，董关鹏：《跨文化传播中的信息消费满足：一个消费文化的分析框架》，《新闻爱好者》，2020年第8期，第74–77页。
⑤ 寇佳婵，董关鹏：《跨文化传播中的信息消费满足：一个消费文化的分析框架》，《新闻爱好者》，2020年第8期，第74–77页。

的满足程度取决于他们获取商品的社会性结构途径,人们为了建立社会联系或社会区别,会以不同方式去消费商品①,但融媒体语境在一定程度上消弭了受众进行信息产品消费的身份区隔,易得、便捷的信息产品甚至在一定程度上打通了不同消费者之间的文化壁垒,为新闻生产提供了更流畅的信息消费空间。与此同时,新闻海报的号召力将受众进行信息消费时的情绪提到台前,其一反传统新闻生产对事实的绝对追求,将新闻产品触发的受众情绪作为一种产品效能,以独特的情感动能提升新闻产品的解读维度。

当然,"一切生产现实价值的传播产品必须与人们既有的信息消费经验、信息消费偏好的信息消费模式相契合。如果不契合,传播者就会沦为'沙漠中的布道者'——再好的教义、再多的资金,也不会产生任何实际的效果"②。因此,尽管新闻海报的产品效能始终由受众群体进行检验,但其本质是对新闻生产主体提供的产品服务价值的考察,只有及时洞察新闻消费者的现实关切与信息需求,才能准确把握新闻生产的风向标。尤其是在互联网技术不断扩大传播量级的融媒体语境下,新闻产品效能的实现更需要一个具有共享精神与互动意识的信息消费环境,才能在新闻生产主体与新闻消费者之间搭建起流畅的产品流通路径,扩充信息消费市场,提升产品与服务质量。

二、强情感共鸣:新闻海报迅速激发主客体共情

作为新媒介时代的社交媒体元老,微博通过"背对面"的关注机制、裂变式的传播路径、"点对点"的关联模式、"全程共景"围观式结构、"后台前置"的传播环境,"为世界带来了一个人人都能发声、人人都可能被关注的时代"③。由此看来,融媒体语境不仅改变了受众的认知模式,也为"公众话语中更多的情感化和个性化的表达方式开辟了新的空间"④,信息产品中的情感要素不仅是自媒体新闻生产主体的卖点,也是主流媒体新闻生产主体提升自

---

① [英]迈克·费瑟斯通:《消费文化与后现代主义》,刘精明,译,南京:译林出版社,2000年,第18页。
② 喻国明:《构建国际传播的基本理念》,《新闻与写作》,2013年第10期,第89-90页。
③ 陈力丹:《解析中国新闻传播学2012》,北京:人民日报出版社,2012年,第223页。
④ [美]卡琳·沃尔-乔根森:《情绪与新闻》,《SAGE 数字新闻手册》,2016年,第128-143页。

身接近性的内容传播策略，多数情况下能够得到正向的影响传播效果①。与之相对应，在受众视域中，个体或群体能够通过新闻产品的情感运作被唤起、激发甚至改变自身对事物的认知、态度和评价②，以新闻海报为代表的新型信息产品也因此具备了建设性和相对应的情感效能。

所谓新闻的建设性是指"对社会、个体形成正向舆论引导和启发，并以积极的反馈作用化解信息技术给新闻生产带来的挑战与威胁"③，这一特性将新闻视作一种社会问题的解决方案，并将读者作为检验传播效果的核心要素，强调用新闻产品调动积极的社会情绪④。具体来看，"相较于求知、社交、盈利，用户在使用动机方面更倾向于愉悦，即获得快乐"⑤，这意味着，与建设性新闻相对应，新闻受众的确更偏爱信息产品提供的正面情绪与实际的消费体验，并期望从中获得相应的情感体验。以新闻海报为例，其触发新闻消费者与新闻生产主体实现情感共鸣的方式基本分为以下几种：用个体化的新闻选题展现产品接近性，用生活化的新闻情境拉近受众与新闻事实的距离，用小切口叙事调动个体的情感解读，最终，综合以上形式借由微观具体的生产操作实现新闻产品与受众的实时交流。在新闻海报凭借接近性特质与新闻消费者建立起情感联系后，以新闻产品为媒介的主客体共鸣逐步成为一种传播仪式，如新闻海报这种图文并茂的符号集合体形成了结构稳定的产品范式，而其生产与传播的过程则创造了一个有凝聚力且出于所有实践目的而存在的世界⑥，将人们以团体或共同的身份召集在一起，在其中通过传播来转变主客体产生情绪共鸣的过程⑦。

随着新媒介技术不断发展，多种多样的生产手段被用以强化主客体进行情感交互的情景感，尤其是在媒介化生存的多元主体互动环境下，受众得以

---

① 冯杰，唐亚阳：《社交媒体情感化表达与传播效果的关系——以微信公众号文章情感化表达为例》，《新闻界》，2017年第2期，第70–74页。
② 白淑英，肖本立：《新浪微博中网民的情感动员》，《兰州大学学报（社会科学版）》，2011年第5期，第60–68页。
③ 贺岭，李敏：《建构式新闻如何引导西方新闻业的价值重寻与功能救赎》，《出版广角》，2019年第22期，第71–73页。
④ 杨家宁：《建设性新闻的知识属性探究》，《新闻研究导刊》，2020年第19期，第79–80页。
⑤ 林刚，宋伟，张广岐：《抖音短视频APP用户使用行为及动机研究》，《东南传播》，2019年第6期，第101–105页。
⑥ [美]詹姆斯·凯瑞：《作为文化的传播："媒介与社会"论文集（修订版）》，丁未，译，北京：中国人民大学出版社，2019年，第11页。
⑦ [美]詹姆斯·凯瑞：《作为文化的传播："媒介与社会"论文集（修订版）》，丁未，译，北京：中国人民大学出版社，2019年，第6页。

进入一种沉浸式体验的信息互动氛围中,个体能够在媒介仿真世界里全身心地投入并由此产生充实感、兴奋感和幸福感,获得人与媒介交流的"最佳体验"①。重复不断的信息满足体验,让受众持续将注意力和情感投入传受互动活动中,特定形式的新闻产品成为情感变压器,以互动仪式持续产生长期的、可持续的"情感能量"②。此时,新闻生产不再是一种单纯的信息传达行为,而是新闻生产主体与新闻消费者之间的情感表征,互动双方通过虚拟世界中"共同在场"的假象进行仪式化交流,个体的情感体验被激活,并在以信息为媒介的交流中找到归属感,最终形成不同受众群体乃至整个受众概念范围内的意义联结,生成一个全员互动、立体多元的传播仪式展演空间。

三、高效能科普:新闻海报搭建知识普及便捷通道

将新闻海报视作符号互动载体,其不仅实现了符号用来架构、传播思想与意图的功能,也建构了一种可以共同生活的媒介文化③,便捷易得的媒介技术为传受双方的生产与消费提供了强有力的支持,也为以新闻为媒介的知识传播增加了新的流通渠道,即融媒体语境下新型新闻产品所代表的具有非正式指导关系的"参与式文化"④。在新闻热点频发的社会环境下,作为学习个体的新闻消费者往往有较强的信息寻求动机,该动机驱使其对新闻产品形成注意并进行思考,新闻产品的吸引力越强,受众投入其中的注意力越多,并在汲取信息和进行思考的过程中完成了多次"新闻学习"过程,逐步将信息转化为知识,成为自身对社会现实的认知经验。

在新闻海报生产与传播实践中,新闻消费者主要接触的"知识"分为两类,其一是从新闻事实与观点中提炼出来的客观事实与价值观,其二是选编现有知识而来的常识与科学知识。无论何种形式的新闻知识,最初都以信息的样态进入受众视域,而这些信息就是未经提纯的知识,将这些信息从庞杂的信息网络中截取出来的过程,也是新闻生产主体转变为知识传播主体的过程。新闻海报作为一种对新闻事实、新闻报道以及媒体观点进行二次编辑的

---

① 景娟娟:《国外沉浸体验研究述评》,《心理技术与应用》,2015年第3期,第54—58页。
② [美]兰德尔·柯林斯:《互动仪式链》,林聚任、王鹏、宋丽君,译,北京:商务印书馆,2009年,第161页。
③ [美]詹姆斯·凯瑞:《作为文化的传播:"媒介与社会"论文集(修订版)》,丁未,译,北京:中国人民大学出版社,2019年,第10页。
④ [美]亨利·詹金斯,[日]伊藤瑞子,[美]丹娜·博伊德:《参与的胜利:网络时代的参与文化》,高芳芳,译,杭州:浙江大学出版社,2017年,第3—4页。

新闻产品，需要新闻生产主体充分调动逻辑思维与抽象思维，这一工作因而具备更加明显的知识生产属性。从《人民日报》微博平台的新闻海报生产与传播实例可知，新闻海报的知识生产形成了两种面向：第一种面向过去，如纪念日新闻海报对历史事件的切片式知识普及；第二种对接未来，如全媒体新闻海报用新媒介技术实现时空延展。这些新闻生产手段不仅是信息传播领域的知识生产方式，也是知识普及的公共传播范式，最终将作为新的知识体系继续发挥更广阔范围中的知识传播效能。

在新闻生产主体以新闻产品为对象完成知识生产之后，融媒体语境下的新闻产品成为传受双方共享的知识产品，其不再是转瞬即逝的快销产品，反而因为知识属性具备了被储存、提炼和使用的潜质①，如被不断重复制作成新闻海报的防疫知识与新闻瞬间，正是在一次次形成传播热潮的过程中内化为受众得以长期受益的知识积累。简言之，尽管新闻海报是主打言简意赅的快新闻产品，但由于其数量庞大、效能显著，其作为新闻产品集群的文体影响力也在联动传受双方整体的文化阐释能力。在特定的社会时空里，这种文化阐释由"一个民族、时代、阶级、宗教或者哲学倾向基本态度的那些根本原则所决定"②，并因为新闻产品的知识呈现形式、受众的信息接触频率及个体经验差异而产生微观形变，进而形成一种"美美与共，世界大同"的知识共享氛围。无论是当前作为新闻图像显著形态的新闻海报产品，还是未来即将出现的新型新闻产品，二者都是时新新闻知识的传播媒介，将共同按照"引发注意—提炼知识"的互动逻辑生成社会现实的媒介映射，由此推动网络文化的持续繁荣、公共知识的广泛普及以及媒介生产的螺旋式跃进，构建传受双方共同参与的新新闻文化空间。

四、应急性沟通：新闻海报助推社会动员广泛达成

作为重要的视觉信息资源，新闻海报的生产传播"与各种信息的流通、分配以及交换系统的结构、机会息息相关"③，其对"海报"形构与"新闻"属性的联结隐喻着媒介技术转型对社会表现形态与发展样式的改变④，由此可

---

① 郑忠明，江作苏：《新闻媒体的知识管理：另一种角色期待——以〈纽约时报〉创新实践为例》，《新闻记者》，2016年第5期，第27—37页。
② ［英］彼得·伯克：《图像证史》，杨豫，译，北京：北京大学出版社，2008年，第34页。
③ 张浩达：《视觉传播：信息认知读解》，北京：北京大学出版社，2012年，第9页。
④ 李闻榕：《论科技创新、文化创意交融发展》，《光明日报》，2016年8月14日，第6版。

见,"媒介不只是社会的附属物,也是社会肌理的决定性因素"①,以新闻海报为代表的新闻产品则是社会意识形态的传播载体,展现着其背后参与生产与传播的新闻生产主体与新闻消费者共享的社会意识形态。

从概念上来看,意识形态隶属于哲学范畴,"反映的是阶级或集团的整体思想,涉及的是一整个社会群体的根本利益,具有现实基础的核心作用,是社会(或群体)的理论形态的自我意识"②。无论是传统媒介主导的大众传播时代,还是新媒介驱动的信息消费时代,作为现实社会的媒介表征,以新闻符号集合为信息通货的媒介空间里始终流通着丰富多元的个体或群体意识,而新闻生产主体的主要传播期待便是通过信息产品建构一种向核心社会价值靠拢的主流意识形态。在由媒介搭建的意识形态大厦里,特定时间段内诸如人生观、思想观念及各种情感和幻想的各种具象意识形式统统被收纳其中,并汇聚成一个总体性的概念③,对新闻生产主体的生产理念与新闻消费者的解码倾向加以形塑。

具体来看,新闻海报新闻生产主体与新闻消费者共同形塑的意识形态具有明显的价值引导功能:首先,作为社会情态媒介化表现形式的新闻海报能够引导各个阶层的思维习惯,潜移默化地驱动受众选择与自身所处阶层相匹配的信息消费方式与解码倾向,营造出一种和而不同的信息互动氛围;其次,以新闻海报为代表的新型新闻产品预设了一种符合受众整体价值取向的传播目标,大部分受众能够在这种凝练的目标指引下保持对信息解读的一致性,由此降低了传播噪音的干扰与传播成本;最后,在共同传播目标的引导下,受众整体逐步形成了"相对稳定的价值判定体系,使得整个社会能够在思考和行动上保持同样的价值评判,对人们的生活和工作起到必要的激励作用,并对人们的生活追求以及价值取向进行引导和规范"④。

随着这种价值体系的自我修正与长期涵化,处于特定媒介文化空间中的传受互动双方逐步习惯于以文体、仪式或者神话的逻辑对新闻产品进行解释,并投射于个体生活的多个方面。当这种意识形态能够为受众提供积极引导时,新闻产品将为社会提供一种向上的价值期待,提高各种社会要素的整合效率;与之相对应,这种意识形态发生偏差,则会让负面的社会情绪不断

---

① [美]詹姆斯·凯瑞:《作为文化的传播:"媒介与社会"论文集(修订版)》,丁未,译,北京:中国人民大学出版社,2019年,序言。
② 宋惠昌:《当代意识形态研究》,北京:中共中央党校出版社,1992年,第9页。
③ 俞吾金:《意识形态论》,上海:上海人民出版社,2003年,第64-65页。
④ 郑永廷:《社会主义意识形态研究》,广州:中山大学出版社,1999年,第27页。

发酵，不利于舆论调控和社会稳定。由此可见，大众媒介持续建构的意识形态是不同社会个体与群体的"凝合剂"，"人们为了能够更好地向理想目标奋斗，就需要承受一定程度的牺牲，获得一定的理念上的激励，并能够将部分需要的物品变成信仰的对象来对待"①，反之，"一旦缺失了意识形态的引导，人们的生活就会处于一种茫然的状态"②，甚至有可能触发社会的无序与混乱。

除了与媒介文化同频互动的社会意识形态建构，以新闻海报为代表的融媒体视觉传达产品还具有一个附加属性——审美意识形态，其中既包括信息消费过程中由审美活动"直接显现的认知、情感、意志活动，又包括内在的关于美的联想、想象和审美观念的形成"③。对于媒介的意识形态建构功能而言，审美意识形态只是文化产品的附带功能，但新闻海报的生产与传播实践表明，在当前信息交流空间内，围绕事实与观点不断演绎的新闻产品已经是理性与感性的结合产物，提升信息产品的视觉体验也将成为引导社会审美的重要领域。

---

① ［美］迈克尔·罗斯金等：《政治科学》，林震，等译，北京：华夏出版社，2001年，第105页。
② 远德玉、陈昌曙：《论技术》，沈阳：辽宁科学技术出版社，1985年，第62–63页。
③ 杜卫：《美育三义》，《文艺研究》，2016年第11期，第9–21页。

第六章　新闻海报生产机制及其走向融媒体化的审思

从《人民日报》微博平台新闻海报生产与传播实践可知，在视觉文化时代的蓬勃发展下，新闻生产正按照"获取信息—处理信息—可视化—传播信息"的生产路径改写传统的报道生成模式，单一新闻生产主体的"作坊时代"早已成为过去，取而代之的是众包众筹的工业化信息生产新模式。以"新闻"与"海报"的身份分野为起点，融媒体语境下的新闻生产主体、新闻海报产品与新闻海报受众，展现了丰富多变的新闻生产样态，其所代表的新媒介技术条件下的新闻生产逻辑，不仅适用于新闻海报生产，同样对其他新型新闻产品具有阐释力，并在具体实践中展演着新新闻生产的融媒体化过程。

第一节　新闻海报的生成逻辑

一、内生逻辑：传媒产业的创新需求

在媒介技术升级与传媒经济转型的合力下，融媒体语境下的传媒产业经历了一次大规模的危急时刻，以报纸、广播、电视为主要媒介的传统新闻生产主体试图通过媒介融合来适应新媒介环境。这种新闻生产的适应性调整，让跨越不同媒介时代的新闻生产主体开始重视创新意识的培养与创新产品的开掘，因此，创新不仅成为提升新闻生产环境适应力的关键，也决定着传媒

产业的未来走向。在涉及大众传播整体的信息流通领域，凡是被个人或其他单位看作是新的思想、想法或事务，就是创新[①]，具体到新闻生产过程中，"新闻创新作为媒体创新的一个子集，指的是新闻业对新技术的采纳和应用以促使其产品、方法、思维、结构、市场、关系等发生转变的过程"[②]。尽管广义与狭义的定义范围不同，但二者均涉及建构新闻生产力的基本生产要素——人、组织和产品，以上三者也是传媒产业创新的具体落点。

首先，在具体的新闻海报生产流程中，新闻从业者是参与生产活动最基本的"人"的要素，人的创新亦是新闻创新的起点。《人民日报》微博平台新闻海报的生产与传播表明，新闻海报是一种个体意识的碰撞，无论是新闻价值判断、内容策划还是视觉传达阶段，都承载着多个新闻生产参与者不同的思维逻辑。从物理形式来看，以新闻海报为代表的融媒体新闻产品不要求新闻生产个体的在场，甚至愈来愈多的融媒体新闻产品更倾向于是一种编辑室产品，但其始终强调新闻产品本身的现场感，如新闻照片、动图等均是用来实现这一目的的视觉要素。采编分离的分工形式使得记者和编辑的身份出现了逆潮流的分割，这种新闻生产方式降低了新闻生产个体在新闻生产环节中的实在作用，却也让编辑的创新思维得到凸显，即在资讯共享的大数据时代，新闻生产是一个创意集成过程，通过创新思维挖掘他人不曾注意的新闻价值，是全媒体人才在突破技术瓶颈后更需要拥有的核心竞争力。唯有掌握了凭借思维创意先发制人的生产路径，才能"有效提高新闻媒体的中心辐射力量，成为具有支配性的信息和沟通渠道，从而使得各个社会单元适应媒体的逻辑，而不是让媒体去迎合其他的逻辑"[③]，进而使新闻从业者成为一种"阐释共同体，通过对专业地位的特有叙事权力来建立权威"[④]。

其次，在新闻生产的社会学研究路径下，合作分工的新闻海报生产机构是新闻生产组织的具体形态，其表征着新闻生产机制创新。这种"创新不是简单的一个新的技术、观念或思路的引入，也需要与之相匹配的组织结构、管理层级等方面的变革"[⑤]。以《人民日报》微博平台新闻海报的生产与传播

[①] 翁秀琪：《大众传播理论与时政》，台北：三民出版社，1993年。
[②] 白红义：《从技术创新到新闻创新：重塑新闻业的探索性框架》，《南京社会科学》，2016年第10期，第104–112页。
[③] 周继坚，牛天：《新华社"现场新闻"重新定义新闻生产模式》，《中国传媒科技》，2016年第10期，第11–12页。
[④] 白红义：《边界、权威与合法性：中国语境下的新闻职业话语研究》，《新闻与传播研究》，2018年第8期，第25–48页。
[⑤] 白红义：《从技术创新到新闻创新：重塑新闻业的探索性框架》，《南京社会科学》，2016年第10期，第104–112页。

为例，针对不同的新闻海报内容与生产需求，《人民日报》融媒体中心内部存在不同的组织方式：第一种是专门设立的新闻海报生产团队，与新华社固定打造的"海报突击队"不同，《人民日报》融媒体中心以视觉设计室为核心机构，进行包括新闻海报在内的视觉产品生产；第二种是围绕重大新闻策划进行的项目制组织，如"两会"期间微博、微信、客户端之间的新闻生产联动，新闻海报生产成为媒体机构内部不同平台的合作产品；第三种是借鉴他者创意的新闻外包，即新闻生产主体与其他优质内容创作的合作，如《人民日报》与陈小桃、王左中右的新闻海报联合推出的手绘漫画新闻海报等。以上三种长期存在、相互转化的新闻生产组织模式表明，"社交媒体环境下，新闻内容的生产者呈现多元化趋势，ICP（Internet Content Provider）不单单被专业新闻记者所垄断，受众已经成为公共信息生产的重要力量"[①]，所谓的新闻生产分工合作，不仅是媒体机构内部的排列组合，也是传受双方的灵活互动。这种跨界虽然模糊了新闻生产主体的组织身份，却使得新闻生产的创新路径清晰起来，即以生产优质产品为核心营造更加包容开放的价值判断、内容策划与视觉传达传播空间。

再次，在开启内容创新的新闻生产要素基本框架里，如新闻海报一样独特的新闻产品，是新闻生产创新的第一目的。"产品创新指的是一种新物品或一种新的质量的物品的引入"[②]，由《人民日报》微博平台新闻海报的产品呈现可知，新媒介技术铺开了多姿多彩的新闻产品网络，但无论融媒体语境下的新型新闻产品如何形变，其基本的视觉传达逻辑仍然是符号化与以符号为基础的新闻叙事。以新闻海报为代表的视觉新闻产品的大量出现表明，符号化与新闻叙事的重心发生了偏移，围绕事实与观点进行内容生产的新闻海报，由于篇幅精简，越来越少强调新闻故事的建构功能，反而成为信息传递与舆论引导的碎片式媒介。在此趋势下，不同于主动揭示因果关系的新闻报道，以传播效能最大化为目的的新闻海报开始强调通过挖掘新闻细节引发情绪共鸣，对社会情态的深入剖析逐步隐于幕后，唯有文本整体才具有呈现新闻全貌的表意潜力。符号内涵的"深入简出"同样影响了新闻海报的生产与传播取径：在新闻生产主体视域，新闻海报等新型信息产品意味着一整条逐步完善的生产线，生产线上遍布新闻生产主体进行信息收集、信息管理的基

[①] 周继坚，牛天：《新华社"现场新闻"重新定义新闻生产模式》，《中国传媒科技》，2016年第10期，第11–12页。

[②] 白红义：《从技术创新到新闻创新：重塑新闻业的探索性框架》，《南京社会科学》，2016年第10期，第104–112页。

础文本，助推其进行更加深入的新闻价值开发与信息效益挖掘；在新闻消费者视域，强调"短、平、快"的新型新闻产品强调"事实或观点是什么"的传播理论简化了受众的认知过程，新闻消费者能够因为特殊的视觉传达形式对具体结论形成记忆，便于其追逐现下热点与理解新闻事实。当然，联结传受互动的新闻生产创新也存在明显的优缺点，如新型新闻产品碎片化传播引发的信息茧房、后真相等现象已经受到了不少批判，但对于受众整体而言，如果能够"找到一个现象的良好的关联物，这个关联物仍可以帮助其捕捉现在和预测未来"①，新闻海报等快新闻产品真正的传播创新价值在于，能够在"空间维度上实现信息的多角度、多层次交叉复现，在时间维度上实现对与人、与社会有机体活动相关联信息的持续呈现"②，借新闻片段的长期涵化拼接出一种媒介建构下的、具有创新阐释力的社会映像。

最后，由新闻从业者、新闻生产主体与新闻产品共同组成的是整个传媒产业的创新生产图景。当新闻创新成为新闻生产主体共享的行业生产理念时，新闻生产则演变为一种创造新型信息形态的媒介实验，但凡新型新闻产品具备较高的相对利益、消费便宜性、文化兼容性、可试验性与可观察性③，便有可能创造出新的信息消费热潮。具体来看，新闻海报产品正是符合以上标准的创新产物：相较于传统新闻报道与新闻照片，新闻海报能够凭借文体优势迅速抓取受众注意力，此即新闻海报的相对利益；方便快捷的互联网媒介让融媒体语境下的新闻海报触手可及，此即新闻海报的消费便宜性；共享的文化语境与图文并茂的文体特征降低了信息解码成本，此即新闻海报的文化兼容性；较低的图文编辑成本与直观的互动数据提供了新闻创新实验的技术支持与检验标准，此即新闻海报的可试验性和可观察性。简言之，融媒体语境下以新闻海报为代表的新型信息产品大多都是接续传统且有所精进的创新产物，其往往取形于现有媒介产品，并在此基础上加入新元素或新技术作为补充，并在持续不断的调整过程中将新闻产品谱系推陈出新，进而在一次次改进中带动整个传媒产业对创新理念的重视。这一发展趋势意味着，"新闻创新是一个动态的过程，既存在路径依赖，也保留着多重可能性"④，并且，

---

① 喻国明，李彪，等：《新闻传播的大数据时代》，北京：中国人民大学出版社，2014年，第15页。
② 喻国明，李彪，等：《新闻传播的大数据时代》，北京：中国人民大学出版社，2014年，第4-5页。
③ 翁秀琪：《大众传播理论与时政》，台北：三民出版社，1993年。
④ 王辰瑶，喻贤璐：《编辑部创新机制研究——以三份日报的"微新闻生产"为考察对象》，《新闻记者》，2016年第3期，第10-20页。

对于传媒产业而言，单纯的经济效益已经无法评断其作为文化产业一员的竞争力，"创新意识正在成为不可或缺的中坚力量，成为国家和民族在互联网时代和全球化时代竞争的新疆域"①。

二、外源逻辑：技术革新的现实驱动

从主体身份来看，传媒产业的创新生产是一种文化演进的内生诉求，但将其置入发展变动着的媒介环境中时，不难发现，任何主体采取的行动都与其所处的现实情境息息相关，以新闻海报为代表的新型信息产品生产与传播同样是多种社会要素驱动的结果，其中包括媒介景观的建构、视觉文化的演进、读图时代的可视化与新闻产品的媒介化，以及调动以上因素发生转变的媒介技术转向等，多者共同构成了融媒体语境下的新媒介逻辑，以潜移默化的方式影响新闻生产复现现实社会的方式与方法。

当居伊·德波（Guy Debord）判定整个世界已经被拍摄时②，其强调的是一种对以影像消费为主的景观社会的强烈批判，但不可抗拒的是，这种通过物质表达人们之间社会关系的内容生产与消费方式已经成为文化的主流形态。新闻海报作为一种基于新闻事实而来的信息传达方式，其与社会现实存在映射关系，具有展现景观秩序与凝聚注意力的潜质。正是这种新闻产品与社会现实之间的内在连接，让流通于虚拟平台上的数字新闻产品具有真实性，即新型新闻产品通过新闻照片、手绘漫画、数字、文字传递事实与观点的叙事过程，也是新媒介建构线上景观的过程，印刻着图像转向的时代烙印。从景观逻辑考察新闻海报，旨在强调新闻生产对新闻元素的价值判断与筛选，在以"新闻"为立身之本的新闻海报生产与传播过程中，试图建立新闻产品与现实世界关联的新闻生产主体必须遵守景观秩序，不因为博眼球而盲目滥用新闻元素，并在顺应景观逻辑的过程中创造景观、审视景观，更微观具体且行之有效地平衡景观合法性与新闻真实性之间的关系。

作为景观逻辑的进阶产物，新媒介技术进步与消费文化蓬勃发展共同促进了视觉文化浪潮的兴起，新闻海报的生产与传播同样受到这一文化背景的驱动。互联网技术为受众提供了"足不出户知天下"的便利，也由此孵化了一种个人化、私密化的视觉传达空间，尽管流通于社交网络的新闻海报面向

---

① ［美］克鲁斯·安德森：《创客：新工业革命》，萧潇，译，北京：中信出版社，2012年，第156页。
② ［法］居伊·德波：《景观社会》，张新木，译，南京：南京大学出版社，2017年。

的是整体概念上的受众，但个体在接受信息时所处的仍然是自己相对于他人独在的私密空间，即新闻消费者通过一个隐秘的小切口观测社会情态，这种"缺场可视化让它成为符号性的在场，媒介同时将缺场的不利后果转化为令人愉快的结果"①。值得注意的是，以新媒介技术为支撑的视觉文化强调"被看到"，不仅是指新闻生产主体及其新闻产品被看到，新闻消费者的观点和态度同样能够被看到，信息互动参与主体由此获得了他者领域中的自我想象，尤其是社交平台提供的点赞与评论功能，更直接地展现了这种被凝视的真实性，不断鼓励不同声音相互碰撞。当然，这种碰撞也意味着，以新闻海报为代表的视觉信息产品"反对整体化"②，新闻事实的复杂性被消解为平面化、碎片化的物质表达方式，而作为消费品的新闻产品更倾向于提供一种视觉或情绪快感。尽管这种消费主义牵引下的新闻生产偏转引人深思，但"我们不能将新闻的展示性、视觉性和视觉话语策略视为对某种纯粹的、客观存在的现实主义的玷污；视觉性从一开始，就是新闻的根本意图"③，视觉文化不过是提供了一种深化新闻产品视觉传达功能的社会语境。

从新闻海报的生产与传播实践出发，面对技术革新的现实驱动，新闻生产主体建构社会景观、展现新视觉文化的内在方式主要有两种——可视化与媒介化。

所谓可视化（visualization）是指"使用特定的计算机程序和设计学的方法，对数据和信息进行视觉呈现的一种内容生产模式"④，即将原本作为文字内容的新闻报道进行视觉处理，这一热潮最早见于数据新闻生产中。随着新闻生产的内部疆界与外部壁垒不断打开，可视化逐步成为一种内涵与外延愈加丰富的生产理念，其不再是数据新闻的专属方法论，而被作为视觉传达手段适用于各种信息产品。对以新闻海报为代表的视觉信息产品而言，可视化操作有助于凝练直接地展现新闻事实的全貌，并能够为观点传播提供强有力的事实支撑，这意味着，可视化是一种对信息的处理方式，而非传统新闻生产所强调的"采、写、编、评"基础步骤。由于可视化将个案、故事与细节

---

① ［荷］约斯·德·穆尔：《赛博空间的奥德赛——走向虚拟本体论与人类学》，麦永雄，译，桂林：广西师范大学出版社，2007年，第194页。
② ［斯］阿莱斯·艾尔雅维茨：《图像时代》，胡菊兰，张云鹏，译，长春：吉林人民出版社，2003年，第34页。
③ 常江：《蒙太奇、可视化与虚拟现实：新闻生产的视觉逻辑变迁》，《新闻大学》，2017年第1期，第55-61页。
④ 常江：《蒙太奇、可视化与虚拟现实：新闻生产的视觉逻辑变迁》，《新闻大学》，2017年第1期，第55-61页。

转化为数据形态，这种从其他领域借鉴来的新闻生产操作也在一定程度上消解了新闻的生动性，以此为代价换来的是带有预测性的宏观趋势以及数据确定性产生的视觉说服。有趣的是，新闻生产主体对视觉文化的主动适应始终带有割裂感，无论是将原本作为视觉元素的新闻照片、手绘漫画等置入新闻海报生产中，还是将新闻理念与视觉元素进行有机对接，都因为新闻生产与视觉设计之间的操作分野而一直处于探索阶段。但即便是现阶段广泛流通的试验性新闻产品，仍然能够触发新闻消费者的凝视，因为"看制造意义，是一种个体进入社会关系的方式，一种将自己嵌入总的社会秩序的手段，一种控制个人特定社会关系的手段"①，新闻生产中的可视化正是为"看"提供窗口与媒介的视觉转换器。

所谓媒介化（mediatization）是"人、技术、权力、资本等在媒介的'容纳'之下汇集、互构的实践过程"②，其与"全球化""个体化""商业化"并置，是改变社会发展历史的四种"元过程"力量③。以之为理论视角观测新闻海报，相当于将新闻海报置入社会变迁的持续性情境中，从而使之不受具体媒介类别和历史时期的限制，"既能全景式地把握新闻海报与更广阔的社会领域之间的联系，也让媒介化与其他现代化社会进程的关系因此得到关注"④。在此过程中，以新闻海报为代表的信息产品展现出新媒介特有的潜质，其通过对大众传播方式施加一定的压力来实现媒介塑型，并借此在媒介具体化和制度化的过程中以不同的媒介产品为表征，规训传播主体的传播行为，将"传播的具体化变为权力关系成为现实的地方"⑤。由此可见，媒介化既是一种可操作的新闻生产范式，也是一种媒介文化持续发展的必然趋势，其以媒介对人的延伸为起点，肯定不同信息产品对传统媒介的替代功能，借由媒介融合打通不同媒介之间的传播壁垒，用"元过程"驱动各个社会建制的内部调和与文化互动，为理解新闻生产变革提供了更加符合传播技术现状的阐释框架。

---

① ［美］约翰·费斯克：《理解大众文化》，王晓珏，宋伟杰，译，北京：中央编译出版社，2001年，第38页。

② 钱佳湧：《"行动的场域"："媒介"意义的非现代阐释》，《新闻与传播研究》，2018年第3期，第26–40页。

③ 戴宇辰：《走向媒介中心的社会本体论？——对欧洲"媒介化学派"的一个批判性考察》，《新闻与传播研究》，2015年第5期，第47–57页。

④ 侯东阳，高佳：《媒介化理论及研究路径、适用性》，《新闻与传播研究》，2018年第5期，第27–45页。

⑤ Andreas Hepp, "Mediatization and the 'Molding Force' of the Media", in *Communications-European Journal of Communication Research*, 2012（1）.

作为新闻生产主体对环境变动的应对产物，新闻海报改变传统新闻生产的关键在于，通过适应景观社会与视觉文化演进趋势扩容了新闻的内涵与新闻生产边界，从根本上触动了大众传播的媒介逻辑。"该逻辑的一个重要部分包括格式，或者说特定的媒介如何界定、选择、组织及呈现其内容材料，也包括社会生活的扩展序列特别是某些社会制度逻辑受到媒介形式的影响"①，即肯特·阿斯普（Kent Asp）所强调的"系统性规则"②。其一方面是指媒介的渗透力使得不同的社会和文化过程都不自觉地向媒介过程靠拢，另一方面是指不同社会主体借由媒介逻辑展开实践和互动③，它被用于勾勒某种特定的运作方式和媒介规则，其对不同社会领域及不同行动主体的影响皆有所不同④。具体来看，在新闻海报生产与传播过程中，新闻生产主体不再是单纯的新闻传播者，其在尝试为受众提供一种信息增值服务，或强调信息有序化、系统化乃至知识再生产的效用增值，或强调受众解读、使用这些信息后产生的社会效益或经济效益⑤。这种服务理念的确立，明显与新闻传播的传统大相径庭，但其作为信息消费时代的媒介逻辑却能够与视觉文化、消费社会的现实情境紧密对接，是传受互动时代提高新闻产品质量、扩容新闻生产效能的必要转向。

三、融合逻辑：新闻生产中的主体意识与主动创新

长期以来，传统的新闻生产研究形成了向内向外两种探索路径，一种关注新闻生产对社会现实的建构方式，将新闻作为具有专业气质的社会权威要素进行考察；一种关注新闻生产如何建构新闻业自身，借用文化、话语、叙事等概念讨论新闻职业如何通过特有的叙事权力来建立职业权威，尤其关注新闻业在面临内部争议和外部挑战时使用的话语策略⑥。以上两种考察路径往

---

① 侯东阳，高佳：《媒介化理论及研究路径、适用性》，《新闻与传播研究》，2018年第5期，第27–45页。
② 戴宇辰：《走向媒介中心的社会本体论？——对欧洲"媒介化学派"的一个批判性考察》，《新闻与传播研究》，2015年第5期，第47–57页。
③ 周翔，李镓：《网络社会中的"媒介化"问题：理论、实践与展望》，《国际新闻界》，2017年第4期，第137–145页。
④ ［丹］施蒂格·夏瓦：《文化与社会的媒介化》，刘君，等译，上海：复旦大学出版社，2018年，第21页。
⑤ 方清华：《信息增值服务——从文献服务到知识服务》，《图书情报工作》，2006年第11期，第29–32页。
⑥ 白红义：《边界、权威与合法性：中国语境下的新闻职业话语研究》，《新闻与传播研究》，2018年第8期，第25–48页。

往以长期稳定的新闻生产样态与行业发展情势为基础,但新媒介技术的到来却改变了传媒产业的生产常态,也再次激活了新闻生产主体的主观能动性,延续多年的传统媒体生产范式进入动态发展阶段,前人研究中"很长时间内几乎没有外部力量可以对传统新闻业的运作产生绝对性的挑战"[①]的预言被打破,由此触发了新型信息产品与新闻生产范式的革命性发展,新闻海报等新闻产品的出现正是行业内部的向外跨越。

围绕事实与观点进行内容生产的新闻海报生产主体,在新闻产品的生产与传播过程中,以具体的新闻产品内容展演了信息本身的事实逻辑与视觉逻辑,以特定的文体形式输出了新闻生产的媒介逻辑,以大批量的传受互动实践表征了信息消费的市场逻辑,最终形成了一系列具有特定规律的、动态化的新闻生产演进逻辑:

首先,从生产方式上看,融媒体语境下的新闻海报生产与传播是一种从"再现"到"体验"的理念转身。样式丰富、历史悠久的"海报"形构为新闻海报生产提供了强化视觉传达效能的文本工具,尽管这种对新闻事实的再现不可避免地受到新闻生产主体的干预与操控,但"新闻"与"海报"的融合仍然为新闻消费者提供了新的产品类型,也为传受互动增加了一种表达方式。于疫情期间井喷式增长的新闻海报文体生动再现了当时当地的社会情态,还在强烈社会共情的基础为受众提供了能够引发情绪共鸣的信息消费体验,在新媒介技术的支持下,灵光一闪的创意往往有可能比持续输出的新闻生产范式更具吸引力,其通过媒介技术搭建的信息共享情境则鼓励受众将观望转化为体验。这意味着,相较于传统新闻生产的文字表达,融媒体语境下的视觉逻辑为信息互动带来了质的转变,个体与信息之间的距离既表现为"现实的遥远",也表现为虚拟的亲密,由此构成了当前新新闻生产的普遍情态。

其次,从新闻海报内容来看,融媒体语境下的新闻海报生产与传播是一种从"精准"到"模糊"的样态浮动。在传统新闻生产领域,提供准确的数据与丰富的细节描写是增加新闻可信度的生产手段,也可以增加新闻产品的真实性与说服力,二者同样是新闻海报内容的重要组成部分,用以展现新闻产品与社会现实之间的准确关联。但是,删繁就简的新闻海报往往只提供抓人眼球的数字和细节,这种对单一新闻元素的着力强调,在触发受众共情的

---

① 白红义:《边界、权威与合法性:中国语境下的新闻职业话语研究》,《新闻与传播研究》,2018年第8期,第25–48页。

同时也降低了受众把握新闻事实全貌的可能性，即在突出精准细节的同时模糊了整体的面貌。可以说，以新闻海报为代表的局部展现新闻事实的信息产品正在解构"新闻真实"的传统含义，具有视觉吸引力的新闻元素开始成为主角，由此改变了新闻生产的视觉传达技术与符号叙事语法，动摇着传统新闻生产与新闻概念的稳定结构。

最后，在传播效果上，融媒体语境下的新闻海报生产是一种从"单向"向"互动"的话语转向。特征突出、重点明确的视觉传达，其本身往往带有一种自上而下的话语姿态，强迫受众在趋向单一化的解释路径里进行内容解码。但得益于新媒介技术的交互性，融媒体语境下的新闻海报逐步打破了传统图文模式借用"蒙太奇"手法进行内容输出的强势惯性。如面对多图新闻海报集群时，受众可以选择性解读与自身看法相似的关键信息；当新闻海报与VR技术、二维码联合进行内容生产时，受众能够跳出屏读框架的限制，自由体验虚拟空间的陈设；社交媒体的点赞、评论与转发互动功能为传者与受众、受众与受众之间提供了对话平台，拓宽了民主意见表达的空间，等等。与之相对应，当新媒介技术为新闻消费者提供了更广阔的空间时，新闻生产主体借由新闻产品建构社会意识形态的倾向便受到了限制，即技术开放带来的权力关系位移，让原本带有宣传意味的新闻海报生产与传播被赋予了文化民主化的生产趋势。

以上三种内隐于新闻海报生产与传播过程中的演进逻辑表明，以新闻海报为代表的新型新闻产品的出现，不仅仅是一种融媒体语境下的视觉逻辑演绎，而且是生产主体意识牵引的、自觉自主的新闻生产融创行为，更是新闻借由视觉化内容生产观念与实践的发展带来的一种关乎整个人类信息文明的认知范式革新。[①]在信息爆炸、受众适应性越来越强的传受互动空间里，无论是新闻生产主体还是新闻消费者，都无暇顾及这种革新对传统新闻生产理念的解构，相对而言，传受双方更关注如何在高速发展的信息传播空间内找到彼此适应的新闻对话方式，由此催生了更多具有融媒体环境特色的视觉传达新闻产品，而新闻海报的生产与传播不过是先前稳态结构走向非稳态阶段的一个具象化的开端。其作为新型新闻产品的出现具有必然性，是传媒产业发展内在需求与媒介环境演进趋势相结合的产物，但受新冠疫情影响发生井喷式增长并逐步成长为文本类型的发展路径具有偶发性，新闻海报生产与

---

① 常江：《蒙太奇、可视化与虚拟现实：新闻生产的视觉逻辑变迁》，《新闻大学》，2017年第1期，第55–61页。

传播的矛盾性则指向了当前新闻生产面临的现实情境——动态变化中的不确定性。

不同于以新闻生产主体为主导的传统新闻生产时代，变幻莫测的融媒体语境既提供了丰富的信息传播工具，也增加了新闻传播效能的预测难度，而这种困境与当前传受双方共处的液态社会息息相关。社会学家鲍曼（Zygmunt Bauman）认为后现代犹如一根刺从一开始就插入现代性的身体之中，只不过在某一个历史时期，某一种模式占主导地位，成为主流①，而现下文化环境中后现代性展现出的不确定性和多元化正是液态社会的突出特征，并已经成为当前社会文化的主流倾向。在此过程中，传统和旧秩序正在被扔进熔炉，人们赖以作为行动依据的模式、规范和准则正变得日益缺乏起来，"液态化"使得我们正从一个前设的"参考群体"时代走向一个"普遍观照"的时代②。与强调稳态的现代性阶段不同，"液态"指向了流动易变的社会本质，在液态社会中，"人们对瞬时与快速的追求取代了对连续持久的期待，流动性与速度成为社会分层的决定性因素，既有的规则与标准都正快速液化，不再存有稳固的单一权威"③。

以上特征也影响了新闻生产的方方面面，比如大多数新型新闻产品较短的生命周期、转瞬即逝的新闻生产热点等。悲观者将潜藏于液态社会中的不确定性视作传媒产业的发展危机，乐观者则将其视作大有可为的创新机遇，实际上，所谓的"液态"不过是在描述人的生活样态与社会的发展情态，液态社会"结构所规定的物质环境，拥有特定经验、知识和欲望的行动主体所行使的能动性，以及二者之间的互动"④等都将改变新闻生产的演进趋势，而"不确定性"更多地预示着新闻生产的内容张力与创新活力。当然，对"不确定性"的乐观并不是一种盲目的向好趋势，而是长期的新闻生产实践表明，无论环境变动多么剧烈，作为显性传播力量的新闻生产本身始终具有极强的文化适应力、自我调节力与旺盛的生命力，传媒产业与社会发展的不确定性不该成为文化焦虑的根源，新闻生产主体必须持续运转才能保持自身的

---

① ［英］丹尼斯·史密斯：《后现代的预言家：齐格蒙特·鲍曼传》，萧韶，译，南京：江苏人民出版社，2002年，第227页。
② ［英］齐格蒙特·鲍曼：《流动的现代性》，欧阳景根，译，上海：上海三联书店，2002年，第10-12页。
③ 华婉伶，臧国仁：《液态新闻：新一代记者与当前媒介境况——以Zygmunt Bauman "液态现代性"概念为理论基础》，《传播研究与实践》，2011年第1期，第4-40页。
④ 李艳红，陈鹏：《"商业主义"统合与"专业主义"离场：数字化背景下中国新闻业转型的话语形构及其构成作用》，《国际新闻界》，2016年第9期，第135-153页。

竞争活力，在偶发性与必然性的矛盾之中不断向新稳态结构大步迈进。

第二节 接续传统新闻生产的新闻海报生产机制

所谓的科学、艺术等，"都不过是生产的一些特殊形式，并且受生产的普遍规律的支配"①，当人们"把适宜于市场化、产业化的文化作为一项产业来发展，就是把这一部分文化产品和服务作为商品。因此，文化作为一种特殊产品，其生产具有特殊规律"②。作为文化产品的一个具体类型，新闻生产视域下的新闻海报也遵循着自身特定的生成逻辑，一方面是来自传媒产业自身的内生逻辑，即一个事物发展变化必经的自我演进路径，另一方面是受制于生产环境的外源逻辑，即一个事物的发展变化必须适应的外界异动，二者相辅相成，在偶然性与必然性的跳动中共同推进演化主体的发展变化，走向新的新闻生产阶段，对时代关切做出相对的回应。

作为一种新媒体语境下的新闻生产实践，凭借自身的独特站位、资源储备与人才团队，《人民日报》微博平台新闻海报的生产与传播展现出独特的机构特色与时代印记，但这种特殊性背后始终存在符合当前融媒体生产规律的运作模式。以《人民日报》微博平台新闻海报生产与传播为线索观察当前国内新闻海报生产样态，不难发现，通过海报形式传递新闻事实与观点的图像创作模式，已经得到了大批量传统主流媒体的认可，如澎湃新闻交互体验部凭借"夜读""初心之路"等特色栏目成为母媒体的颜值担当，新华社以"海报突击队"跟踪时事热点打造出属于自己平台的创作品牌等，层出不穷的新闻海报设计团队、丰富多样的新闻海报产品无不记录着我国新闻生产可视化、时事观点媒介化的转变之路。

与此同时，《人民日报》微博平台新闻海报生产与传播实践个案，也展现出当前融媒体语境下新闻海报生产机制的基本面貌。按照"传者—内容—受众"的大众传播基本通路，在文化融合趋势下，海报这一历史悠久的视觉媒介联通新闻生产孵化了新新闻图像——新闻海报，其对新闻生产机制的继承与革新，则对应着新媒介环境的时代特征，其中包括由不同生产要素组成

---

① 中共中央马克思恩格斯列宁斯大林著作编译局：《马克思恩格斯全集》（第42卷），北京：人民出版社，1979年，第12页。

② 孙安民：《文化产业理论与实践》，北京：北京出版社，2005年，第32页。

的新闻海报生产框架，内隐于生产流程之中的理念转换以及始终与内容文本相辅相成的符号融合等，并主要表现为以下几个方面。

一、调整生产框架，唤起资源整合动态化的理念自觉

融媒体语境下的新闻海报生产是作为组织机构的新闻生产主体对一系列生产要素的资源整合，这既是一种对传统新闻生产框架的有机调适，也是一种主动适应新媒介环境的理念自觉。按照生产环境、生产主体、产品与生产关系的基本框架，新闻海报生要素包括由媒介化的传播空间、碎片化的互动语境与加速中的文化场域共同构建的环境要素，由组织架构和多元创作主体联合构成的主体要素，结合新闻文本特征与视觉传达要素生成的事实、观点、图像、文字等产品要素，以及由此带来的生产要素边界突破与系统整合。尤其是在媒介融合浪潮下，新闻生产取径的价值判断更加灵活，受众的感性解读与群体偏好也逐步被纳入价值体系之中，新闻生产主体以一种来自组织机构以及行业内部的自觉自省，在平衡各方需求的前提下进行内容生产与传播。

具体而言，凝结不同生产要素的新闻生产机制是多重因素互动的结果，始终处于动态调整与不断完善过程中。表面上看，新闻生产主体在《人民日报》微博平台新闻海报生产与传播过程中占据绝对地位，然而事实上，新闻海报产品的最终呈现与实际传播是生产主体在考量多重因素后做出的回应。其中既包括对融媒体语境与社会政治经济文化情态的主动适应，也包括对受众需求的合理参考，值得注意的是，这些要素会随着社会发展不断变化，而新闻生产主体则需要通过改善采编形式、组织架构来持续参与社会建构，以可持续的新闻生产机制回应受众关切，在以产品为媒介的双向选择中进行有效的生产调适。

与此同时，新闻生产始终在绝对的动态与相对的调整中寻找平衡，这种调适的目的在于牢牢把握不同要素之间的生产关系，由此实现对生产机制的传承与革新。由新闻海报生产机制在微观、中观与宏观的生产展演可知，囊括了生产主体与生产内容的新闻生产始终关注着三重关系，第一重是最直观的生产者与产品的关系，第二重是在此基础上各个要素共同搭建起来的生产框架内部关系，第三重则是生产组织与各类社会要素的关系。以新闻海报为例，融媒体语境下的新型信息产品以新闻为内里、以新形式为表征连接社会热点，并将生产者与产品的所属关系、各个生产要素之间的融合关系以及生

产组织与各类社会要素的协作关系嵌入其中，由此达成媒介、社会与人的关系平衡，持续为新闻生产创新提供动力。

二、精简生产流程，探索采编协作一体化的融媒取径

融媒体语境下的新闻海报生产是一种集纳多元主体、媒介与内容的采编协作，并以此为载体在新闻生产一体化思维下进行更丰富多样的融媒实践。由《人民日报》微博平台新闻海报生产流程可知，其中至少包括了选题会、实地采访、传播策划与内容编辑等四个基本流程，还不算选题一次次推翻重来的过程，而参与其中的往往是一个由主编、文字编辑、视觉编辑与实习生共同组成的生产团队。由此证明，融媒体语境下的新闻生产开始走向一种全面融合，从确定新闻内容的选题会到经由不同平台与编辑设计而来的新闻产品，都在以一种兼容并包的态度来实现生产合作。在此过程中，传统新闻生产中由一个人、一种媒介对某一特定事件进行报道的点对点模式发生质变，从新闻生产的价值判断、内容策划到视觉传达都是团队协作的结果，甚至适应于不同平台的新闻产品本身也在进行传播协作，由此形成了今非昔比的新闻报道集群。

此外，前文对《人民日报》微博平台新闻海报文本及其生产实践的持续观察表明，求新、求快是融媒体语境下的新闻生产目标，新闻海报之所以能够从一种生产尝试变成一种生产常态，在于其通过新闻产品形式与海报这一传统媒介的跨界融合切中了当前新闻传播的核心需求。尤其是在内容浓缩、形构浓缩与主题扩容、数量扩容的产品流变过程中，融媒体新闻海报逐步析出了一种洞中肯綮的符号结构，并通过循序渐进的符号系统与层次分明的符号意义准确迅速地向新闻消费者提供核心内容。在媒介融合浪潮下，如《人民日报》微博平台一般的传统媒体机构的新媒体平台，始终在一浪又一浪的技术与生产变革中不断锚定自身的站位和发展战略，而新型信息产品则是其与受众、行业以及整个媒介文化空间进行对话的直接落点。换言之，《人民日报》微博平台新闻海报的生产与传播实践借助以融媒体中心为核心的采编协作，进一步明确了"内容至上"的新闻生产理念，即调动多个平台、多样手段与多种媒介合力优化重要新闻内容的表达形式，由此创造出真正新颖别

致、切中社会文化需求又拒绝同质化①的创新新闻文本与全新新闻产品，再构新闻生产主体与新闻消费者之间的互动频率。

三、创新生产内容，拓展新闻生产符号化的表意可能

融媒体语境下的新闻海报生产以"海报新闻化"为生成路径，借助社会共通的文化符号进行合理编辑与再创作，进而在简明扼要的视觉传达形式下实现新闻生产符号化，而新闻生产主体对新闻海报等新型信息产品的持续探索，则是对符号化表意效度的多次检验。由《人民日报》微博平台2012年至2020年创作的新闻海报文本可知，作为生产内容的新闻海报产品始终处于发展变化之中，无论是内容与形构的浓缩，还是主题与数量的扩容，都是生产主体在一次次传播实践中进行的调整与修正。与之相对应，新闻生产主体围绕所有已经存在或正在创造中的新型信息产品所进行的生产实验，都是一种检验新闻生产符号化表意效度的创新实践，在此期间，能够适应新媒介环境与受众需求的新闻产品可以获得相应的形变空间，并具有较长的生产与发展周期，而无法满足当前信息传播条件的创意产品则很快被传受双方抛弃，以便为下一次融媒体实践保留生产资源。

具体来看，以新闻海报为代表的符号化新闻产品，其内在表意机理主要强调三个维度，第一个维度是突出核心内容的符号结构，这种表意方式与传统新闻生产中的"倒金字塔结构"相似，但其往往只需要最重要的信息，由此实现新闻生产符号化最直观的传播效果；第二个维度是调度个体感知的符号系统，在这个由知觉符号、风格符号与修辞符号共同组成的表意集合中，任何一种符号都具有迅速抓住个体注意力的潜力，但在一个设计精良的产品内部，生产主体对其主次关系进行了有机调整，只保留与信息本身最适合的符号要素进行强化；第三个维度是贯通社会文化的符号意义，任何一种符号的所指及其解释项都来源于其所处的社会环境，只有采用具有一定社会认同度的符号进行新闻生产，或者以重复多次的新闻生产创造出被广泛认同的新符号，才能实现新型信息产品"一步到位"的表意效能。由此可见，每一次新闻生产内容的文本创新背后，都蕴藏着对文化符号的借鉴与再造，面对愈发求新、求快的大众传播空间，以新闻海报生产为代表的符号化取径也将继

---

① 《媒体融合发展要坚持"内容为王"还是"技术为王"》，《中国地市报人》，2020年第9期，第1—2页。

续发生形变，但对符号内涵的反复强化与广泛普及却始终是一种重要的言说方式，仍将继续影响新闻生产主体的生产偏好与受众的信息消费需求。

四、关注生产反馈，挖掘信息沟通可视化的多重潜能

融媒体语境下的新闻海报生产是一种实现大众传播社会效益的文化因子，其以可视化为主要手段，将多元议题的报道或评论置入大众视域与文化圈层，进而推动信息沟通。由《人民日报》微博平台新闻海报集群丰富多样的报道选题可知，借助愈加专业化、全媒体化的生产团队与辐射范围不断扩大的信息发布平台，新闻生产主体得以借助社交媒体优化传播效能，其中既有关注时事要闻的重大新闻与突发性新闻，也有洞悉社会发展节奏、展现新闻温度的周期性新闻，在受到政治、经济、组织、文化和技术影响的同时，新闻生产也在将这些社会因子转化为信息与资源，进而以多样化的文本形态提升文化认同与形塑社会意识形态。这一惯习起源于历史悠久的新闻生产实践本身，强调在媒体机构作为生产主体除了仰赖经济基础，还必须坚守新闻传播的社会效益，并将其在内容丰富、形式多变的信息产品上融会贯通。

在《人民日报》微博平台新闻生产主体看来，尽管和所有转型中的传统媒体机构一样面临着自负盈亏的新闻生产环境，但拥有过亿粉丝的《人民日报》微博不仅需要通过新闻消费者的注意力获取经济利益，更需要在内容生产与形式设计中把握生产的尺度，即面对更广泛、更多样的受众时如何平衡大多数的信息需求与小部分人的过度敏感，这意味着，具有一定号召力和影响力的传统媒体机构的新媒体平台正在因为其信息凝聚力实现从利益回到效果的转身。换句话说，当媒体机构自身得以成为重要的信息集散地时，其必须让效果优先于利益，这既是由新闻公共性本质所决定的，也是面对当前信息生产格局的必然选择。因此，新闻生产主体在将利益变成效益的过程中，必须始终坚守新闻产品的公共性，才能始终保持平台优势，为新闻生产留下持续发展的"绿水青山"，也唯有如此，方可稳固新闻创新的原生土壤，为受众提供更加丰富多样的信息产品和消费体验。

由此可见，新闻生产机制的存在与不断调整，始终以新闻生产主体的能动性为内驱力。无论是新闻生产过程中的价值判断、内容策划与视觉传达，还是在一次次实践中对新闻生产框架与流程的持续调整，由以上内容共构的新闻生产机制其实是新闻生产主体内在理念的外化与生产操作的集合，始终围绕着"人"的认知与创意来进行多样演绎。值得注意的是，在传受互动通

路上，新闻生产主体所代表的能动性并不仅仅来源于传者，其进行内容生产与传播的出发点始终是信息接收者，即从大众传播与社会生产视角回应人对信息消费服务的需求，而在融媒体语境下强调视觉传达则是对人之审美理趣的进一步关注。由此，新闻产品从信息产品转变为审美对象，并凭借新闻生产主体的能动性将审美化的新闻生产推广到更丰富多样的融媒体语境下，为新闻融创提供一种具有普遍性的理念指导。

第三节 走向融媒体化的新闻海报生产机制之审思

新事物的产生与发展不仅带来了创新的火种，也潜藏着一定的风险。如新闻海报所代表的新型信息技术产品，其作为新闻家族新成员的有益尝试正在开启融媒体新闻生产的新纪元，却也对传统新闻生产的核心问题发出了挑战：海报形式与新闻内容的碰撞是否会削弱新闻内容本身的影响力？海报的视觉美感与新闻的真实性是否存在属性对立？海报的商业属性与新闻的公共属性将如何在信息消费时代实现共谋？这些显然不是一张新闻海报能够回答的问题，却是一张新闻海报能够持续开启的学理审思。

一、海报之形与新闻之本：提防形式超越内容的身份翻转

作为"多元模式超文本最为庞大的案例库，互联网空间恰如其分地呈现了全世界范围内网络中的文本构造"[1]。在这个与现实世界紧密关联却又自成一派的虚拟空间内，由多元主体构成的信息生产者仍在持续创作不同的新闻呈现形式，尤其是逐步从传统媒介搬迁至新媒介平台的官方媒体，为了打通信息下沉渠道，以新闻海报为代表的新型信息产品正是其孜孜以求的生产对象。在围绕新闻事实与观点进行的内容生产实践中，诸如新闻海报、新闻游戏、数据新闻之类的信息体裁不断给新闻消费者带来耳目一新的感觉，推动着新闻创新在表达方式上的持续深耕。因此，在泛新闻生产普遍化与类新闻文本集群日趋壮大的新闻文化圈层中，面对几乎是"万物皆可新闻化"的内

---

[1] ［丹］克劳斯·布鲁恩·延森：《媒介融合：网络传播、大众传播和人际传播的三重维度》，刘君，译，上海：复旦大学出版社，2012年，第96页。

容仓库，新闻生产走向了注重形式创新的发展道路。在媒介融合浪潮中，这种注重新闻呈现形式的行业偏向展现出深刻的生产矛盾：坚持以内容为王、重视培养内容生产力的新闻生产主体很难获得商业回报，反而是不生产内容的新型技术平台，凭借算法分发和智能推荐技术获得丰厚的利润[①]。换言之，在新闻商品化的进阶时代，新闻产品的呈现形式与消费形式正在削弱新闻内容的传播优势，作为信息产品的新闻文本本身，似乎正在被视觉传达样态和信息传播方式边缘化。

实际上，新闻内容地位下降的趋势长期存在，但在传统新闻生产过程中，新闻内容的重要性下降往往只是新形式出现后的暂时现象。然而，新媒介技术迅速普及却为形式创新提供了太多可选择的生产工具，其以迅速抓取受众注意力的技术优势一波又一波地持续攻击着新闻内容的主体地位，也因此将新媒体时代内容与形式之间的矛盾逐步凸显出来。然而，以新闻海报文体的生产与传播轨迹可知，尽管其作为一种新闻形构在当前获得了一定的传播优势，但并不是每一张海报、每一次热点都能百分百满足新闻生产主体的传播预期。这意味着，无论一种新闻产品具有多大的传播潜力与传播适应性，它都存在满足受众需求的传播天花板，各种信息产品与信息消费需求的契合都只是某一阶段的暂时现象，形式创新一旦趋于固化就很难再有所突破，唯有搭载不同形式进行广泛传播的内容才是始终保持变化的真正主角。因此，"传播平台的更替、服务方式的革命、信息数量的增多，并不能冲击内容的首要地位……内容的地位非但不应有任何意义上的削弱，反而须得到前所未有的加强"[②]，无论新型信息产品借助多少尖端的新媒介技术，其进行新闻生产的核心始终是针对新闻内容展开的价值判断、内容策划与视觉传达。

真正影响新闻文化发展方向的，是盲目强调形式至上带来的新闻生产乱局。由新闻海报生产与传播实践可知，当前融媒体语境下的新闻生产大多侧重于对不同类型新闻图像的形式创新与再生产，这也是读图时代不可逆的视觉传达浪潮。然而，过量的新闻图像生产已经为互联网世界带来了不可估计的图像泛滥现象，这种"依托自媒体平台而展开的无契约传播共谋，终将指向一种关于过去与将来的无序解读"[③]，即传受双方无法考察新闻图像的起

[①] 王亮：《媒体竞争的气泡模式——兼从动态竞争视角分析内容为王》，《编辑之友》，2020年第6期，第64-67页。

[②] 辜晓进：《内容的至上地位永难撼动——兼与〈旗帜鲜明地反对"内容为王"〉商榷》，《新闻记者》，2014年第9期，第54-59页。

[③] 李蓉：《全球化媒介社会背景下的新闻生产研究》，杭州：浙江工商大学出版社，2016年，第137页。

源，也不知道新闻图像的文化建构对象，并在持续无序的信息消费空间里渐渐失去了作为新闻文化参照系的主体标准，甚至有可能因此触发政治危机、削弱文化认同、导致社会异化。实际上，在新媒体语境下，新闻生产的形式至上隐喻着一种"技术为王"的偏向。毋庸置疑，媒介融合浪潮下的新闻生产本身就是媒介技术迅速发展的结果，其对技术的依赖是一种生产路径上的本能选择，但对于新闻创新而言，所谓的"技术"拥有更宽泛的内涵，其中既包括新闻产品生产所依托的前端与后台数字技术，也包括诸如数据分析、内容策划与视觉传达等专业技术。由新闻文化从人文到科技再到技术的转向来看，对这些技术要素的提纯确实有助于提升新闻生产效率，但长此以往也将新闻生产从文化生产变成了技术复制。然而，对于新闻文本及其生产过程来说，单靠媒介技术并不能完成传递信息传播的全部目的，对新闻内容的多角度解读与深入挖掘才是新闻生产不能放弃的立足根本。对于大多数新闻生产主体而言，更现实的问题是，技术开发需要大量的人力、物力与时间成本，希望通过技术升级乃至技术创新来实现转型发展"远非媒体融合的最终解决方案"[①]。因此，融媒体语境下由技术牵引而来的"形式为王""渠道为王"等呼告不过是特定媒介发展的阶段性热点，真正影响新闻生产生命力的始终是新闻内容本身。

以上由新闻文本及其生产引发的反思证明，在凭借形式创新与技术升级吸引受众注意力的融媒体新闻生产实践中，新闻文本的内容价值仍然且将继续占据核心地位，新闻生产主体所面临的真正问题是如何在"形式至上"还是"内容至上"的新闻文化疑云中激发内容生产的创新活力，而这始终是一个此消彼长、随环境不断变动的平衡过程。

二、海报之美与新闻之真：把握媒介艺术创作的虚构尺度

当新闻海报将事实与观点共同被作为新闻生产元素时，对新闻真实性的核定标准已经产生了动摇，而当设计精美、允许创作的手绘新闻海报以及其他新媒体形式不断出现在新闻海报集群中之后，另一个关于新闻生产乃至新闻本质的问题被提出来：以新闻海报为代表的新型信息产品在美化新闻的过程中是否触动了作为立身之本的真实性？换言之，当新闻与其他媒介形式进

---

① 《媒体融合发展要坚持"内容为王"还是"技术为王"》，《中国地市报人》，2020年第9期，第1—2页。

行融合生产时,新闻之真与新闻之美的互动关系为何?对视觉文化转向的批判性研究表明,尽管视觉新闻产品为信息传播提供了便利,但此类强化视觉传达效果的新闻产品很可能存在误差,被新闻生产主体注入主观思维的叙事图像对冲了以直观还原为目的的新闻文本,很容易产生偏差、失真乃至图像误导①。更令视觉研究学者担忧的是,这种以符号叙事、图像叙事为主的新闻生产方式培养了一批享受读图时代便捷性的忠诚受众,获取信息的目的甚至渐渐被置于个体的视觉体验之后,新闻消费者对视觉信息产品的需求"从超越物质的精神的美感转向了直接表征物质满足的享乐的快感"②。很显然,尽管新闻之美有助于提升新闻产品的传播效能以及新闻消费者的接受度,但其仍然被视为一种引发质疑的新闻生产位移。

然而,在融媒体语境下的新闻之真与新闻之美真的是对立关系吗?对这一问题的回答可能需要从视觉之美本身出发来重新探讨。

美学家贡布里希(E.H.Gombrich)认为,"艺术是一种富足的象征,它属于优越的生活,是这个世界赋予富人和美人的装饰物的一部分"③。这一论断意味着主体对美的追求是物资丰富的结果,由此可见,新闻生产主体在新闻生产过程中着力于新闻之美的核心原因是新闻数量激增,从美学研究视角来看正是这种内容泛滥孵化了新闻生产对美的关注,而从传媒经济视角来看,处于激烈竞争中的新闻生产参与主体需要新闻之美作为产品特色,借此形成新闻产品的附加竞争力。于是,新闻生产的功利导向、新闻产品的文本需求以及新闻文化的发展趋向合力将新闻生产推到了对美的追求道路之上,由于融媒体环境自带的粘贴功能,这种美不可避免地被机械复制,却又因为包含信息与观点而贯通着反映对象的过去和未来。在这种艺术与新闻杂糅的语境下,新闻生产主体不自觉地分裂为两种角色,第一种角色是追求新闻之真的新闻生产者,仍然按照新闻生产路径进行价值判断、内容策划与视觉传达;第二种角色是建构新闻之美的新闻艺术家,在不触及真实性根本原则的基础上有所保留地展现自己的想法,在新闻产品中注入带有主观倾向的意义投射。毋庸置疑,在传统媒体时代,第二种角色只能内隐于新闻生产过程背后,但融媒体环境却赋予了更广泛意义上的编辑与转码权力,在"不引起矛

---

① [美]马克·蒙莫尼尔:《会说谎的地图》,黄义军,译,北京:商务印书馆,2012年,第190页。
② 王德胜:《视像与快感》,合肥:安徽教育出版社,2008年,第4页。
③ 韩丛耀:《图像:一种后符号学的再发现》,南京:南京大学出版社,2008年,第250页。

盾、不产生分化"①的前提下，附加于被美化的新闻元素之中的意义反而赋予了新闻产品新的表达活力。

具体来看，潜藏于新闻产品之中的新闻之美，其实拥有悠久的历史渊源。早期对新闻美最典型的阐释是"以最吸引人的表现形式传播真实新鲜的新闻"②，这种新闻美囊括了关注新闻本质的真实美、传播时代精神的崇高美、塑造人物的典型美、刻画细节的形象美、展现情境的意境美以及回归新闻本体的质朴美③等，这种分析视角将新闻之美与新闻复刻对象结合在一起，实际上是在美学视角下探讨新闻内容之美。与之相对应，还有针对新闻文本本身的流变美、文约美、主题美、标题美④等不同的审美视角，而这则是考察新闻之美的微观视角。综合前人对传统新闻审美的多样化阐释，融媒体语境下的新闻之美显然是一种跨越文体、对象与媒介的更复杂的感知。首先，以符号元素进行新闻生产的审美对象生成过程涉及文字、图像、色彩等不同元素，其作为叙事语言展现新闻产品的视觉美感，由此调动信息接收主体对视觉语言、情感信号与视觉表征的审美认同。其次，融媒体语境下的新闻之美还强调新闻产品本身的组织结构以及整个产品集群的内容互动，是一种分散于不同平台之上，却又被同一新闻事件、同一生产范式所统筹的结构美与规范美。最后，尽管新型信息产品以视觉传达为主要表意手段，但新闻之美绝不能笼统地等同于视觉之美，走向多样化的新闻图像为新闻生产领域提供的是媒介融合背景下的信息传播审美范式。

当新闻之美成为一个显著的新闻生产要素之后，新闻生产主体对美与真的平衡则成为新的议题。所谓新闻之真，强调"一个去伪存真的过程，它是报道与公众、被报道者和新闻工作者之间的相互作用，而新闻的首要原则就是超功利地追求真实，最终将新闻与其他形式的传播区别开来"⑤。然而，由于媒介技术的迅速发展，新闻生产永远处于持续状态，为了增加新闻生产的速率，综合多种传播诉求的混合媒介文化让"妄下断言"走在了"探求真

---

① ［英］贡布里希：《象征的图像——贡布里希图像学文集》，杨思梁，范景中，编选，上海：上海书画出版社，1990年，第35页。
② 杨健：《新闻审美》，北京：新华出版社，1999年，第17页。
③ 杨健：《新闻审美》，北京：新华出版社，1999年。
④ 杨健：《新闻审美》，北京：新华出版社，1999年。
⑤ ［美］比尔·科瓦齐，汤姆·罗森斯蒂尔：《新闻的十大基本原则：新闻从业者须知和公众的期待》，刘海龙，连晓东，译，北京：北京大学出版社，2011年，第49页。

实"之前①，真相的意义不在于用途而在于指涉，是一种被操纵的符号②，而博眼球、求关注的新闻观念更是稀释着新闻专业主义的存在感。于是，在"新闻之真"地位弱化的同时，"新闻之美"成为新的新闻生产落点，也由此触发了对美的误用。比如，为了让新闻产品能够迅速抓住受众注意力，新闻生产主体完全放弃了新闻价值标准的约束，以视觉传达和美学标准进行内容生产，仅仅将情感作为最终的视觉传达目的，却背离了基于事实而来的新闻真实性，也由此放弃了"事实本身与社会、存在、人性与文明等宏大概念之间的终极关联"③。当这种误用让缺少事实支撑的情绪渲染占据主流时，传统新闻生产对个体价值与反常个案的追寻自然就显得微不足道了，毕竟只依靠能够带来视听愉悦的传播要素就能实现传播效能最大化，新闻之美甚至因此具备了消弭新闻之真的可能性，也正是这种滥用加剧了新闻生产视域下"真"与"美"的对立。

事实上，液态社会开启了一个流动着的、超越时空界限的文化空间，人们固有的是非对错格局正在经历前所未有的变动，诸如新闻真实性之类的本质性概念也随之发生变化，真实不再是对客观事实的原样记录，任何能够反映事实本质的内容生产都能够成为特定语境下珍贵的文化元件，而新闻之美不过辅助其完成意义表达的转码机制。在新闻生产与传播实践中，强调视觉效果的新闻美化操作延续了视听媒介固有的可视化艺术基底，触发新闻消费者互动意愿的产品设计展示了融媒体时代的民主色彩，脱胎于传统媒介并对接新媒介技术的新闻之美本就不该站在真实性的对立面，因为，新闻真实性本身就是新闻最具审美价值的核心所在，其他强调信息传播美感的辅助技能不过是新闻生产应对传播浪潮的主动调适，随着新闻之美与新闻之真的积极对接，新闻生产必将出现更引人瞩目的创新产品形态与生产范式，让新闻在成为商品的过程中也体现出艺术品的展演潜能。

三、海报之益与新闻之利：平衡新闻生产效能的互动关系

接续传统新闻生产时期的新闻商品化发展趋势，即便融媒体语境为新

---

① 肖桂来，田秋生：《混合媒介文化视角下的假新闻生产逻辑——基于"上海女孩逃离江西农村""城里媳妇怒掀桌"事件的考察》，《当代传播》，2016年第4期，第110-112页。
② ［法］波德里亚：《消费社会》，刘成富，全志钢，译，南京：南京大学出版社，2001年，第125页。
③ 常江：《蒙太奇、可视化与虚拟现实：新闻生产的视觉逻辑变迁》，《新闻大学》，2017年第1期，第55-61页。

闻生产主体提供了丰富多样的生产工具与信息传播平台，媒体从业者对新闻生产的焦虑也更多地集中在行业经济状况上，导致其愈发难以辨别自身进行内容生产的目的到底是出于经济利益还是社会效益，这种纠结投射到新闻产品乃至新闻本质，则是对新闻"信息产品"与"文化载体"身份的质疑。作为新闻生产实践对新闻价值的反复厘定，新闻价值判断是探讨新闻本质的基础，但新媒介技术驱动下的全时新闻生产似乎很难停下来思考新闻价值的具体衡量标准。一如社会学家盖伊·塔奇曼（Gaye Tuchman）对新闻定义框架的阐释，一则新闻想要在社会中传播，更多地是要符合新闻生产主体设定好的关于新闻价值的回归方程式，并按照价值序列来安排传播顺序[1]，即"新闻是公开而引人注目的事情"[2]。然而，这种所谓"公开而引人注目"的标准，究竟是符合新闻生产主体经济诉求的商品属性还是对接受众群体公共利益的社会效能呢？事实上，在融媒体语境下，这仍然是一个传受双方共同协商的结果：在新闻生产主体因为掌握制定价值判断标准而被赋予专业地位的同时，受众也凭借互动渠道的实时反馈成为影响标准的重要因素，二者是在编码解码的过程中潜移默化地完成了价值判断行为。

这种协商式的新闻价值判断机制意味着，对新闻生产及由此引发的新闻内涵的理解，需要在动态的大众传播空间内进行考察，在融媒体语境下探讨新闻本质，不仅要关注新闻与现实之间的关系，更需要关注新闻与受众之间的关系[3]。至于"信息产品"与"文化载体"的分野，实际上是不同分析视角下对传受互动关系的差异化理解。

在将新闻产品作为经济媒介的信息消费视域下，以新闻海报为代表的新型信息产品通过视觉传达为新闻消费者制造出极强的参与感，触发其产生与自身以及所处环境相匹配的认同感与价值判断，并由此形成了一种虚拟平台中的消费自由。事实上，比物质世界中的商品消费更现实的是，人们对信息产品的消费更加趋于符号化，搭载各类信息、展现多元价值的信息产品更倾向于是信息消费主体进行自我身份建构的基础资料，在产品与消费者的互动过程中，"消费被编排成一种自我指向的话语，并在这种最小化的交换中带着

---

[1] ［美］盖伊·塔奇曼：《做新闻》，麻争旗，刘笑盈，徐扬，译，北京：华夏出版社，2008年，第41页。

[2] ［美］迈克尔·舒德森：《新闻社会学》，徐桂权，译，北京：华夏出版社，2010年，第7页。

[3] 常江：《蒙太奇、可视化与虚拟现实：新闻生产的视觉逻辑变迁》，《新闻大学》，2017年第1期，第55–61页。

满足和失望趋向枯竭"①。"枯竭"的常规展现形式，是不断缩短的新闻创新生命周期。在商品社会中，无论哪一个社会阶层均可以拥有金钱，当下层群体向上层群体的品位提出或予以篡夺，上层群体就会通过采用新的品位重新建立和维持原有的距离②。同样，在融媒体语境下，无论哪一类信息消费者都拥有作为入场资格的信息消费时间与注意力，但由于新媒介环境极大地降低了信息消费的成本，消费社会中以经济为资本的格差关系转嫁到传受双方的关系中，受众很快便会对某一形构的新闻产品产生审美疲劳，由此倒逼新闻生产的更新换代。由此可见，作为新闻产品的新闻宛若进入了消费的快车道，其被新闻生产主体的生存需求与新闻消费者的消费需求共同裹挟，不可避免地进入一种"创新—调节—再创新—再调节"的商品生产循环之中。

由于新闻生产要素本身的公共属性，新闻生产向信息产品领域的滑动，其实只是开启新闻生产社会效能的先行机制。对于新闻生产主体而言，其所掌握的媒介权力本身就具有不可撼动的公共性，是社会公众的集体让渡使其拥有了支配信息生产流程的特殊地位，因此，无论媒介环境驱动新闻生产主体进行何种身份调整，其通过媒介产品与媒介资源满足公众信息需求的根本职能是不可撼动的传播"天赋"。在此过程中，"传媒业被期望成为公共利益的守护者，为'公共利益''公共福祉'而发掘社会中隐藏的真相即成为一种崇高的职业理想，又成为其张扬行为合法性的基础"③。然而，由于新闻生产主体尚未完全适应媒介环境变局，导致其在对公共利益的捍卫上出现了传媒真空地带④，尤其是在媒体机构成为"公共产业、信息产业与营利产业的综合体"⑤之后，附加在新闻生产之上的经济功能、政治功能、文化功能等合力模糊了新闻本身的公共属性，触发了新闻本质的滑动。尤其是在媒介融合浪潮下，尽管新媒介技术发展为新闻生产主体守护公共利益提供了全新的方式与方法，但缺少制度支持与规则管控的互联网环境也提升了新闻作为文化载体的舆论引导难度，这才导致部分媒体机构选择以经济效益为先，从而引发了一种趋利导向下的无序生产，让新闻生产进入被污名化的危机之中。

---

① ［法］波德里亚：《消费社会》，刘成富，全志钢，译，南京：南京大学出版社，2001年，第78页。
② ［英］迈克·费瑟斯通：《消费文化与后现代主义》，刘精明，译，南京：译林出版社，2006年，第129页。
③ 吴飞：《新闻专业主义研究》，北京：中国人民大学出版社，2009年，第80页。
④ 部书错：《媒介融合视域下新闻学研究的8个新议题——基于国外新闻学研究者的文献综述》，《新闻记者》，2012年第7期，第20-24页。
⑤ 邵鹏：《媒介融合语境下的新闻生产》，杭州：浙江工商大学出版社，2013年，第125页。

由此可见，新闻本质在信息产品与文化载体之间的滑动，是加速社会的产物，新闻生产主体和新闻消费者一样，正是由于都处于对新媒介环境的适应阶段，才遭遇了无法兼顾经济效益与社会效益的窘境。但是，随着新闻生产主体在内容创新方式与信息生产范式上的不断探索，始终占有公共媒介权力的传播主体，不仅能够形成一整套对接媒介经济运行规律的经营策略，也必然会在映射现实社会的虚拟空间内建构出符合大众需求的公共领域，为社会公众提供一个进行"公共信息交流与意见表达的平台，成为全面了解自我、他人和社会真相的交流工具"[①]。随着这一公共传播场域的落成，作为舆论引导者的新闻生产主体将代表公众持续生产准确的信息[②]，借此调和不同利益群体之间的观念冲突与文化矛盾，维护并建构符合公众利益的社会认同，实现新闻作为文化载体的最终目标。

[①] 吴飞：《新闻专业主义研究》，北京：中国人民大学出版社，2009年，第87页。
[②] ［美］比尔·科瓦齐，汤姆·罗森斯蒂尔：《新闻的十大基本原则：新闻从业者须知和公众的期待》，刘海龙，连晓东，译，北京：北京大学出版社，2011年，第49页。

结　语

　　《人民日报》微博平台自2012年7月23日正式开通以来，作为融媒体语境下的先行军，展演着新闻生产发展变化的历史，也提供了一系列解读新媒介文化、推动新闻生产创新的实践样本。其以互联网思维不断优化资源配置，按照资源集约、结构合理、差异发展、协同高效的原则，讲述中国故事，传播中华文化，进一步加快媒体深度融合进程。在此期间，以新闻海报为主要表现形式的新闻图像生产与传播记录着新闻产品在内容与形式上的变化，且这种变化带有一种必然的偶然性，即以创新探索为起点，在不断试新试错的过程里发掘生产常态化的可能性，实现必然创新与偶然尝试的有效联结，也是新闻生产主体长期以来一直期待的新产品、新形式与新表达。

　　具体来看，在文化融合趋势下，海报这一历史悠久的视觉媒介联通新闻生产孵化了新新闻图像——新闻海报，其对新闻生产机制的继承与革新，则对应着新媒介环境的时代特征，其中包括由不同生产要素组成的新闻海报生产框架，内隐于生产流程之中的理念转换以及始终与内容文本相辅相成的符号融合等，并表现为以下几个层面：在生产框架层面，融媒体语境下的新闻海报生产是作为组织机构的新闻生产主体对一系列生产要素的资源整合，这既是一种对传统新闻生产框架的有机调适，也是一种主动适应新媒介环境的理念自觉；在生产流程方面，融媒体语境下的新闻海报生产是一种集纳多元主体、媒介与内容的采编协作，并以此为载体在新闻生产一体化思维下进行更丰富多样的融媒实践；在生产内容方面，融媒体语境下的新闻海报生产以"海报新闻化"为生成路径，借助社会共通的文化符号进行合理编辑与再创作，进而在言简意赅的视觉传达形式下实现新闻生产符号化，而新闻生产主体对新闻海报等新型信息产品的持续探索，则是对符号化表意效度的多次检验；在生产反馈方面，融媒体语境下的新闻海报生产是一种实现大众传播社会效益的文化因子，其以可视化为主要手段，将多元议题的报道或评论置入大众视域与文化圈层，进而推动信息沟通。在此层面上，融媒体语境下的新闻海报是一种借用市场力量实现的创新生产，其既代表着信息消费领域的活力与生机，也向挣扎于传统新闻生产范式与新媒介文化空间里的新闻生产主体提出了更尖锐的问题：

下一个可能引发新闻生产浪潮的产品是什么呢？

为了回答这个问题，至少需要在当前的大众传播语境里进行两个向度的挖掘。第一个向度是从新闻生产主体出发，对成功范本的生产机制进行深入而全面的解读。以《人民日报》微博平台的新闻海报集群为代表，此类融合不同符号、不同媒介、不同媒体与不同文化的新型信息产品，本质上是一种对现有媒介文本的二次创作，预示着新闻生产本身具有极强的适应性，通过现有媒介的组合拼接便能创作出丰富多样的新兴产品形态。但是，以传统媒体为牵引的新闻海报井喷式发展表明，一种新产品的持续生长是内外部环境共同作用的结果，由此过渡到探索新产品发展规律的第二个向度——作为新闻生产决定性要素的媒介环境。从新闻产品的构思、生产、传播到最终可能的蔚然成风，新型信息产品的出现与消亡都是新闻生产主体因时而动的结果，因此，唯有时刻关注社会文化时空的发展动向，才能够为孵化新新闻产品提供有据可依的环境支撑，进而找到适合新闻生产发展方向的媒介产品。以日渐析出的新闻海报文体为例，其洞中肯綮的视觉传达形式准确对应了媒介化、视觉化与碎片化的媒介文化演进趋势，并在一众希望跻身新媒体平台、进行自我展演的传统主流媒体机构的合力下，通过大批量生产转化为具有借鉴价值的新型新闻产品。这意味着，融媒体语境下的新闻海报生产与传播是一种必然结果，此类瞄准信息消费风口的内容生产绝对会引领未来的新闻生产走向。简言之，融媒体语境下的新闻海报是一种取得阶段性胜利的优质信息产品，是一次新闻生产探索的暂时胜利，并有可能启发更多类似产品的创新与变革。

尽管新闻海报能够成为一种具有借鉴意义的新闻文本，但其发展的必然性之中也存在不可抗拒的偶然性——"海报"与"新闻"的意外对接。对于传统新闻生产而言，按照倒金字塔结构对新闻要素进行排列组合是一种普遍的信息呈现与编辑方式，但融媒体语境下的新闻海报几乎抛弃了这种传统，只留下最重要的信息，尽管获得了非常可观的传播效果，这种特质却是属于海报媒介并且反新闻传统的发展走向。因此，即便新闻海报以数量多变的组合方式、形态各异的视觉元素浓缩了新闻产品的容量、提升了信息传播的效率，却始终不能完全替代新闻报道固有的翔实与全面。这种与生俱来的缺陷，必然会触发与之相关联的文化反思，诸如形式大于内容、美感高于真实、利益先于效益，等等，直指过度生产与碎片化带来的后现代迷思。然而即便如此，融媒体语境下新闻海报也时刻提醒共同处于当前媒介文化场域中的行动者们——融合有风险，却也蕴藏着无限的生机，尤其是对于刚刚在媒介融合浪潮里摸爬滚打而来的大部分传统媒体机构，丰富的报道资源与媒介手段为其提供了包罗万象的生产工具，新闻海报的生产与传播则提醒这些探索中的新闻生产主体要敢于尝试，勇于创新。

在此基础上，以《人民日报》微博平台新闻海报集群为实践案例的系统挖掘，不仅展现了作为内容创作行动者的新闻生产主体的生产方式，也观测了作为产品接受者的新闻消费者的信息消费样态，还在传受互动中赋予了新闻海报三重身份，包括承担经济效益的信息产品、具有审美功能的视觉艺术与发挥社会效益的文化载体。随着多元主体互动网络的动态化演变，身处其中的融媒体新闻海报既以多媒介共在的形式展现了新闻生产中的媒介融合操作，也以多元素并存的内容演示了新媒介文化中的内容生产格局。因此，融媒体语境下的新闻生产具有复合属性，其所勾连的行动者及其生产机制本质上是一种社会互动，指向的是某些文化元素或主动或被动的集结，旨在为大众传播搭建更多简明顺畅的信息流通渠道。

面对当前转型中的社会结构与全球化的发展趋势，以新闻海报为代表的新型信息产品及其生产机制不仅考验着我国新闻生产工作者的创新意识与职业积累，也向世界范围内的媒介文化发展提出了新的要求与期待：在规避风险与降低负面效应的前提下，于新媒介环境里极尽所能地通过跨界生产丰富大众文化生活，为提升信息消费效益、触发主客体共鸣、实现知识普及与建构社会意识形态提供具有时代特征的复合内容产品。由此重新评估融媒体语境下的新闻海报，可以发现，以《人民日报》微博平台新闻海报生产与传播实践为跳板，有助于传受双方形成对新型信息产品及其生产机制的全新认知：

第一，新型信息产品的产生、发展、所扮演的社会角色与所处的文化站位皆来源于其所服务的对象，而社会效益始终是新闻生产的出发点与目的地。

第二，新闻生产创新是一种持续的过程，它从不会在某个时间点止步不前，由传受双方共同参与的新闻生产要求行动者以长期、多维的视野进行预测与反思，在此期间孕育出的新型信息产品，既是对现实需求的浓缩，也是对未来社会的展望。

第三，以新闻海报为代表的新型信息产品集群正活跃在鱼龙混杂的媒介空间里，以新闻生产对接大众传播的关键在于有机融合与随机应变，这一理念既蕴藏于每一次新闻生产实践，也跃动于每一次媒介文化互动，并终将构建出充满生机与活力的融合文化图景。

但是，在对新闻海报所面向的未来进行积极展望的同时，作为对新型信息产品生产与传播的系统阐释，本书也存在一些遗憾：作者于2020年几次赴京调研却无法进行原计划内的编辑室研究，导致对新闻海报生产流程的探讨大多只能来源于访谈资料，尽管采访对象皆为一线媒体工作人员，但在一定程度上缺乏对具体生产环境的沉浸式体验，进而影响了对《人民日报》微博平台身份的多层次解读。

诚然，在探索生产范式与观察传媒现象的研究道路上没有绝对完美的阐释体系，但围绕新闻海报及其所代表的新兴信息产品的深入探讨仍将继续，作者也希望在融媒体语境下发掘更多的新闻创新路径与新闻产品形态，以弥补本次探索之路中的遗憾与不足。

参考文献

一、中文文献
（一）专著

［奥］冯·贝塔朗菲，［美］A·拉威奥莱特：《人的系统观》，张志伟，等译，北京：华夏出版社，1989年。

［澳］奎因，［美］费拉克：《媒介融合：跨媒体的写作与制作》，任锦鸾，译，北京：人民邮电出版社，2009年。

［丹］克劳斯·布鲁恩·延森：《媒介融合：网络传播、大众传播和人际传播的三重维度》，刘君，译，上海：复旦大学出版社，2012年。

［丹］施蒂格·夏瓦：《文化与社会的媒介化》，刘君，等译，上海：复旦大学出版社，2018年。

［德］哈特穆特·罗萨：《新异化的诞生》，郑作彧，译，上海：上海人民出版社，2018年。

［德］库尔特·考夫卡：《格式塔心理学原理》，黎炜，译，杭州：浙江教育出版社，1935年。

［法］波德里亚：《象征交换与死亡》，车槿山，译，南京：译林出版社，2006年。

［法］波德里亚：《消费社会》，刘成富，全志钢，译，南京：南京大学出版社，2014年。

［法］古斯塔夫·勒庞：《乌合之众：大众心理研究》，冯克利，译，北京：中央编译出版社，2005年。

［法］居伊·德波：《景观社会》，张新木，译，南京：南京大学出版社，2017年。

［法］罗兰·巴尔特：《符号学原理：结构主义文学理论文选》，李幼蒸，译，北京：生活·读书·新知三联书店，1988年。

［法］罗兰·巴尔特：《神话修辞术：批评与真实》，屠友祥，温晋仪，译，上海：上海

人民出版社，2009年。

［法］罗兰·巴特，让·波德里亚等：《形象的修辞：广告与当代社会理论》，吴琼，杜予，译，北京：中国人民大学出版社，2005年。

［法］米歇尔·福柯：《词与物——人类科学考古学》，莫伟民，译，上海：上海三联书店，2002年。

［法］皮埃尔·布尔迪厄，［美］华康德：《实践与反思——反思社会学导引》，李猛，李康，译，北京：中央编译出版社，1998年。

［美］保罗·M.莱斯特：《视觉传播：形象载动信息》，霍文利，史雪云，译，北京：北京广播学院出版社，2003年。

［美］保罗·拉扎斯菲尔德，［美］伯纳德·贝雷尔森，［美］黑兹尔·高德特：《人民的选择》，唐茜，译，北京：中国人民大学出版社，2012年。

［美］保罗·海萨里：《视觉说服——形象在广告中的作用》，王波，译，北京：新华出版社，2004年。

［美］戴维·温伯格：《知识的边界》，胡泳，高美，译，太原：山西人民出版社，2014年。

［美］盖伊·塔奇曼：《做新闻》，麻争旗，刘笑盈，徐扬，译，北京：华夏出版社，2008年。

［美］赫伯特·马尔库塞：《单向度的人——发达工业社会意识形态研究》，刘继，译，上海：上海译文出版社，2008年。

［美］亨利·詹金斯，［日］伊藤瑞子，［美］丹娜·博伊德：《参与的胜利：网络时代的参与文化》，高芳芳，译，杭州：浙江大学出版社，2017年。

［美］亨利·詹金斯：《融合文化：新旧媒介的冲撞》，杜永明，译，北京：商务印书馆，2012年。

［美］凯斯·R.桑斯坦：《极端的人群：群体行为的心理学》，尹弘毅，郭琳琳，译，北京：新华出版社，2010年。

［美］克鲁斯·安德森：《创客：新工业革命》，萧潇，译，北京：中信出版社，2012年。

［美］兰德尔·柯林斯：《互动仪式链》，林聚任，王鹏，宋丽君，译，北京：商务印书馆，2009年。

［美］鲁道夫·阿恩海姆：《艺术与视知觉》，滕守尧，朱疆源，译，成都：四川人民出版社，2001年。

［美］伦斯·格罗斯伯格等：《媒介建构：流行文化中的大众媒介》，祁林，译，南京：南京大学出版社，2014年。

［美］尼尔·波兹曼：《娱乐至死》，章艳，译，北京：中信出版社，2015年。

［美］尼古拉斯·米尔佐夫：《视觉文化导论》，倪伟，译，南京：江苏人民出版社，2006年。

［美］皮尔斯：《皮尔斯：论符号》，赵星植，译，成都：四川大学出版社，2014年。

［美］约翰·费斯克：《理解大众文化》，王晓珏，宋伟杰，译，北京：中央编译出版社，2001年。

［斯］阿莱斯·艾尔雅维茨：《图像时代》，胡菊兰，张云鹏，译，长春：吉林人民出版社，2003年。

［英］彼得·伯克：《图像证史》，杨豫，译，北京：北京大学出版社，2008年。

［英］贡布里希：《象征的图像——贡布里希图像学文集》，杨思梁，范景中，编选，上海：上海书画出版社，1990年。

［英］尼克·史蒂文森：《认识媒介文化：社会理论与大众传播》，王文斌，译，北京：商务印书馆，2016年。

［英］齐格蒙特·鲍曼：《流动的现代性》，欧阳景根，译，上海：上海三联书店，2002年。

［英］约翰·B.汤普森：《意识形态与现代文化》，高铦，译，南京：译林出版社，2005年。

［英］约翰·伯格：《观看之道》，戴行钺，译，桂林：广西师范大学出版社，2015年。

陈澜：《海报的世界》，上海：上海锦绣文章出版社，2010年。

陈力丹：《解析中国新闻传播学2012》，北京：人民日报出版社，2012年。

陈奕：《"媒介事件"研究——兼论传统新闻生产与传播模式的转变》，武汉：华中科技大学出版社，2013年。

陈仲丹：《墙头政治：现代外国宣传海报解读》，福州：福建人民出版社，2005年。

党西民：《视觉文化的权力运作》，北京：人民出版社，2012年。

高宣扬：《布迪厄的社会理论》，上海：同济大学出版社，2004年。

戈公振：《中国报学史》，北京：中国传媒大学出版社，2016年。

李蓉：《全球化媒介社会背景下的新闻生产研究》，杭州：浙江工商大学出版社，2016年。

林家阳：《招贴设计》，北京：高等教育出版社，2008年。

王受之：《世界现代平面设计史》，北京：新世纪出版社，1998年。

王文利：《近现代新闻图像研究》，长沙：湖南教育出版社，2007年。

王晓华：《海报上的中国抗战》，北京：团结出版社，2015年。

吴飞：《新闻专业主义研究》，北京：中国人民大学出版社，2009年。

吴玉玲：《理念与实践——电视法制新闻生产的多维考察》，北京：中国传媒大学出版社，2012年。

向雪：《现代招贴设计教程》，重庆：西南师范大学出版社，2007年。

杨健：《新闻审美》，北京：新华出版社，1999年。

喻国明，李彪，等：《新闻传播的大数据时代》，北京：中国人民大学出版社，2014年。

詹文瑶，李敏敏：《现代平面设计简史》，重庆：重庆大学出版社，2006年。

张浩达：《视觉传播：信息认知读解》，北京：北京大学出版社，2012年。

张柱：《新媒体时代的电视新闻生产——平台思维与流程再造》，北京：中国人民大学出版社，2016年。

章海军：《视觉及其应用技术》，杭州：浙江大学出版社，2004年。

赵毅衡：《符号学：原理与推演》，南京：南京大学出版社，2016年。

郑立君：《场景与图像——20世纪的中国招贴艺术》，重庆：重庆大学出版社，2007年。

周宪：《视觉文化的转向》，北京：北京大学出版社，2008年。

朱国勤：《现代招贴艺术史》，上海：上海书店出版社，2000年。

朱琪颖：《海报设计》，北京：中国建筑工业出版社，2009年。

邹加勉：《海报百年》，长沙：湖南美术出版社，2003年。

（二）论文

白红义：《边界、权威与合法性：中国语境下的新闻职业话语研究》，《新闻与传播研究》，2018年第8期。

鲍海波：《审美现代性视阈中的媒介文化及其审美属性》，《新闻大学》，2009年第3期。

蔡雯，郭翠玲：《美国坦帕新闻中心媒介融合的策略与方法》，《中国记者》，2007年第9期。

蔡雯，王学文：《角度·视野·轨迹——试析有关"媒介融合"的研究》，《国际新闻界》，2009年第11期。

操慧，夏迪鑫：《新闻观点化与观点新闻化——对公共传播视域下媒体话语实践理路的审思》，《西南民族大学学报（人文社科版）》，2020年第9期。

操慧：《从新闻生产的空间定位看媒介社区的转型——以〈北京晚报〉2012年调版为例》，《西南民族大学学报（人文社会科学版）》，2012年第4期。

操慧：《脱域：互联网时代的新闻生产》，《四川大学学报（哲学社会科学版）》，2012年第3期。

曾庆香，陆佳怡：《新媒体语境下的新闻生产：主体网络与主体间性》，《新闻记者》，2018年第4期。

常江：《蒙太奇、可视化与虚拟现实：新闻生产的视觉逻辑变迁》，《新闻大学》，2017年第1期。

陈昌凤，王宇琦：《新闻聚合语境下新闻生产、分发渠道与内容消费的变革》，《中国出版》，2017年第12期。

陈宁，杨春：《记者在社会化媒体中的新闻专业主义角色——以记者微博的新闻生产为例》，《现代传播（中国传媒大学学报）》，2016年第1期。

陈佑荣：《失序新闻与失范媒体：论转型时期的新闻生产与媒体纠偏——以"郭美美事件"与"杨武事件"报道为例》，《新闻界》，2014年第16期。

戴宇辰：《走向媒介中心的社会本体论？——对欧洲"媒介化学派"的一个批判性考察》，《新闻与传播研究》，2015年第5期。

冯杰，唐亚阳：《社交媒体情感化表达与传播效果的关系——以微信公众号文章情感化表达为例》，《新闻界》，2017年第2期。

高钢，陈绚：《关于媒体融合的几点思索》，《国际新闻界》，2006年第9期。

郜书锴：《媒介融合视域下新闻学研究的8个新议题——基于国外新闻学研究者的文献综述》，《新闻记者》，2012年第7期。

苟凯东：《电视新闻体制改革的萌芽——以上世纪80年代的电视新闻生产为例》，《新闻界》，2014年第16期。

辜晓进：《内容的至上地位永难撼动——兼与〈旗帜鲜明地反对"内容为王"〉商榷》，《新闻记者》，2014年第9期。

郭赫男，闫允丽：《媒介融合时代下新闻生产模式的嬗变》，《编辑之友》，2014年第4期。

何萍：《理念变革、产品创新、流程再造——新媒体环境下的新闻生产分析》，《传媒》，2016年第10期。

何瑛，胡翼青：《从"编辑部生产"到"中央厨房"：当代新闻生产的再思考》，《新闻记者》，2017年第8期。

何志武：《试析新闻传播中的人本主义倾向》，《新闻传播》，2003年第1期。

贺俊浩：《新闻性 艺术性 微传播——简析理解新闻类海报创作与传播的三个维度》，《中国记者》，2020年第7期。

侯东阳，高佳：《媒介化理论及研究路径、适用性》，《新闻与传播研究》，2018年第5期。

胡杨涓，余树彬：《数据新闻对新闻生产实践与观念的重塑》，《编辑之友》，2019年第7期。

胡易容：《论图像的符号性——驳米切尔图像转向论的"后符号学"命题》，《社会科学战线》，2012年第10期。

胡钰：《新闻定义：历史评析与科学重建》，《清华大学学报（哲学社会科学版）》，1999年第1期。

黄建友：《论媒介融合的内涵及其演进路径》，《当代传播》，2009年第5期。

黄万荻：《"视觉方式"在文化研究中的意义》，《柳州师专学报》，2009年第4期。

黄雅兰：《从大众媒体到个性化媒体：人工智能技术对新闻生产的影响》，《中国出版》，2017年第24期。

黄月琴：《社交媒体时代新闻生产实践的失范与纠偏》，《湖北大学学报（哲学社会科学版）》，2014年第2期。

黄志华：《第一次世界大战时期海报设计风格研究》，《赣南师范学院学报》，2005年第5期。

计翀：《快新闻时代的慢新闻》，《青年记者》，2015年第13期。

贾超然，佘佳：《新媒体语境下我国新闻专业主义的消解与重构》，《科技传播》，2020年第16期。

贾军：《媒体智能化背景下的新闻生产研究》，武汉大学博士学位论文，2017年。

贾乐蓉：《俄罗斯社会化媒体的发展及其对新闻生产的影响》，《国际新闻界》，2014年第11期。

贾丽敏：《疫情期间主流媒体的视觉化传播创新——以人民日报相关报道为例》，《传媒》，2020年第9期。

贾林祥：《社会认同：和谐社会构建的社会心理保障》，《江苏师范大学学报（哲学社会科学版）》，2011年第4期。

江飞，钱奕羽：《海报视频：主旋律新闻的"轻骑兵"》，《新闻战线》，2019年第7期。

姜博：《智能时代我国新闻生产的重构》，《电视研究》，2020年第6期。

姜红，印心悦：《"讲故事"：一种政治传播的媒介化实践》，《现代传播（中国传媒大学学报）》，2019年第1期。

姜兰花：《微博对新闻生产及新闻观的改变与冲击》，《太原师范学院学报（社会科学版）》，2013年第3期。

矫立军：《信息消费升级为经济发展蓄势》，《人民论坛》，2020年第29期。

金彩月，曹智聪，苗昊天，等：《浅析海报设计中图与底的创意表现》，《科教文汇(上旬刊)》，2020年第2期。

金春平：《自媒体时代微博新闻编辑模式分析——基于新闻生产市场学视角》，《编辑之友》，2015年第1期。

景娟娟：《国外沉浸体验研究述评》，《心理技术与应用》，2015年第3期。

景军，李敏敏：《刻板印象与老年歧视：一项有关公益海报设计的研究》，《思想战线》，2017年第3期。

寇佳婵，董关鹏：《跨文化传播中的信息消费满足：一个消费文化的分析框架》，《新闻爱好者》，2020年第8期。

李德顺：《当代价值研究的新进路》，《马克思主义与现实》，2013年第12期。

李东晓：《互联网对中国贪腐新闻生产的影响及介入模式研究》，《郑州大学学报（哲学社会科学版）》，2012年第2期。

李富宁：《探析主流媒体产品思维的打造》，《新闻潮》，2020年第6期。

李红涛，黄顺铭：《新闻生产即记忆实践——媒体记忆领域的边界与批判性议题》，《新闻记者》，2015年第7期。

李艳红，陈鹏：《"商业主义"统合与"专业主义"离场：数字化背景下中国新闻业转型的话语形构及其构成作用》，《国际新闻界》，2016年第9期。

李艳红：《在开放与保守策略间游移："不确定性"逻辑下的新闻创新》，《新闻与传播研究》，2017年第9期。

李洋：《草根媒体的新闻生产与公民生产——一种现象学社会学的探讨》，《西北大学学报（哲学社会科学版）》，2013年第2期。

廖圣清：《西方受众研究新进展的实证研究》，《新闻大学》，2009年第4期。

林刚，宋伟，张广岐：《抖音短视频APP用户使用行为及动机研究》，《东南传播》，2019年第6期。

刘琛：《图像叙事：当代文化的视觉转向》，北京语言大学博士学位论文，2006年。

刘放桐：《"人本主义"和"人本主义哲学思潮"随想录》，《学术月刊》，1999年第10期。

刘海贵，庹继光：《融媒时代新闻生产的"三度"》，《新闻记者》，2019年第9期。

刘晖：《从趣味分析到阶级构建：布尔迪厄的"区分"理论》，《外国文学评论》，2017年第4期。

刘吉霄，杨英法：《生产力的定义及其构成研究综述》，《高校社科信息》，1999年第3期。

刘建明：《传统新闻价值观的自我颠覆》，《当代传播》，2002年第5期。

刘建明：《新闻引导力的受众认同理论》，《新闻爱好者》，2019年第12期。

刘涛：《何为视觉修辞——图像议题研究的视觉修辞学范式》，《湖南师范大学社会科学学报》，2018年第6期。

刘涛：《理解数据新闻的观念：可视化实践批评与数据新闻的人文观念反思》，《新闻与写作》，2019年第4期。

刘涛：《社会化媒体与空间的社会化生产——列斐伏尔和福柯"空间思想"的批判与对话机制研究》，《新闻与传播研究》，2015年第5期。

刘晓燕，丁未，张晓：《新媒介生态下的新闻生产研究——以"杭州飙车案"为个案》，《深圳大学学报（人文社会科学版）》，2010年第4期。

刘学春，张星：《商业海报的历史形态探究》，《艺术与设计(理论)》，2010年第6期。

刘义昆，赵振宇：《新媒体时代的新闻生产：理念变革、产品创新与流程再造》，《南京社会科学》，2015年第2期。

刘兆明：《"融合架构"下的新闻业转型研究——基于新闻生产社会学的视角》，复旦大学博士学位论文，2013年。

卢凤，朱传林，张嫡嫡，刘电芝：《具身知觉符号理论视角下的情绪启动效应》，《心理学探新》，2020年第4期。

鲁品超：《生产关系理论的当代重构》，《中国社会科学》，2001年第1期。

陆晔，周睿鸣：《"液态"的新闻业：新传播形态与新闻专业主义再思考——以澎湃新闻"东方之星"长江沉船事故报道为个案》，《新闻与传播研究》，2016年第7期。

陆晔，潘忠党：《成名的想象——中国社会转型过程中新闻从业者的专业主义》，《新闻学研究》，2002年第4期。

宁树藩：《信息观念与新闻学研究（上）》，《新闻界》，1998年第2期。

潘霁：《恢复人与技术的"活"关系：对"使用与满足"理论的反思》，《国际新闻界》，2016年第9期。

彭增军：《从人文到技术：新闻的量化转身》，《新闻记者》，2020年第5期。

钱佳湧：《"行动的场域"："媒介"意义的非现代阐释》，《新闻与传播研究》，2018年第3期。

钱进：《时差、节奏与驻华外国记者的新闻生产常规》，《新闻记者》，2013年第5期。

任嫒嫒：《创新与共享：新闻生产的"众智"转向》，《中国出版》，2017年第3期。

芮必峰：《试论资本在新闻生产关系变革中的作用》，《国际新闻界》，2009年第7期。

单成婕：《数字技术下海报设计形式研究》，《大众文艺》，2020年第7期。

唐钰沣，闫岩：《秩序感在商业海报中的应用探究》，《大众文艺》，2020年第10期。

陶文静：《搬迁：后工业时代新闻生产的空间与地点》，《新闻记者》，2014年第8期。

陶喜红：《论媒介融合在中国的发展趋势》，《中国广告》，2007年第6期。

田秋生：《市场背景下制约党报新闻生产的三重逻辑》，《国际新闻界》，2009年第2期。

王斌，李岸东：《隐蔽的"深后台"：开放式新闻生产中的传受关系——以〈中国青年〉

对卓伟的报道为个案》,《国际新闻界》,2018年第4期。

王辰瑶:《从技术创新到内容创新:报纸"数字化"转型路径考察》,《中国出版》,2017年第13期。

王辰瑶:《结构性制约:对网络时代日常新闻生产的考察》,《国际新闻界》,2010年第7期。

王敏:《"场域-惯习"框架下的新闻生产:一个研究范式的学术史考察》,《新闻界》,2018年第3期。

王敏:《跨文化语境下电影海报中的"中国图式"设计探究》,《当代电影》,2019年第1期。

王敏:《数字化驱动下新闻生产惯习的改造、嵌入与重构——基于澳大利亚互联网报纸"Brisbane Times"的考察》,《新闻记者》,2016年第12期。

王侠:《液态社会中新闻生产的变革与延续——基于对新闻客户端M的分层访谈》,《国际新闻界》,2019年第5期。

王晓培,常江:《新闻生产自动化伦理挑战——算法伦理分析的框架地图》,《中国出版》,2019年第4期。

王学锋:《新闻生产方式的突破与回归——探讨"新春走基层"的新闻建构意义》,《新闻与写作》,2017年第3期。

吴果中,夏亮:《媒介的社会批判:清末〈图画日报〉的文本特色——以"新闻画"为中心》,《国际新闻界》,2011年第12期。

吴辉,向启芬:《虚假新闻生产新变化及其治理研究——基于〈新闻记者〉2001—2019"年度虚假新闻案例"的考察》,《西南民族大学学报(人文社科版)》,2020年第8期。

吴献举:《聚合媒体的新闻生产:方式变革、社会影响与优化路径》,《编辑之友》,2018年第6期。

武楠,梁君健:《短视频时代主流媒体的新闻生产变革与视听形态特征——以新冠肺炎疫情期间"央视新闻"快手短视频为例》,《当代传播》,2020年第3期。

肖桂来,田秋生:《混合媒介文化视角下的假新闻生产逻辑——基于"上海女孩逃离江西农村""城里媳妇怒掀桌"事件的考察》,《当代传播》,2016年第4期。

谢金文:《新闻的作用与新闻专业主义、专业精神》,《青年记者》,2020年第16期。

谢静,徐小鸽:《媒介的组织传播模式及其与新闻生产的关系——上海与新加坡报纸的比较研究》,《新闻大学》,2008年第4期。

熊忠辉:《新闻策划不同理解的焦点》,《新闻记者》,1997年第6期。

徐帆:《凤凰卫视的新闻生产:机制与角色的关联审视》,《新闻大学》,2012年第4期。

许加彪，刘艺璇：《对外传播视域下国际会议的新闻生产实践——基于〈中国日报〉的个案研究》，《当代传播》，2016年第4期。

许加彪，韦文娟，高艳阳：《技术哲学视角下机器人新闻生产的伦理审视》，《当代传播》，2019年第1期。

许向东：《大数据时代新闻生产新模式：传感器新闻的理念、实践与思考》，《国际新闻界》，2015年第10期。

薛可，孟筱筱，宋锋森：《差异与互补：官方与民间社交媒体的新闻生产对比研究》，《新闻记者》，2019年第5期。

杨击：《穷人、富人和传媒正义——解读新闻生产中的平民主义策略》，《国际新闻界》，2006年第2期。

杨娟：《大数据技术驱动下的中国新闻生产方式变革》，《当代传播》，2015年第5期。

杨先情：《从众筹到众享：新闻生产与消费的新变革》，《新闻与写作》，2016年第2期。

杨雨丹：《新闻惯习的产生与生产——惯习视角下的新闻生产》，《国际新闻界》，2009年第11期。

尹连根，刘晓燕：《"姿态性融合"：中国报业转型的实证研究》，《新闻与传播研究》，2013年第2期。

喻国明：《标杆性网媒新闻生产运作与机制比较研究》，《新闻与写作》，2013年第8期。

喻国明：《构建国际传播的基本理念》，《新闻与写作》，2013年第10期。

岳璐：《新闻生产视阈下的矿难报道框架研究》，《新闻记者》，2012年第11期。

詹新惠，王乐：《信息消费驱动下的新闻生产趋向探想》，《新闻与写作》，2013年第11期。

张斌：《新闻生产与社会建构——论美国媒介社会学研究中的建构论取向》，《现代传播（中国传媒大学学报）》，2011年第1期。

张滨铄，王军：《软、硬新闻不同播报语速的成因——以CCTV新闻频道实证研究为例》，《青年记者》，2018年第35期。

张莉，于雷：《"全"的战斗力——关于全媒体的一点思考》，《青年记者》，2010年第23期。

张亮：《人工智能时代新闻生产的流程再造》，《出版广角》，2019年第3期。

张伟伟：《田野调查的身份转变与调适——新闻生产田野观察的方法学反思》，《新闻记者》，2017年第5期。

张洋：《中介化的新闻想象：大众文化中新闻业表征的意义新探》，《新闻记者》，2020

年第7期。

张志安：《编辑部场域中的新闻生产——〈南方都市报〉个案研究（1995—2005）》，复旦大学博士学位论文，2006年。

赵红勋：《新媒体语境下新闻生产的空间实践》，《新闻界》，2018年第7期。

周亚琼，刘鹏飞：《新闻求"真"重于求"快"》，《青年记者》，2015年第13期。

二、外文文献

Foster John. New Masters of Poster Design: Poster Design for the Next Century. Beverly: Rockport Publishers, 2006.

Heather David, Koen de Ceuster. North Korean Posters: The David Heather Collection. New York: Prestel USA, 2008.

Ian Haydn Smith. Selling the Movie: The Art of the Film Poster. Austin: University of Texas Press, 2018.

Manuel Castells. Communication Power. Oxford: Oxford University Press, 2013.

Min Anchee, Landsberger Stefan, Duo Duo. Chinese Propaganda Posters: From the Collection of Michael Wolf. Cologne:Taschen, 2003.

Nikki Usher. Making News at The New York Times. Ann Arbor：University of Michigan Press, 2014.

Steven Heller. Design for Obama-Posters for Change: A Grassroots Anthology. New York: TASCHEN America Llc, 2009.

附录1 《人民日报》微博平台工作人员采访提纲

- 《人民日报》微博平台工作人员采访提纲：

1. 请您介绍一下《人民日报》新媒体聚合团队以及《人民日报》微博平台团队的基本构成？团队中是否有专人进行新闻图像的编辑和处理？

2. 一条《人民日报》微博的基本生产过程是怎样的（包括信息来源、团队分工、编辑过程、发布时间等）？

3. 一个周期（如一天、一月、一年）内，《人民日报》新媒体聚合平台对《人民日报》微博是否有信息发布指标或具体要求？如果有的话，具体要求如何？

4. 《人民日报》微博对图片的使用规范是什么？如何选择使用（或不使用）何种微博配图？

5. 编辑部内是否有对《人民日报》微博平台的新闻图像进行分类？大致分为哪几类？

6. 编辑部内是否有明确提出对"新闻海报"进行使用？如果有，请问大概是什么时间提出的"新闻海报"概念，以及团队对"新闻海报"是如何定义的？编辑部内最早的新闻海报生产实例是何时何事？

7. 在进行新闻图片生产过程中，如何选择使用（或不使用）新闻海报、使用何种（以照片为主、以手绘漫画为主或直接采用文字设计等）以及使用多少张新闻海报？团队更倾向于在哪些事件上进行设计新闻海报？

8. 一张《人民日报》微博平台新闻海报的基本生产过程是怎样的（包括信息来源、编辑过程、发布时间等）？

9. 在突发事件（如新冠疫情期间的数据新闻海报、致敬医护新闻海报、鼓励民众新闻海报等）中如何进行新闻海报生产？

10. 在周期事件（如每年的两会系列海报、大小纪念日系列海报、年终盘点系列海报）中如何进行新闻海报生产？

11. 在持续事件中如何进行新闻海报生产？

12. 您认为《人民日报》微博平台的目标受众是哪些人？新闻海报如何适配目标受众的信息需求？或者说，新闻海报承载了哪些传播预期？

13. 在新闻海报生产过程中，如何选择新媒体技术（如动图、H5等）的适配场景？

14. 您认为在融媒体语境下的新闻海报与其他新闻图像（新闻照片、新闻漫画、新闻图示等）有什么显著特征？

15. 您认为《人民日报》微博平台的新闻海报有什么显著特征？是否体现了《人民日报》新媒体聚合平台的品牌特征？

16. 您认为作为一种新闻图片形式，新闻海报的未来命运如何？

附录2 《人民日报》微博平台新闻海报样本篇目一览表

序号	日期	主要内容
1	200723	今天，中国首次火星探测任务"天问一号"成功发射
……	……	2020年共计样本1599条
1600	191231	【转存！习近平#2020年新年贺词#金句】
……	……	2019年共计样本486条
2086	181231	新年贺词
……	……	2018年共计样本455条
2541	171231	此刻，不是老了一岁，而是秒变18。转发，纪念！#你好，2018年#
……	……	2017年共计样本351条
2892	161231	【一言不合就发红包！@人民日报 明天上午10点10万现金红包等你拿！】
……	……	2016年共计样本488条
3380	151231	【习近平新年贺词】
……	……	2015年共计样本338条
3718	141231	【习近平2015年新年贺词传递出哪些信号？】
……	……	2014年共计样本207条
3925	131231	【今晚跨年晚会，你看哪家？】
……	……	2013年共计样本137条
4062	121231	听政
……	……	2012年共计样本43条

附录3　融媒体语境下新闻海报认知调查问卷

尊敬的受访者：

您好！感谢您在百忙之中参与此次调查，《融媒体语境下新闻海报认知调查问卷》旨在了解社会公众对新闻海报的认知与识别情况，您的看法和选择将构成本研究的重要组成部分，数据仅用于学术研究，请您选择认为合适的选项，除特别说明外，各题均为单选，问卷采取匿名形式，感谢您的参与。

1. 您的性别：

A. 男

B. 女

2. 您的年龄：（填写）

3. 您所在的省（市）：

A. 安徽

B. 北京

C. 重庆

D. 福建

E. 甘肃

F. 广东

G. 广西

H. 贵州

I. 海南

J. 河北

K. 黑龙江

L. 河南

M. 香港

N. 湖北

O. 湖南

P. 江苏

Q. 江西

R. 吉林

S. 辽宁

T. 澳门

U. 内蒙古

V. 宁夏

W. 青海

X. 山东

Y. 上海

Z. 山西

AA. 陕西

BB. 四川

CC. 台湾

DD. 天津

EE. 新疆

FF. 西藏

GG. 云南

HH. 浙江

II. 海外

4. 您的职业：

A. 学生

B. 党政机关、事业单位领导干部或职员

C. 企业、公司管理者或职员

D. 农、林、牧、渔等行业劳动者

E. 工人、服务人员

F. 个体户或自营

G. 自由职业者

H. 军人

I. 无业

J. 其他

5. 您的受教育程度：

A. 小学及以下

B. 初中

C. 高中

D. 专科

E. 本科

F. 研究生及以上

6. 您最常使用的媒体：

A. 互联网（包括电脑、手机）

B. 电视

C. 广播

D. 报纸

E. 杂志

F. 其他

7. 您每天浏览网络新闻的时间长度为：

A. 1小时以下

B. 1～2小时

C. 3～4小时

D. 5～6小时

E. 7小时以上

8. 您在日常生活中接触过以下哪类海报：

A. 商业海报类

附录3　融媒体语境下新闻海报认知调查问卷

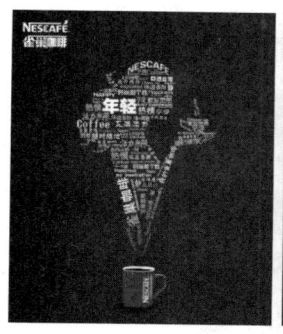

B. 政治招贴类

C. 文化海报类

9. 您在日常新闻阅读中是否接触过以下这种新闻海报：

为方便您的理解，本问卷对"新闻海报"做出如下定义：

"新闻海报"是融媒体语境下，以图文并茂的海报形式，围绕新近发生的事实，简明清晰、独立完整地传递信息、扩散观点与引导舆论的新闻图像。

示例如下（图片从左至右依次为：新冠疫情病例通报新闻海报、致谢抗疫英雄新闻海报以及全力以"复"复工复产新闻海报）

A. 是（跳至第11题，继续作答）

B. 否（跳至第10题，结束问卷）

10. 您未接触过新闻海报的原因是：

A. 没听说过

B. 不知道在哪里出现

C. 分不清新闻海报和插图

D. 看不懂

E. 其他

11. 您最开始是从何种渠道接触到新闻海报？

A. 身边人介绍和推荐

B. 报纸或杂志

C. 新闻客户端、新闻网站等媒体平台

D. 微博、微信、QQ等社交软件

E. 快手、抖音等短视频软件

F. 弹幕网站

G. 其他

12. 您现阶段主要通过哪个平台接触到新闻海报？（多选）

A. 报纸或杂志

B. 微博

C. 微信

D. QQ

E. 新闻客户端

F. 快手

G. 抖音

H. 弹幕网站

I. 新闻网站

J. 其他

13. 您经常接触的新闻海报选题类型是？（多选）

A. 政治新闻海报

B. 经济新闻海报

C. 法律新闻海报

D. 军事新闻海报

附录3　融媒体语境下新闻海报认知调查问卷

E. 科技新闻海报

F. 文教新闻海报

G. 体育新闻海报

H. 社会新闻海报

I. 医疗新闻海报

J. 环境新闻海报

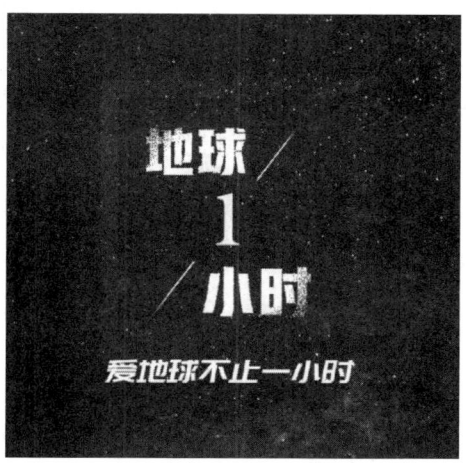

K. 其他

14. 您经常接触的新闻海报形式是？（多选）

A. 单图新闻海报

B. 多图新闻海报

C. 文字新闻海报

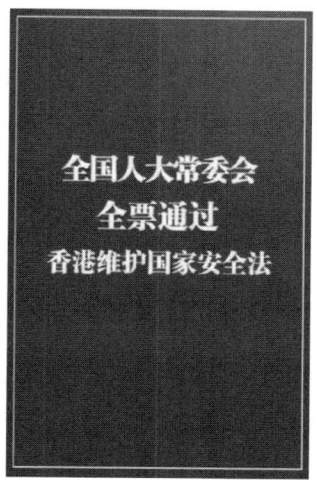

D. 数字新闻海报

E. 动图新闻海报

F. 新闻照片海报

G. 手绘漫画新闻海报

H. 二维码新闻海报

15. 您是否感觉新冠疫情发生后，新闻海报的数量增多了？
A. 是，的确有所增加
B. 否，没有明显增加
C. 不确定

16. 您认为新冠疫情新闻海报与传统媒体相关报道相比，主要特点是：
A. 动态呈现疫情信息，发布及时
B. 核心信息直观醒目，识别度高

C. 图片形态便于社交分享

D. 综合使用多种视觉元素，有设计感

E. 截取新闻片段，缺少连续性

F. 其他

17. 请结合您观看新闻海报的视觉体验，对以下论断进行评价：

	很不符合	不太符合	一般	比较符合	非常符合
新闻海报中的数字能够吸引我					
新闻海报中的文字能够吸引我					
新闻海报中的手绘或漫画形象能够吸引我					
新闻海报中的新闻照片能够吸引我					
新闻海报中的动图能够吸引我					
相较于文字报道，我会被新闻海报吸引					
相较于短视频新闻，我会被新闻海报吸引					
相较于单张新闻海报，我会被表现同一主题的多张新闻海报吸引					

18. 请结合您由新闻海报触发的内容联想，对以下论断进行评价：

	很不符合	不太符合	一般	比较符合	非常符合
新闻海报能够让我想起相关新闻事件					
新闻海报能够让我想起相关新闻人物					
新闻海报能够让我想起相关媒体机构					

19. 请结合您接触新闻海报的具体感受，对以下论断进行评价：

	很不符合	不太符合	一般	比较符合	非常符合
我能够通过新闻海报理解新闻事实或观点					
我能够从新闻海报中学习到新知识					
我能够记住新闻海报中的核心内容					
我相信新闻海报中的事实或观点					
我的情绪和态度会被新闻海报影响					

20. 请结合您接触新闻海报的具体行为，选择符合自身情况的描述：

	从不	偶尔	有时	经常	总是
我会参与新闻海报互动，如扫描二维码、VR互动、新闻游戏等					
我会对新闻海报进行点赞					
我会对新闻海报进行评论					
我会把新闻海报转发给他人或转发至社交平台					

21. 请结合您对新闻海报的整体认知，对以下关于新闻海报的论断进行评价：

	很不符合	不太符合	一般	比较符合	非常符合
新闻海报报道迅速，跟进热点					
新闻海报关注国家大事，上传下达					
新闻海报通俗易懂，拉近与读者之间的距离					

续表

	很不符合	不太符合	一般	比较符合	非常符合
新闻海报展现社情民生，讲述草根故事					
新闻海报形式多样，具有创新活力					
新闻海报增加了新闻报道的美感					

22. 您所理解的新闻海报是什么：（填写）

问卷到此结束，再次感谢您的回答！

后 记

I imagine you're getting quite used to miscalculation.

——《美丽心灵》

  哭哭笑笑几十万字写下来，落笔的最后一刻我却突然乱了阵脚，脑海里只剩下电影《美丽心灵》的这句台词。这部电影改编自数学家约翰·纳什（John Nash）与精神疾病对抗的真实历程，看着年纪轻轻便提出博弈理论的他，迫不得已接受生活的偏差并"甘之如饴"，期望能够在知识海洋里晃荡两步的我，似乎也一次次从中体会到了学习与生活的真相——接受误差。

  作为攻读博士学位最后的考验，从2019年7月20日写完第一份论文开题报告到如今，求学之路上"找新选题→开始写作→推翻选题→再找新选题"的时间循环宛若翻开了《土拨鼠之日》。每个人似乎都能对我的选题提出更独到的见解，而曾经不坚定的我也由此陷入了迷茫：

  究竟什么才是最值得研究的问题？

  恰恰是在此时，一件全国人民都被迫经历的大事到来了——新冠病毒的肆虐让我与校园生活隔离了整整八个月，眼见成千上万的生命与死神作斗争的那些日子里，我恍然大悟：如同瞬息万变的生活一样，世间所有的问题都没有唯一的答案，自然也不存在绝对完美的研究对象，而我能做的，就是接受误差并在合理的尺度中找到一种可能的解释。

  于是，每天被媒体用来公告疫情信息的新闻海报走进了我的开题报告，也就此成为后来无数个日夜里我试图去理解和挖掘的研究对象。从采访媒体工作人员、整理新闻海报样本到发布调查问卷，我都开始用一种更宽容的态度来理解每个步骤，因为误差的另一个名字，叫"有尺度的自由"。既然每个问题都有适配不同答案的自由，那每个采访对象、每张新闻海报也有表达自我的自由,而此时作为研究者的我,能做的只有在和而不同的观点市场与文本海洋里找到这些自由因子的共同点,一如操作各异、选择有别的新闻生产本身,其间所有关于规律的探索,都是以尊重个性、鼓励创造的自由为前提的。

　　回顾这一路走来的成长经历,其实,父母才是最先教会我接受误差的启蒙者。从小时候毫不在意我有没有拿到双百分,到长大后劝我不必事事追求完美,除了父母对子女与生俱来的宽容,更多地还有与生活和解的简单智慧。他们就像《你好,李焕英》中温暖如春的主角一样,始终给我以不变的鼓励、支持和笑容,拒绝过度渲染问题的严重性,只想让我在所有困难面前都能自信、乐观。谢谢他们给予的信任和自由,让我开始有了接受误差的勇气。

　　不过,学术研究始终与生活有别,传播统计学的误差得精确到小数点后两位,教会我这个道理的,是授业恩师——四川大学文学与新闻学院操慧教授。在学业上,老师是那位在合理范围内给我最大自由的领路人,从新闻符号、媒体品牌到媒介文化,但凡是专业领域内我有兴趣探索的问题,老师都曾不遗余力地为我提供理论启发和访谈资源,始终用规范的学术训练调动我的学习热情和对知识的好奇心。作为学生,单单拥有这样的际遇已然十分幸运了,更何况在学业之外,老师还给予了我太多帮助,从身体健康到衣食住行,但凡老师察觉到我有任何困难,总会在我脆弱的时候送来全世界最温柔的关怀。于是,这十年除了不断累积的专业知识与慢慢养成的学习习惯,老师还送给了我为人师表最重要的启迪:一颗体恤学生的真心。而此刻的我已经走上了成为老师的道路,慢慢践行着那份发自内心的热爱与执着。

　　当然,除了始终伴我成长的父母与老师,这一路还有很多师长亲朋给予了我珍贵又细微的感动:在此特别感谢对本书选题与写作进行指导的王晓路老师与肖尧中老师,是您们专业又深入的提点为我继续深化研究指明了方向;感谢《人民日报》微博平台视觉编辑安然、《人民日报》新媒体中心统筹策划室实习生方世文以及《人民日报》微博编辑汤帅,为我提供了关于新闻生产内容的第一手资料,以及其间帮助我联系业界精英的李唯梁老师、钟莉老师、朱玥颖老师、张诗萌师妹、张研学弟、好兄弟周园、好闺蜜薛薛,是你们让象牙塔里的我有机会进一步了解自己的研究对象;感谢一直鼓励我进行论文写作的卢毅刚师兄、高敏师姐和刘娜老师,帮助我发布调查问卷的林丽、诸葛纯、黄婕、陈悦月、李丹阳、王北辰、李彪、张钰笛、鲁荟宇等学弟学妹,以及662位填写调查问卷的新旧朋友,是你们的善良给处于写作艰难期的我送来了一波又一波温暖。此外，还想对几位很重要的朋友表达感激，一直陪我早起熬夜写作的曾琦、每天祝福我把论文写好的高艺文、伴随我学习之旅的高玮，以及仍旧看不尽的电影、吃不腻的"猫耳朵"、做不完的"keep"、打不够的《和平精英》，你们不只是我坚持走完这段路的情感支撑，更是我这一小段人生体验里最不可替代的珍贵礼物。

如今看到拙作顺利出版，已经走上讲台的我明确地知道，任何一个学习者对问题的探讨和挖掘都永无止境，当我在用键盘记录思考和困惑的同时，每一段文字也在替我回应着每位师长亲朋的关怀与鼓励，而我以此交换而来的，是一份独一无二的成长经历与理性自持。

遥记得当初立志攻读博士学位的时候，我曾好奇自己会如何面对求学之旅的最后一站，如今我才明白，求学之路从不设终点站，这是一趟从发车开始就不断雕琢个体头脑与情操的人生历练，而我将穷尽一生追求的就是那颗拥有智慧、接受误差并享受自由的"美丽心灵"，此刻的我，只想把这句台词送给未来的自己：

You need to believe that something extraordinary is possible.

2021年2月21日夜
仍然在熟悉的新闻社区路灯下